本书获西南财经大学
"中央高校基本科研业务费专项资金"资助

Child Protection System
and
SERVICES

|光|华|社|会|学|文|库|

主　编　边慧敏　　执行主编　彭华民　　副主编　邓湘树

儿童保护制度与服务

——基于六省市的调查

韦克难 / 著

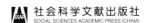
社会科学文献出版社
SOCIAL SCIENCES ACADEMIC PRESS (CHINA)

本书获国家社会科学基金资助（项目号：15ASH014）

本书获西南财经大学"中央高校基本科研业务费专项资金资助"（Supported by the Fundamental Research Funds for the Central Universities）（项目号：JBK2104016）

总　序

　　为了更好地推动西南财经大学社会学学科建设，我们编撰了"光华社会学文库"。回顾从光华大学（Kwang Hua University）到西南财经大学的近百年历史，经世济民、孜孜以求是西南财经大学一贯传承的理念。秉持这两条交相辉映的大学学术精神，我们将本丛书取名为"光华社会学文库"，以守百年之光荣传统。同时，我们力求社会学研究的创新，这个努力包含了文库专著在中与西、理论与实证、学术与应用等方面的贡献。

一　西南地区的社会学研究：历史的馈赠

　　中国社会学起源于中国近代资产阶级启蒙思想家、中国社会学的先驱者严复于 1897 年翻译的斯宾塞的《社会学研究》（取名《群学肄言》）。1903 年上海文明编译局出版《群学肄言》足本，1908 年上海商务印书馆出版《订正群学肄言》。同时，中国古代学者思想中包含的丰富的社会思想，为中国社会学的发展做出了宝贵的贡献。①在社会学界，一般称 20 世纪 30~40 年代（指 1937~1949 年）为社会学的建设时期。社会学传入中国后的 30 多年仍

---

① 景天魁：《中国社会学话语体系建设的历史路径》，《北京工业大学学报》（社会科学版）2019 年第 5 期。

是舶来品。所以，如何使社会学的理论结合中国的社会实际、使社会学中国化，成为20世纪三四十年代社会学的中心任务①。而赋予这一时期中国社会学以学术灵魂的，当属以孙本文为代表的文化学派或综合学派②和在社会主义思潮基础上生发而来的唯物史观社会学③，以及吴文藻等人创建中国学派的努力。从某种意义上说，孙本文及其代表的综合学派是在那个时期的学院社会学中居于正宗地位的主流形态④。

中国社会学的历史本是在学术传统和学术领域中展开和书写的，但一个历史性事件改写了中国社会学发展的轨迹。1937年"七七"事变爆发后，日军大举进攻中国，内地多个城市沦陷，平、津、宁、沪、杭等省市70多所高校为了保存我民族教育之国脉，迁徙到西南大后方⑤。各大院校、研究机构及社会学者云集西南边陲，云南、四川等成为社会学研究的重镇。被战争改写的中国社会学史中有一支兼有学术传统和地域特征的研究团队，他们在战争炮火中迁徙到西南，就地搞乡村建设实验；办教育培养社会学人才；结合战时情况，与实际部门开展社会服务工作，进行人口普查和社会实验，对不同类型社区和少数民族地区进行深入调查研究，对一些重要的社会问题进行系统研究⑥。与孙本文及其代表的综合学派相比，他们的研究更具中国特色，其研究成果成为中国社会学史上具有独创性的华彩之章。

在西迁社会学团队的社会学中国化研究中，社区研究独树一

① 杨雅彬：《四十年代中国社会学的建设》，《社会学研究》1988年第1期。
② 郑杭生、李迎生：《中国早期社会学综合学派的集大成者——孙本文的社会学探索》，《江苏社会科学》1999年第6期。
③ 李培林：《20世纪上半叶的唯物史观社会学》，《东岳论丛》2009年第1期。
④ 周晓虹：《孙本文与20世纪上半叶的中国社会学》，《社会学研究》2012年第3期。
⑤ 西南地区文史资料协助会议编《抗战时期内迁西南的高等院校》，贵州民族出版社，1988。
⑥ 杨雅彬：《四十年代中国社会学的建设》，《社会学研究》1988年第1期。

帜，形成20世纪40年代具有特色的中国学派。抗日战争时期，西迁内地进行实地社区研究的有三个重要机构：李景汉、陈达、史国衡等学者汇集的清华大学国情普查研究所，费孝通、许烺光、陶云逵等工作的云南大学和燕京大学合作的社会学研究室，李安宅等组织的华西协和大学边疆研究所。李安宅组织和领导了华西协和大学边疆研究所的工作。他从西北抵达成都后，除了整理西北藏族宗教、政治、文化、民俗民风的调查材料，还组织社区实证研究。该所社区研究与云南大学-燕京大学社会学研究室工作相似，也是在一定的小社区内长期进行多方面的实地观察，用当地的事实来检验人类学的各种理论并加以引申或修正。费孝通、李安宅、林耀华的成就引起国际社会科学界的注意。他们的社区研究向着方法的科学化、问题的具体化、内容的中国化方向发展，改变了以往只注重西方理论的系统介绍，或者罗列中国社会事实的某种学院派研究状态①。孙本文在《当代中国社会学》一书中总结了社会学传入中国半个世纪的历史，提出社会学中国化的几项工作：一是中国理论社会学的建立，二是中国应用社会学的建立，三是社会学人才的训练②。按照这个划分，抗日战争时期西南地区特别是成都社会学研究的贡献主要是在应用社会学领域。

二　从光华大学到西南财经大学：光华日月　经世济民

西南财经大学的校史渊源上溯到上海的光华大学。光华大学是民国时期著名的综合性私立大学。光华大学的"光华"取自《卿云歌》"日月光华，旦复旦兮"。1937年"八一三"事变爆发后，因地处战区，光华大学校舍全部被日军炸毁，但学校仍坚持

---

① 杨雅彬：《四十年代中国社会学的建设》，《社会学研究》1988年第1期；周晓虹：《孙本文与20世纪上半叶的中国社会学》，《社会学研究》2012年第3期。
② 孙本文：《当代中国社会学》，商务印书馆，2011（1948）。

租房上课，未曾间断。同时校长张寿镛和校董事会商议决定将学校一部分内迁入四川，于 1938 年成立"私立光华大学成都分部"，上海本部不再公开招生。光华大学成都分部成立后，不仅接受上海光华避难入川的学生，而且接受流亡到成都的其他大学肄业生。学生的年幼弟妹还可以被安排到大学附属小学和附属中学学习。1938 年，由妇女界进步人士倡议发起，以救济教养战时难童为宗旨的抗战爱国团体——中国战时儿童保育会（以下简称"保育会"）在汉口正式成立。自保育会成立起，工作人员就不顾炮火危险，到战区搜救失去亲人、流浪街头的孤儿和贫苦之家无力抚养的儿童，将其运送到后方安全区。1938 年春，保育会到学校洽谈，成都光华大学谢霖副校长答应接受男女难童入学校初中部学习，副校长夫人张慧卿担任保育生管理员。保育生毕业后有的考取空军院校、有的考入军事院校和其他大专院校、有的参军奔赴前线抗日[①]。光华大学成都分部的师生胸怀救国治国之宏伟之志，秉持科学救国和民主救国精神，教学因陋就简，学校弦歌不辍。可歌可泣，可书可记。

特别需要指出的是，光华大学内迁成都后，设文学院、理学院和商学院，其中文学院六系中就包括社会学系。著名的社会学家潘光旦先生曾任社会学系主任、文学院院长。现在虽然缺乏更多的历史档案资料，但西南财经大学社会学学科是与中华民族抗日战争的伟大历史连在一起的，其社会学研究和社会服务在中国社会学史上具有重要的意义。

抗战胜利后，光华大学上海本部恢复，成都分部交四川省地方接办，1946 年更名为私立成华大学，与上海光华大学成为一脉相承的兄弟学校。在 1952 年至 1953 年院系调整中，以私立成华大学为基础先后并入西南地区财经院校或综合大学的财经系科，

---

① 西南地区文史资料协助会议编《抗战时期内迁西南的高等院校》，贵州民族出版社，1988。

光华大学院系设置沿革表

时间		院系名称																				
一九二六年	文科	国学系	教育学系	历史学系	政治学系	社会学系	哲学心理学系	英文学系	法文学系	德文学系	理科	物理学系	化学系	生物学系	数学系	商科	会计学系	银行学系	商业学理学系	经济学系	工科 测量系	绘图系 建筑系
一九三六年	文学院	国文系	教育系	历史系		社会系		英文系			理学院		数理系	化学系			土木工程系	商学院	会计系	银行系	经济系	

图1　光华大学创始期和1936年发展时期院系设置

光华大学成都分部院系设置表

时间	院系名称										
	文学院					理学院		商学院			
一九三八年至一九四六年	中国文学系	教育学系	历史学系	政治经济学系	社会学系	化学系	土木工程系	银行学系	会计学系	工商管理学系	会计专修科

光华大学成都分部沿用光华大学设立的文学院、理学院和商学院，下设10个系及一个专修科

图2　光华大学成都分部时期院系设置

组建西南财经大学的前身——四川财经学院。西南财经大学的光华校区即光华大学成都分部旧址，学校秉持经世济民、孜孜以求的大学精神。

三　光华社会学文库：回到初心再出发

1949年之后，地处西南地区的成都社会学陷入低潮。首先是华西协和大学社会学系合并到四川大学等高校，相关的具有特色

的社区社会学研究黯然退场。其次是大学社会福利服务随着新中国的建立，通过政府新福利政策和福利提供形式而改换门庭。1979 年中国社会学重建后，四川成都的多个高校重建了社会学专业。西南财经大学于 1984 年获批人口学硕士点，1987 年获批人口学二级学科博士学位授权点，1999 年人口学获批四川省重点学科，是国内最早建立人口学学科、获得人口学硕士和博士授权资格的高校之一，涌现出了吴忠观、刘洪康等一批全国知名的人口学学者，成为全国人口研究的学术重镇。2008 年在应用经济学下自主设置社会经济学，2008 年获批社会工作本科专业，2010 年获批社会工作硕士专业学位授权点，2011 年获批社会学一级学科硕士学位授权点，2012 年自主设置应用社会学硕士点，2014 年自主设置民俗学硕士点，2018 年获批社会学一级学科博士学位授权点。学校先后成立人口研究所、西部经济研究中心、人文学院、社会工作发展研究中心和社会发展研究院等社会学相关机构。其中，人口研究所成立于 1979 年，1985 年开始招收人口学硕士研究生，1987 年开始招收人口学本科生，1988 年开始招收人口学博士研究生，2000 年被调整至法学院，2006 年被调整至西部经济研究中心，并于 2012 年开始招收社会学硕士研究生。人文学院于 2008 年开始招收社会工作本科生，2013 年开始招收应用社会学硕士研究生，2015 年招收民俗学硕士研究生。社会工作发展研究中心成立于 2007 年 10 月，2009 年开始招收社会经济学硕士研究生，2010 年开始招收社会工作硕士专业学位研究生，2013 年开始在经济保障与社会保险博士点下招收灾害风险管理和灾害社会工作方向博士研究生，2018 年 1 月改为社会发展研究院，2018 年开始招收社会学博士研究生。为进一步促进社会学学科发展，2020 年 7 月学校将社会学相关专业整合到社会发展研究院。研究院秉持整合优势资源、立足西部建设更为完整的社会学学科的思路，新设社会学研究所、人口学研究所、社会政策与社会工作研究所、经济社会学研究所、民俗学研究所，共同研究中国经济社会尤其是社会发展面临的重大理论和实践问题，为中国社会建设和社会治理贡献力量。

西南财经大学有经济学学科优势，金融学人才培养具有明显特色。社会学在这样的大学中发展的确需要探索自己的学术成长道路。经济学和社会学学科实际上有多种学术联系与渊源。从1969年开始颁发的经济学诺贝尔奖获得者中，有数位的研究成果跨界整合了经济学和社会学，如阿马蒂亚·森的贫困研究和可行能力研究，加里·贝克对人类相互行为的分析，安格斯·迪顿对消费、贫困和福利的研究，阿比吉特·班纳吉、艾丝特·杜芙若及迈克尔·克雷默在全球反贫困研究中使用的实验型方法等。当经济学遇到做非经济因素影响分析时，社会学无疑是最好的研究合作伙伴。中国社会学也出现跨学科的分支领域，如经济社会学等。1983年南开大学社会学系与中国社会科学院社会学研究所联合在天津召开第一届经济社会学研讨会。2019年和2020年西南财经大学社会发展研究院与清华大学社会与金融研究中心、中央财经大学社会与心理学院、中国社会科学院社会学研究所联合举办了两届中国社会学会年会金融与民生福祉论坛等。西南财经大学的社会学学科与综合大学的社会学学科不同，在坚守社会学初心的同时，不断寻找和突出自己的内联外合的优势。

西南财经大学社会学学科多年来还形成了基层社会治理研究的特色。社会发展研究院现拥有多个研究中心和基地，包括民政部"中国基层治理研究中心"、四川省人文社会科学重点研究基地"西部城乡统筹与社会建设研究中心"、民政部"国家社会工作专业人才培训基地"、中国社会工作教育协会社会治理与社会工作专委会"高质量社会发展科学研究基地"等。社会发展研究院与中国家庭金融中心联合开展全国抽样调查，通过规范的问卷调查以及数据分析，建立了首个中国基层治理数据库。获得多项基层社会治理研究课题，包括国家社会科学基金"社会工作与灾后社区重建"、联合国儿基会"汶川地震社会工作发展对策研究"、教育部人文社科研究项目"大型自然灾害中政府与非营利组织合作关系研究——以汶川特大地震为例"、民政部招标课题"社会工作在汶川地震中的功能和作用研究"、国家外专局项目"农民集中居住区社区管理模式创新研究"等；成果出版注重灾害社会工作研究、城乡统筹中的社会建设研究、西部少数民族地区人口发展与反贫困战略研究、基层社会组织研究，为西部地区经济社会跨越式发展提供了高层次的战略规划及决策咨询服务，相关成果水平和团队研究能力在中国西部地区高校中名列前茅。

出版"光华社会学文库"的设想始于 2019 年初。初心是想聚集西南财经大学社会学的优势资源，建立一个社会学优秀学术成果发表平台，做成一个具有特色的学术品牌。学院年轻教师部分毕业于国内 985 高校或 211 高校，部分毕业于境外高校，他们国际视野开阔，理论与方法训练扎实，多篇论文发表在国内一流期刊和 SSCI 期刊。他们倾尽全力完成的独立专著创新性强，值得一读。本套丛书第一批包括以下专著：

邓湘树《大型自然灾害中的政府与非营利组织合作研究》

胡　俞《人际信任论》

潘彦谷《亲子、同伴依恋和中学生心理素质》

张琼文《城乡社区公共服务供给效率》

蒋和超《孟母"择邻"：中国城市儿童学业成就的邻里效应》

魏真瑜《从众心理与亲社会行为》

陆毅茜 *Postgraduate Transitions of University Students in Transforming China*

我们计划不断地邀请年轻学者将他们的成果纳入"光华社会学文库"出版，在 2021 年或 2022 年推出"光华社会学文库"第二批。感谢西南财经大学双一流学科建设办公室的大力支持，感谢社会科学文献出版社谢蕊芬等编辑的辛勤工作。

文库主编　边慧敏教授

西华大学党委书记

文库执行主编　彭华民教授

西南财经大学社会发展研究院特聘院长

文库副主编　邓湘树

西南财经大学社会发展研究院副院长

2020 年 10 月 15 日

序

进一步完善我国儿童保护制度
与服务体系

　　童年是人生的最初阶段，是既脆弱又对一生具有重要影响的阶段。儿童身上承载着家庭、社会、国家的多重希望。我们希望每个人都有美好的童年，但现实中却总有一些儿童遭遇不幸，沦为家庭暴力和社会伤害的受害者，并因此给他们的童年生活留下了深深的阴影，并对其后一生的发展产生负面影响。因此，加强儿童保护已成为全世界范围内的重要公共议题。在当代世界，能否有效保护儿童权利是衡量一个国家社会发展水平和文明程度的重要标志之一。我国政府高度重视儿童保护，积极加入儿童保护的全球行动体系，制定了《中华人民共和国未成年人保护法》等法律法规，并出台了系列加强儿童保护的政策文件。但是，儿童保护是一个既重要又复杂的行动体系，不仅要出台相关的法律法规和政策文件，而且要构建和完善相关的行动体系，包括相关的制度建设、组织建设、人才队伍建设和服务内容建构等。对各级政府来说，这是一个需要长期高度重视和不懈努力的行动领域。对于社会科学研究者来说，需要通过长期持续的研究，不断发现儿童发展和儿童保护中存在的各种问题，尤其是儿童遭受各种伤害的问题，深入分析在新的形势下儿童保护制度中存在的问题、短板和漏洞，不断创新儿童保护的理论与方法，向政府提供决策的理论参考和行动依据。韦克难教授的新著正是此类学术研究中的又一个新的重要成果。

本书较为系统地揭示了当前我国儿童受伤害情况的严重性和各类儿童遭受伤害的差异性，能让读者较为全面地体会到当前加强儿童保护的紧迫性。书中重点分析了监护人在儿童保护方面的责任及部分监护人在履责中存在的严重问题；分析了家庭、学校、社区、政府与社会各个方面在儿童保护方面的角色和职责，以及在履行儿童保护责任方面存在的不足。书中还较为全面地分析了儿童保护意识、法律与制度建构、社会支持行动体系等方面的作用，以及当前还存在的制度短板和行动差距。

本研究提醒我们要全方位加强我国的儿童保护。一是提升我国儿童保护的理念，全社会都要更加重视儿童权利和儿童保护，各级政府尤其要高度重视儿童保护工作；二是进一步健全儿童保护的法律，既要完善立法，提高立法层次，又要推进执法，提高相关法律法规的可操作性；三是加强对监护人的教育，提高监护人儿童权利和儿童保护的意识，提升其儿童保护的能力，促使其认真履行监护的责任；四是完善儿童保护的行动体系，建立和完善儿童保护机构，扩展儿童保护的行动内容，完善儿童保护预防监督、应急处置和事后处理行动体系，并提升儿童保护的专业化水平；五是动员全社会关心儿童保护工作，所有的组织机构和全体公民在这方面都负有责任，都应该积极参与，与儿童活动关系密切的社区、学校以及社会工作机构等组织及相关工作人员负有更多的责任。

加强儿童保护既是全球性的重大议题，也是世界性的复杂难题，需要建立完善的制度体系和行动体系，也需要在此领域开展长期的研究。本书的出版，在此研究领域做出了新的理论贡献，并将对相关政策制定和行动发展起到积极的作用。但是，仅靠一位作者和一本著作不能解决所有的问题。希望本书作者能够继续在此领域深耕，向社会奉献更多更好的研究；也希望更多的研究者投入这一领域，大家一起努力，共同推动我国儿童保护事业的发展。

关信平

2022 年 2 月 17 日

目录

第一章 导　言

儿童保护问题关系到民族的未来，中华民族复兴必然需要儿童有一个美好的未来。研究中国儿童保护制度就是为儿童筑起保护的高坝。本章包括研究背景、研究意义、研究问题、研究内容框架及调查和研究方法的说明。

第一节　研究背景

一　儿童保护的形势依然严峻

近十多年，我国各种儿童伤害事件频发。2010 年，福建省南平市发生"3·23"特大凶杀案事件，该事件中凶手郑民生杀害 8 名儿童并导致 5 名儿童受伤；2011 年，广东省发生"小悦悦事件"；2012 年，贵州省毕节市发生 5 名男童在垃圾桶里意外死亡事件……除此之外，还有一种儿童伤害事件没有引起社会的广泛注意，即成年人对于儿童的语言伤害或者行为歧视，如 2021 年 12 月，北京市朝阳区某小学一年级的两位老师，因为一个女孩在同学朗诵的时候觉得声音太大捂起了耳朵，便对小女孩恶语相向，还鼓动全班同学一起指责和孤立这个孩子。① 《中华人民共和

① 《北京这两位教师的行为，是对儿童的犯罪》，https://www.163.com/dy/article/GT865V0H0552K780.html，最后访问日期：2022 年 1 月 9 日。

国未成年人保护法》第二十七条明确规定：学校、幼儿园的教职员工应当尊重未成年人的人格尊严，不得对未成年人实施体罚、变相体罚或者其他侮辱人格尊严的行为。那些用语言侮辱儿童、指责儿童、威胁儿童等行为，在现实生活中非常普遍，很多成年人已经习以为常，必须要强调的是，很多人根本没有认识到这是对儿童的伤害。

现实中各种伤害儿童事件频发，在建设和谐社会的今天，儿童的社会保护问题亟待全社会介入。

二　儿童保护问题开始得到政府重视

儿童保护问题尤其是困境儿童保护问题在最近几年开始引起全社会广泛的关注，党中央、国务院相关部门也高度重视此问题，在 2016 年相继出台了《国务院关于加强农村留守儿童关爱保护工作的意见》（国发〔2016〕13 号）、《国务院关于加强困境儿童保障工作的意见》（国发〔2016〕36 号）等文件，各级政府相关部门也紧锣密鼓地出台了具体的困境儿童保护实施意见，一些地方也配套解决了困境儿童保护的资金和人员问题。2016 年 2 月 26 日，为加强未成年人保护工作，民政部成立了未成年人保护处，并建立完善未成年人保护工作机制和服务体系，全面摸底排查、完善农村留守儿童信息管理。《国务院关于加强农村留守儿童关爱保护工作的意见》（国发〔2016〕13 号）明确提出要求建立健全包括强制报告、应急处置、评估帮扶、监护干预等环节在内的农村留守儿童救助保护机制。《国务院关于加强困境儿童保障工作的意见》（国发〔2016〕36 号）明确提出要求参照农村留守儿童救助保护机制建立困境儿童安全保护机制。

2018 年 12 月 31 日民政部成立了儿童福利司，其主要职责是拟订儿童福利、孤弃儿童保障、儿童收养及儿童救助保护的政策和标准，健全农村留守儿童关爱服务体系和困境儿童保障制度。据相关媒体报道，民政部已经将未成年人保护机构建设纳入"十四五"规划，明确规定各个地市县要建设未成年人保护中心，各个社区建立未成年人保护站，形成由市或者区县未成年人保护中心—街道儿童督导—社区未成年人（儿童）保护站构成的儿童保护网络，这些未成年人保护机构将是各级民政部门贯彻落实未成年人保护法的重要阵地和工作抓手。我国儿童保护工作开始纳入正轨。

三　儿童保护事业是一个长期的过程

近几年，民政部门及其相关儿童工作机构为保护儿童尤其是困境儿童做了大量工作，在困境儿童保护事业方面取得了一些成效。但儿童保护事业的路还很长，还需要我们坚持不懈的努力。以笔者主持的国家社会科学基金重点课题"社会工作视角下儿童保护制度与服务研究"为例，2015 年对 3401 名儿童进行问卷调查的数据表明，关于儿童越轨行为，虽然总体来说没有任何越轨行为的儿童比例是比较高的，占 77.98%，但有越轨行为的儿童中，越轨行为最多的是打架斗殴，占 7.99%；第二位是整夜不归宿，占 0.67%；第三位是不满 16 周岁，但脱离监护人单独居住，占 4.23%；第四位是离家出走，占 3.20%；第五位是故意毁坏财物，占 0.30%；1.82% 的被调查者因为多种原因辍学；1.47% 的被调查者有观看、收听色情、淫秽的音像制品和读物等行为；1.41% 的被调查者有参与赌博或者变相赌博的行为；0.44% 的被调查者有卖淫行为；0.32% 的被调查者有吸毒行为；其他越轨行为占 0.17%。这些越轨行为虽然占比例不高，但也是我们急需要关注的问题。

儿童保护是人类永恒的话题。人类珍视儿童，就是热爱生命。对儿童保护得越好，就越能说明我们真正以人为本。儿童保护的好坏，已经成为一个社会文明程度的显著标志。现代社会的复杂性更需要我们重视儿童保护，正如贝克在《风险社会》中所论述的那样，现代社会是高风险社会。儿童天生就是弱势群体，他们面对的风险正在增加。由此，世界各国都非常重视儿童保护问题，联合国的《儿童权利公约》中，明确地提出了儿童有被保护权、参与权、发展权、生存权，其中，被保护权特指"防止儿童受到歧视、虐待及疏忽照顾，尤其是那些失去家庭的儿童和难民儿童"。《中国儿童发展纲要（2011~2020年）》也专门指出要"完善保护儿童的法规体系和保护机制，依法保护儿童合法权益"。党的一系列政策报告和文件中也都明确提出要保护儿童的合法权益。

虽然我们在保护儿童方面做了很多有益的工作，儿童保护制度与服务体系建设也取得了相当大的成绩，但是，儿童保护工作的路还很长，还有很多事情要做。

四 儿童保护研究严重滞后

由于长期以来对儿童保护不力，对儿童保护相关问题的研究也严重滞后。具体而言，我国对儿童保护研究不够主要表现在：第一，还没有建立起一套适合中国国情的儿童福利制度，还缺乏"中华人民共和国儿童福利法"这样的根本大法（刘继同，2008），因为只有健全的儿童福利法才能充分保护儿童；第二，儿童保护制度与服务体系建设还存在问题，缺乏儿童保护的法律和福利制度（王雪梅，2007；刘继同，2008；刘文等，2013；程福财，2014），尤其是缺乏保护特殊儿童的保障体制（何欣等，2013；万国威、李珊，2013）；第三，儿童保护在我国整个社会及政府体系中还重视不够，虽然近几年政府也为此出台了一系列专门关爱儿童的社会政策，但有效的儿童保护网络还没有建立起来，国家缺乏专门的行之有效的儿童保护机制（孙莹，2012）。

2021年8月19日，笔者以"儿童保护"为主题在知网进行检索，检索到英文文献 28703 条，而检索到的中文文献只有 4274 条。从中文学科分类来看，法学共 896 篇，社会共 866 篇，教育共 322 篇，公共管理共 320 篇，政治学共 262 篇，其他学科还有 300 多篇。而论文只有 1909 篇，完全涉及儿童保护的论文仅仅 174 篇。从所检索的知网已发表论著来看，总体而言，目前国内学术界对儿童保护的专门研究十分薄弱，尤其是儿童社会保护的专门研究，仅有少量论文，且侧重于定性研究，定量研究的论文几乎没有。而我国儿童伤害问题又非常严重，研究此问题不仅必要而且非常紧迫。最近公布的第七次全国人口普查的相关数据显示：全国 14 岁以下的人口为 25338 万人，占 17.95％；18 岁及以下儿童则更多，达 4 亿多人，几乎占总人口的三分之一。① 正如前文所述，虽然我国儿童保护工作取得了巨大成就，但不容忽视的是，我国儿童受伤害、被忽视、被侵害的事件还累累发生，我国亟待加快完善儿童保护的制度建设和儿童保护研究。正是基于此原因，我们开始关注并研究此问题。我们认为，加强儿童社会保护，是我国社会经济发展和和谐社会建设的必然要求。

第二节　研究意义

儿童保护研究是有利于儿童健康发展、有利于民族未来发展的善举。

一　儿童保护研究的现实意义

第一，有助于促进我国儿童保护法律制度及政策的完善，促进儿童保护社会治理体系和能力现代化建设。近几年诸多儿童受

---

① 《第七次全国人口普查结果公布！中国人口共 141178 万人》，https：//baijiahao. baidu. com/s？id＝1699428177671137432&wfr＝spider&for＝pc，最后访问日期：2021 年 9 月 11 日。

伤害事件都说明我国儿童保护立法还存在一些问题，如温岭女教师虐童事件就暴露出这样的问题，即面对教师对学生实施的虐待行为，相关法规显得"束手无策"；贵州毕节五男童垃圾箱取暖身亡事件揭示出流浪儿童救助的漏洞；兰考火灾事件反映出完善儿童保护制度和立法的必要性和紧迫性；等等。本研究将系统梳理我国儿童保护法律制度方面存在的不足，系统地提出我国儿童保护应该建立的政策及法律制度，促进我国儿童保护政策及法律制度更加完善。

第二，有助于我国形成有效保护儿童的机制。儿童保护，需要政府、社会组织、企业、监护人等多方协作，在协作中要明确各自承担什么作用和扮演什么角色，如何协作以及协作的联结方式。这些都需要形成一套制度或机制。本研究将明确我国儿童保护的主体和保护儿童的机制，为我国儿童保护提出可操作的社会政策建议。

第三，有助于促进社会工作介入儿童保护工作，促进儿童健康成长。儿童出现的各种被伤害现象，主要由他们所在的家庭和社会内外诸多环境因素所致。一些调查资料显示，留守儿童和流动儿童更容易出现意外伤害（朱晓霞等，2011；张文娟，2013）。本研究强调通过利用社会工作的专业性介入儿童保护工作，相信此举能够减少儿童被伤害事件，给予他们更多的关爱，帮助他们建立一个强大的社会支持网络，以减少环境中各种对他们带来的可能的伤害因素，促进社会各界对儿童的保护。

第四，促进监护人、全社会承担起应尽的责任。保护儿童、关爱儿童、促进儿童的健康成长不仅仅是家庭的责任，也是政府和社会的责任，更是整个人类社会的责任。现实情况是，一些儿童监护人因为生计问题，片面地追求物质利益的获取，忽视了对儿童的关爱和保护，没有尽到监护人应尽的责任。儿童作为一个在生理、心理上有着特殊需求的群体，尤其需要得到特别的关爱和照顾。笔者希望通过本研究能够唤醒更多的家庭和社会组织关爱儿童，促使家庭履行保护儿童的职责。

二　儿童保护研究的理论意义

第一，有助于完善我国儿童社会工作的理论，形成有中国特色的儿童保护社会工作理论。社会工作进入中国时间较短，儿童社会工作的实践与研究更是短暂，既缺乏儿童社会工作的实践，又缺乏适合中国国情的儿童社会工作理论。通过本研究可以促进儿童社会工作发展，能够为儿童社会工作提供丰富的理论素材，有助于理论工作者探索如何建设有中国特色的儿童社会工作理论，进一步丰富这些理论的基本内容，并建立和完善有中国特色的儿童保护社会工作理论体系。

第二，有助于完善我国学校社会工作的理论，形成有中国特色的儿童保护的学校社会工作理论。学校社会工作也是一门独立的理论和学科，由于我国学校社会工作还处于发展初期，在此方面我国还缺乏专门的研究，也缺乏相关理论在学校中的实践运用。儿童保护离不开学校，学校承担着保护儿童的重要职责，而儿童保护、儿童安全教育是学校社会工作的重要内容。在我国学校中，社会工作者的职能职责是什么？社会工作者通过什么方式和机制在学校中发挥作用？社会工作者在学校中应该解决什么问题？学校社会工作的理论基础等诸多问题都需要我们理论工作者去总结概括。本研究将进一步探索如何在学校中运用社会工作理论保护儿童，完善学校社会工作的相关理论，探索建立具有中国特色的学校社会工作理论。

第三，有助于形成具有中国特色的儿童公益慈善理论。儿童保护需要动员全社会的力量，尤其需要公益慈善力量。儿童保护事业的发展必将促进儿童公益慈善理论的发展。儿童公益慈善理论要求明确儿童公益慈善的概念、类型、方式、特征、价值、原则，要求明确儿童公益慈善运行的主体、客体、方式和机制，要求明确儿童公益慈善主体不同类型的特点、内部治理方式和监督机制等内容。理论建设是中国公益慈善界的责任，更是儿童公益慈善界的责任。通过对儿童保护的研究，有助于丰富具有中国特色的儿童公益慈善理论，能够真正形成解决中国儿童公益慈善现实问题的理论，也有助于解决外来理论本土化问题，同时有助于形成中国儿童公益慈善理论的创新问题。

第三节　研究问题、内容及其框架

一　基本概念与研究对象的界定

1. 儿童保护的概念

儿童保护是指有利于儿童生存与发展的一系列措施，既包括国家关于儿童的一系列的制度安排，如社会救助、法庭命令、法律诉讼、社会服务和替代性养护等措施，对受到和可能受到暴力、忽视、遗弃、虐待和其他形式伤害的儿童提供的一系列旨在救助、保护和服务的措施，也包括对儿童及家庭通过提供福利达到保护儿童的措施，以及对儿童的社区服务、社会支持和措施行为等。儿童保护的对立面是儿童伤害。

儿童保护是一个广义的概念，其外延应该是有利于儿童的一切措施、制度和行为（尚晓援，2014）。从宏观层面看，包括国家出台的一系列法律、政策的制度性安排；从中观层面看，包括学校、社区、企业、社会组织提供的保护儿童的措施、服务和行为等；从微观层面看，包括家庭、监护人等对儿童的支持、看护、养育等措施和行为。

从儿童保护范围来看，包括儿童社会保护，即全社会对儿童的保护；儿童学校保护，即儿童在学校应该受到的保护；儿童司法保护，即儿童在司法制度方面应该受到的保护；儿童家庭保护，即儿童在家庭中应该受到监护人的保护等（姚建平，2016）。

2. 研究对象的界定

本书的研究对象是儿童保护制度与服务。儿童保护体系的核心目标是禁止一切不利于儿童身心健康的行为，包括禁止以下行为：第一，性侵儿童；第二，贩卖儿童；第三，遗弃婴幼儿；第四，虐待儿童；第五，暴力伤害儿童；第六，教唆、利用儿童实施违法犯罪；第七，胁迫、诱骗、利用儿童乞讨。禁止这些行为是为了实现儿童保护的目标，这些儿童保护的核心目标是保护儿童免遭虐待、忽视、剥削和暴力等四大类型的人为伤害。具体而言这些核心目标是：①儿童免遭虐待，包括免遭性侵害；②儿童免遭被忽视，包括儿童的身心健康的忽视；③儿童免遭暴力，包括语言暴力。

儿童保护服务的内容主要包括两个方面：第一，对各种可能伤害儿童的行为进行预防；第二，对各种伤害儿童的行为进行应对。具体包括以下方面。①预防与应对儿童的各种身体伤害（这些行为是非正常的，甚至反复发生的），如特别注意头部有无伤痕。其他部位有无伤痕结痂，有无划伤、内伤、撕裂伤、烫伤、红肿，有无因烧伤起泡、骨折、肌肉拉伤、擦伤、软骨伤、扭伤、骨骼错位、血肿等。②预防与应对儿童的情感伤害，如不断重复的谩骂、讥讽和侮辱，长期处于家人之间的暴力、残忍或者令人恐怖的互动环境中，监护人为了教训孩子或者最大限度地操控孩子而采用的残忍或者非常手段。③预防与应对儿童生存的基本需要经常或者长期无法得到满足，如没有适当的饮食、住宿、衣着照顾，让孩子独处时间过长或者让其独自照顾年龄很小、缺乏自理能力的弟妹；照顾者因为精神原因无法为孩子提供基本的照顾，因为缺乏照顾而导致的死亡情况等。④预防与应对儿童的性行为，这些性行为无论是有无身体接触的、儿童能够承受的或者不能承受的行为。这些行为包括强奸、猥亵、性剥削，还包括诱使、允许、参与、强迫儿童参与色情或性行为的行为。⑤预防与应对7～16岁儿童不能入学就读，各种拒绝让孩子注册学籍、各种不让孩子上学的行为。⑥预防与应对儿童缺乏必要的医疗照顾，包括拒绝或者没有满足儿童的基本医疗需求的行为，不给没有行为能力的婴儿以医生已经明示的治疗或者药物，导致婴儿生命垂危或者死亡的行为。⑦预防与应对儿童在情感及道德教养方面没有获得适当的关注和引导，包括让儿童做偷盗等犯法的事情，让儿童吸毒、喝酒等，在了解孩子需要情感需求的情况下拒绝给予安慰，对孩子的要求或者期望明确超出他的能力或者发展阶段。⑧预防与应对信息暴力，这些信息暴力包括各种报纸、杂志、电视、网络等媒体中包含的对儿童的不良态度，以及可能向儿童输入的暴力思想或者教授暴力行为的信息。⑨预防与应对传统或者现代文化中包含的不利于儿童健康成长的观念与做法，如重男轻女、童婚买卖、出租儿童、不打不成材等。⑩完善立法环境和执法环境，如禁止向未成年人售卖烟酒、实行电影电视分级制、保护儿童生活周边环境、建立儿童友好社区等。

二　研究的主要内容

本研究的主要内容是：分析我国儿童保护的现状、存在的问题、影响儿童保护的因素，探讨如何提高儿童保护水平。具体包括以下几个方面的内容。

（1）对儿童保护的现状、存在的问题、发展趋势进行比较全面的调查和描述。

（2）探讨影响儿童保护的因素，主要从儿童自身和外部环境这两个方面进行探讨，探讨儿童自我保护认知因素对儿童伤害的影响，探讨儿童的外部环境中社区因素对儿童伤害的影响。

（3）介绍国外儿童保护的相关社会政策、社会服务的有益经验。

（4）探讨社会工作如何介入儿童保护，介入的途径、措施与策略；在此基础上，提出可操作化的儿童保护的政策建议，形成我国儿童保护的制度建设理论架构，探索儿童保护社会治理创新的途径，概括儿童保护的相关理论。

三　研究总体框架

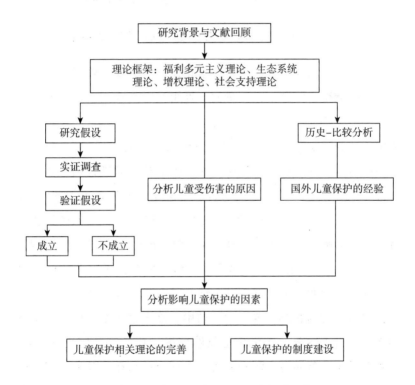

第四节　调查说明与研究方法

一项研究是否科学，其影响因素是多方面的，有研究方法、研究手段、研究条件等问题，也有研究者的研究水平、数据来源问题。为了保证本研究的科学性，笔者组织实施了大规模的问卷调查，这些调查所花时间和精力、经费都是巨大的，问卷调查前后花了一年时间，而访谈、个案研究所花时间超过两年，参与问卷和访谈调查的人员都在 30 人以上，但值得欣慰的是笔者获得了大量第一手资料，到目前为止，在儿童保护领域还没有其他学者进行如此大规模的调查。本研究的数据全部来源于笔者组织实施的调查。

关于问卷调查，笔者分别对儿童及成人进行了抽样调查。

一 对儿童进行问卷调查的必要性及其抽样过程

儿童作为未成年人，个人社会化还没有完成，对于社会的认知还没有完全建立起来，儿童的个性也没有形成，因此，要掌握儿童的心理特征和生活状况还有相当的难度。但儿童在成长的过程中，达到一定年龄后，能够对自己与他人有一定的正确认识，他们的生活状况自己也是最清楚的，因此对他们进行调查是非常有必要的。至于如何调查更为有效，这是需要认真考虑的问题。笔者经过组织专家研究讨论后认为，儿童达到 10 岁后认知能力就比较强了，能够判断自己的状况和所处环境是否安全。因此，可以调查 10 岁以上儿童。相关专家认为针对儿童调查的问卷设计，要以小学儿童为基础、以中学儿童为主、兼顾高中儿童，儿童问卷调查的内容要覆盖小学、初中、高中这三个年龄段，调查问卷的语言表达要让小学生也能够理解。基于以上判断与标准，笔者设计了儿童问卷。问卷分为三个部分：儿童及其家庭基本情况、儿童受伤害与保护情况、儿童保护认知情况。全部调查问题分为 37 个大问题，其中，36 个是封闭问题，1 个是开放问题，有的问题还包括一些子问题。调查问卷考虑儿童的基本特征，既有助于我们对这一特殊社会弱势群体有一个较全面的认识，同时也有助于我们从微观视角来探讨年龄、受教育程度、收入、家庭结构、生活方式、经济状况等对儿童各方面的影响。

问卷调查在 2015 年 6～9 月开展。儿童问卷调查采用多阶段立意抽样，在实际调查过程中，这种立意抽样多用于总体规模小，调查所涉及的范围较窄或调查时间、人力等条件有限而难以进行大规模抽样的情况（风笑天，2005）。抽样过程如下。①通过立意抽样分别选取了东部、中部和西部的 6 个省市，包括广东、山东、山西、湖南、重庆、四川。②通过立意抽样在 6 个省市中各选 1 个城市，其中大城市和中小城市各 3 个，分别是广东省中山市、山东省青岛市、山西省孝义市、湖南省湘潭市、重庆市、四川省成都市。③在每个城市中立意抽样选取了 4 个学校，分别是 2 所城市学校和 2 所农村学校。总计 24 所学校，其中小学 9 所（主要是四、五、六年级），初中 9 所（初一、初二、初三年级），高中 6 所（高一、高二年级）。④用整群抽样方法在每个学校抽取 4 个班集体，共抽取 96 个班集体。为了减少整群抽样的误差，笔者结合了分层抽样方法，按照调查对象学生年级进行抽样，其中小学四年级 12 个班、小学五年级 12 个班、小学六年级 12 个班、初中一年级 12 个班、初中二年级 12 个班、初中三年级 12 个班、高中一年级 12 个班、高中二年级 12 个班。⑤每个班集体按照学号由小到大的序号抽取 40 名学生。共发放儿童问卷 3840 份，回收有效问卷 3468 份，有效回收率为 90.31%。调查对象主要是 10～18 岁（包括 18 周岁）的儿童。① 为了保证问卷的信度质量，笔者在问卷中专门设计了反向陈述问题作为信度指标，将那些明显只选一种答案，如全部选 A 或者全部选 B 的答案当成缺乏信度的问卷作为废卷剔除，这样保证了调查问卷的真实可信。

这些调查得到的数据包括越轨行为的数据，笔者认为有很高

---

① 由于在学校采用的整群抽样，高中一、二年级的个别学生已满 18 周岁，如果对这部分学生不予调查，难免让这些学生感受到歧视或者不公平，故为了保证调查的真实性与完整性，我们保留了 18 周岁的样本。

的可信度，原因如下：一是我们在回收问卷时，凡是选择同一编号或同一排序答案的，尤其是有反向问题的问卷，全部做了废卷处理，没有进行数据录入；二是儿童是纯洁的、天真的，很少受到不良环境的影响，他们自然会讲真话；三是这些问卷不会对他们造成伤害，完全是由我们调查人员发放和收取，儿童不会因为实事求是的填写而受到不好的影响。基于以上理由，我们认为问卷调查的数据可信度是比较高的。

二　对监护人（成人）进行问卷调查的必要性及其抽样过程

为什么需要专门对监护人（成人）进行调查？这是为了更多地了解儿童的生活状况和受保护状况。儿童看问题与成人是不一样的，同样的问题成人会有他们的视角和态度。笔者想比较儿童与成人就同一问题的看法或者态度有什么差异，监护人在儿童保护方面到底做得如何？还有什么问题需要全社会关注？还有哪些问题监护人做得不够好？哪些儿童保护的问题监护人比较容易忽视？我们应该关注什么样的问题？社会应该在保护儿童方面尽快解决什么问题？基于这些需要，笔者设计了儿童保护的成人问卷，该问卷多数问题是与儿童问卷一致的，其目的就是比较儿童与成人在这些方面的异同。当然，也有很多问题是成人问卷才有的，比如对儿童保护的行为方面的调查、对家庭环境安全的调查等。

对监护人（成人）的问卷调查采用多阶段立意抽样方法抽取了所要调查的社区，在被抽中的社区中采用了系统抽样方法抽取被调查的成人。调查在 2015 年 6 ~ 9 月开展，过程如下。①通过立意抽样分别选取了东部、中部和西部的 6 个省市，包括广东、山东、山西、湖南、重庆、四川。②通过立意抽样在这 6 个省市中各选 1 个城市，其中大城市和中小城市各 3 个，分别是广东省中山市、山东省青岛市、山西省孝义市、湖南省湘潭市、重庆市、四川省成都市。③在每个城市立意抽取 8 个社区，包括城市社区 4 个，郊县社区 4 个。④每个社区采用系统抽样方法调查 25 个成人。共发放 1200 份成人问卷，回收 1124 份问卷。为了保证问卷的信度质量，笔者在问卷中专门设计了反向陈述作为信度指标，将那些明显违反该指标的问卷剔除。共剔除 57 份信度不高的问卷，最后筛选出有效问卷 1067 份，有效回收率为 88.92%。

三 问卷调查的组织与实施

本研究在获得 2015 年度国家哲学社会科学基金资助后，于 2015 年 6 月开始进行设计问卷、试调查、组织调查队伍和开展正式调查等各项工作。

要设计一份有效的调查问卷，笔者首先进行探索性工作。因此，2015 年 6~7 月，研究者利用私人关系，围绕儿童保护的影响因素等问题在一些城市进行了 10 天的实地考察，并通过滚雪球的方式，专门联系了 12 位不同年龄段的儿童及其家长，围绕儿童受伤害情况、社会支持网络、身心健康、儿童权益及其与监护人的关系等问题进行深入访谈。对资料整理后分别完成了《我国儿童保护调查问卷（成人问卷）》和《我国儿童保护调查问卷（儿童问卷）》的初稿。

笔者将问卷初稿分别送给该研究领域的一些专家、研究人员以及个别的被调查者，请他们提出意见。还专门请专家、公益社会组织人员、政府官员召开研讨会，请他们对课题研究设计及问卷提出具体的意见。笔者在综合他们的意见后对问卷初稿进行了修改，并于 2015 年 7 月赴四川省乐山市井研县进行了试调查。最后根据试调查反馈的情况进行了再修改，形成儿童版和成人版的《我国儿童保护调查问卷》。

笔者组织设计的调查问卷涵盖儿童及其监护人的个人基本情

况、家庭经济状况、婚姻与家庭、儿童的社会支持、儿童保护的认知情况、儿童保护的行为、儿童受伤害状况等方面的内容。由于儿童保护认知是一种复杂、微妙的社会现象，不仅难以分解为定量指标来测量，也常常难以用语言来表达，所以在问题的前后顺序安排上，我们首先询问被访人容易回答的个人背景，如年龄、受教育程度、家庭人口等，然后按照由简单到复杂的顺序，让他们的思绪从儿童生活过渡到儿童保护认知、儿童伤害状况，渐渐打开他们的话匣子，吐露自己的经历和感受。

资料收集由笔者所在学校的 34 名师生（其中教师 2 名，学生 32 名）共同组成。32 名学生调查员是从笔者所在学校众多报名参加暑期社会实践的学生中挑选出来的，分为 6 个组，每组 5~6 人，每个组负责一个省市。各组组长都是学校社会学专业或者社会工作专业的硕士生，他们对调查的内容、调查方法、调查地的语言、风俗习惯以及文化都比较熟悉。调查与大学生规定的暑期社会实践能够结合，于 2015 年 7 月 15 日至 10 月 20 日进行。在正式调查前，笔者对所有调查人员进行了相关培训，专门就问卷调查的意义、内容与方法、注意事项等进行了详细讲授。在问卷调查中，调查员普遍得到了调查当地居委会（村）工作人员的支持，由社区（村）工作人员带领调查员入户调查。从调查时间看，成人问卷调查慢的需要 45 分钟，快的可以在 30 分钟内完成，儿童问卷调查时间稍多一些。为了得到被调查者的配合，调查员给调查对象购买了价值约 40 元的礼物作为补偿。所有调查员在调查过程中都做到了诚实认真。

四　研究理论视角

本研究从社会工作视角分析儿童保护问题，所依据的理论是福利多元主义理论、生态系统理论、增权理论、社会支持理论。福利多元主义理论认为儿童保护应该由政府、家庭、社会力量多元主体共同完成，因此，我们在分析儿童保护责任时应强调政府、家庭、社会力量各自的责任，强调多元主体共同合作保护儿童的重要性。生态系统理论认为社会工作要从与服务对象相关的不同系统的角度介入，这种"人在情境中"的理论框架把人的问题归结为两方面的原因——个人因素和环境因素，认为人与环境中的各种系统是相互作用的。从儿童保护的角度，该理论强调必须从"儿童发展"的角度着手思考解决途径。因此，笔者在分析儿童受到伤害的原因的时候，更多强调儿童所处的环境的影响。增权理论要求增强儿童自我保护的能力，这就提醒我们保护儿童的有效途径是提高儿童自身的保护认知能力。社会支持理论要求为儿童生存、发展提供最广泛的支持系统，支持越多越能够减少其受伤害的可能。

五 研究方法

第一，本研究采用马克思主义哲学中的理论与实践、普遍与特殊的辩证方法，从实践中发现问题、收集资料，由个别到一般、由个性到共性，由经验上升、概括出普遍性的理论。

我们对儿童与监护人访谈后发现，多数儿童与监护人对于儿童保护的法律与相关保护知识的认知不足，这是不是一个较为普遍的现象？是不是影响儿童受伤害的原因呢？于是我们在设计问卷时，就考虑分别对儿童自我保护认知和监护人儿童保护认知进行设计。通过分析调查数据发现，儿童自我保护认知和监护人儿童保护认知是比较差的。考察儿童自我的保护认知与儿童伤害的关系后发现儿童自我保护的认知与儿童伤害显著相关。从开始对若干儿童和监护人的访谈（个别、经验、具体），到设计问卷，再到分析得出结论（共性、理论、抽象），这就是一个由个别到一般、由个性到共性，由经验上升、概括出普遍性的理论的过程。

第二，本研究力求将定性研究与定量研究相结合，通过定性研究的访谈方法了解儿童保护存在的问题和影响儿童保护的因素，通过定量研究中的问卷调查了解儿童及其监护人对儿童保护的认识和相关知识、儿童被伤害状况。

儿童保护是一个复杂的问题，定性研究更能够把握研究对象（儿童保护的社会机制）的性质、效果特征和意义，定性研究更加关注儿童保护机制的社会背景，这种研究偏重于个案研究，更能够从儿童的个案深入把握儿童保护机制的全面运用情况和影响因素，更加重视理论基础，更倾向于从实践中归纳和概括总结理论。从具体的、特殊的现象中归纳出理论，指导我国儿童保护的社会机制建设。

本书的定性研究主要采用半结构访谈方法和个案研究。半结构访谈方法主要访谈儿童的监护人以及儿童的相关责任人，通过访谈法可以了解什么因素会影响儿童保护。个案研究能够全面认识问题，全面了解儿童保护的实际状况，到底是哪些因素影响儿童保护的实施。笔者收集了14个儿童案例和2所学校儿童保护情况的案例，这些案例资料数据都是采用访谈方法获得的，由于本书篇幅所限，这些研究成果未能呈现给读者。

定量研究主要用问卷方法收集儿童及其监护人对儿童保护的认知、对外部环境的认识、对相关儿童法律法规的认知、对影响儿童保护因素的主观认识等资料。定量研究可以对儿童保护的社会机制的经验性数据进行数量关系分析，能够揭示儿童伤害的量的特征及其变化规律，更能从个别到一般归纳出本质内容，更能从假设到演绎去检验某个理论的正确性，有助于说明儿童伤害与环境之间的关系，如儿童保护的社会机制与实施效果的关系、儿童保护的社会治理的影响等。笔者专门对儿童和监护人分别进行了问卷调查，并对问卷数据进行了定量分析，所用方法是定量研究方法。

第三，运用历史比较研究的方法，通过文献资料研究国外不同地区、不同时期儿童保护的特点，研究他们的环境差异，总结国内外不同地区儿童保护的有益经验。

运用历史比较分析方法比较不同国家儿童保护实施的情况、儿童保护的社会机制、儿童保护发展的背景、儿童福利的不同特点。比较分析中国与其他国家儿童保护制度的异同、其他国家儿童保护的社会机制、儿童保护制度的背景差异，总结国内外不同地区儿童保护的社会机制的有益经验。

再用辩证分析方法归纳、概括出具有普遍性的儿童保护的社会机制，并结合国情提出适合中国国情的、具有中国特色的儿童保护的政策建议和理论。

第二章 文献回顾

要研究儿童保护问题，首先要知道此问题的已有研究状况，基于前人的研究才是有理论指导的和坚实基础的。本章包括儿童伤害和儿童保护的相关文献回顾。

第一节 儿童伤害文献回顾

事物总是以矛盾的形式呈现。儿童伤害与儿童保护就是矛盾的对立统一体，儿童伤害是儿童保护的对立面，儿童保护就是要避免儿童受到伤害。

一 国外儿童伤害的文献回顾

西方国家对儿童伤害的研究按照时间分为三个阶段。20 世纪初到 20 世纪 40 年代是西方学者研究的高峰时期，这一时期各国处于战争或战后的恢复时期，各国学者对儿童伤害的研究关注低龄儿童的生活状况，例如，童工在工厂的工作条件和生活状况、父母对儿童的疏忽所产生的影响，以及针对各种儿童伤害情况的法律建设、专门儿童劳动法的建设（Anderson，1905）。

20 世纪中晚期，学者们对儿童伤害的研究成果非常有限，主要关注残疾和受伤害儿童的生活状况、儿童受虐待以及儿童受虐待的风险因素评析。

进入 21 世纪，儿童伤害的研究重新回到学者的视野中。从学科上来讲，心理学、法学、社会学都有所涉及。心理学侧重建立心理量表来考核儿童身体受伤害所造成的心理伤害；法学侧重从立法过程、立法机构等方面来讨论对儿童虐待的惩罚与对儿童权益的保障；社会学从家庭的、整体层面上的儿童伤害状况研究逐渐细化到不同层面上，具体表现为不同类型的儿童伤害研究，如性伤害（儿童性侵人数统计、影响和干预研究）（Olafson，2011）、灾害伤害（恐怖事件和自然灾害对儿童生理和心理造成的创伤）（Costantino et al.，2014）。关联性研究包括儿童伤害与犯罪、再伤害间的关系（Marsiglio et al.，2014），目标群体与儿童伤害之间的关联（Szymanski & Trauma，2014）。从研究方法上来说，从单一的横向研究转向纵向研究和横向研究相结合的方法，并注重运用个案研究法来探讨一些典型事件。

关于儿童受到意外伤害的相关研究内容，国外的学者们也做了许多的研究。关于外部影响因素，Rivara（1990）对 1991～1993 年美国农村地区发生的儿童意外伤害事件进行了统计，其中占比最高的是拖拉机设备的不慎操作造成的伤害。在家庭条件方面，低收入家庭的儿童与高收入家庭的儿童相比，受到意外伤害的概率更大（Pomerantz et al.，2001）。在儿童意外伤害的预防上，美国疾病预防中心提出了预防意外伤害的四个方面的内容，即监测伤害、识别危险因素、评价措施和推广措施。这四个方面涵盖了意外伤害发生的阶段，可对儿童意外伤害的预防提出较好的思考框架（Lett et al.，2002）。

从上文可以看出，20 世纪末以前，国际学者多将其注意力集中在儿童意外伤害的发生情况上，如高发群体、高发地点等，并将其研究结果延伸至儿童受到意外伤害现象的内在机理，但是没有提出相应的解决方案，并且对监护人在其中的作用研究较少。

二 国内儿童伤害的文献回顾

国内对于儿童伤害的研究主要始于改革开放。儿童作为社会上的弱势群体之一，面临的危险是多方面的，儿童伤害的发生也是由多种因素共同影响的。王虹等（2006）对深圳受伤害儿童家庭的调查发现，儿童家庭经济状况会影响儿童受伤害的情况。经济收入高或其父亲职业为公务员等因素将会对儿童的保护产生较为明显的作用，相反，父母为个体工商业从业人员对儿童的保护相对较弱。向兵等（2015）在对汉川市农村学龄儿童伤害的研究中发现伤害的发生不仅与儿童自身和家庭因素有关，还与其社交状况和周围环境密切相关。儿童的行为受到学习中对环境的观察和解释的影响，出现不适宜行为的原因在于对环境的错误解释（邹泓等，2004）。家庭作为儿童除学校以外接触最多的场所，其重要性不言而喻。郭书芹等（2004）在家庭因素对儿童伤害相关行为的影响研究中发现，父母采取不当的教育方式、重组型家庭、父母对意外伤害的认知程度低、药物乱放、较少提醒儿童注意交通安全等都与儿童伤害密切相关。伤害的发生不仅与儿童自身及其家庭因素密切联系，还与其生活周围环境、社交状况密切相关（向兵等，2015）。造成儿童伤害的因素可以分为政府因素、工作人员安全因素以及儿童自身因素（凌科峰，2013）。儿童伤害与儿童保护有着非常复杂的影响因素，需要从多个角度进行系统治理（李迎生，2006），此类研究代表了国内学界对儿童伤害原因进行系统性和复杂性考察的趋势。

儿童伤害以儿童意外伤害居多，因此，儿童意外伤害的研究文献也相对较多。

从意外伤害发生地点来看，最多的地点是学校、道路以及其他活动场所（刘文陵，2016）。儿童伤害排名在前的是跌倒或坠落、钝器伤、车祸（栗华等，2012）。卢良坚等（2016）对广州市海珠区的调查中发现跌倒是儿童最易受到的意外伤害，而紧随其后的是受到机械的伤害以及烧伤和烫伤。董玉静等（2016）对初一到高二年级组学生的调查中也发现跌倒为排名第一的伤害，其次是交通事故伤害。赵秀芳等（2016）调查发现，农村儿童在幼年时入托率相比城市儿童低，并且这些儿童接受安全教育的机会少，监管机构对这部分人口的管理较为困难是儿童受到意外伤害的原因。施东华等（2003）在对麻城农村 0~6 岁儿童的调查中发现，由于年龄的不同，其受意外伤害的类别也是不同的，如 1~3 岁儿童最易受到的伤害为烧烫伤，4~6 岁儿童最易受到的伤害为跌伤。

随着越来越多的学者对自我认知进行研究，自我认知经历了从单维度到多维度的变化。廖凤林、车文博（2005）认为自我认知类型是多方面的；李晓文（1993）认为自尊需要产生于自我意识之前，而且它推动了儿童自我意识的发展。

从儿童认知类型来看，有学者发现，儿童存在社会权力的认知，这种认知会影响儿童的选择性信任、亲社会行为以及对相关资源的分配（程南华，2018）。从儿童健康与儿童认知的关系来看，有学者发现儿童健康会影响认知，且存在城乡差异（沈纪，2019）。还有研究表明成人严重的施暴行为与童年期曾目睹家庭的暴力行为呈正相关关系（柳娜，2015）。父母的行为及其对风险的认知与儿童伤害密切相关（郭书芹，2004）。对学龄前儿童意外伤害和母亲认知水平的调查发现，部分母亲没有很好地落实有关防范措施，造成家中存在一定的安全隐患（梁友芳、朱丹，2009）；还有学者关注了儿童自身对伤害的主观认知差异性问题，但他们所研究的自我认知较单一，仅针对儿童对意外伤害安全意识的自我认知（张佩斌、朱玉华，2006）。也有学者关注了对留守儿童的认知影响因素，比较有代表性的研究成果认为，留守儿童在伤害预防、应急处理知识方面的缺乏，导致留守儿童非故意伤害高于非留守儿童（马自芳，2018）。父母双方都外出打工会对那些留守儿童及其认知产生显著的负面影响（陶然、周敏慧，2012）。儿童对危险行为的认知大多来自他人的言传身教以及电视、书本中的相关知识获取（郭书芹等，2004）。在儿童社会化过程中会不断接受外界的知识并形成自我强化，所以儿童的成长环境尤为重要，它直接影响儿童对环境的正确观察和解释，从而形成正确的认知观念。学龄前儿童对安全意识的认知程度与意外伤害之间存在显著差异（张佩斌、朱玉华，2006）。

　　研究表明，儿童及其父母的安全意识对于儿童伤害有显著影响。在研究教育干预对于减轻儿童意外伤害的效果时发现，干预开始前，不少家长认为意外伤害是一种疾病，在干预的两个月后，干预组与对照组呈现了极大的差异（刘奇，2010）。另有学者对监护人安全意识进行了多维度的探讨，发现监护人对于孩子不可以直接吃圆形瓜子、心肺复苏方法以及家中需要常备基本外用急救药品等知识了解较少（王敏，2012），这都说明了监护人欠缺专业知识的辅导。基于儿童认知形成对于儿童伤害的影响，学者们建议进一步加强儿童保护意识的教育，尽快完成儿童保护相关立法（刘梦等，2016），通过对儿童的思维、信念的改变达到对其不良行为的改变（曾东贵等，2019），尤其应该增加家长的意外伤害意识，有效防范儿童伤害的发生（刘熹等，2013）。也有学者对农村家长的相关情况进行了探讨，未受过意外伤害的儿童的家长对问卷回答的正确率超过了受到过意外伤害的儿童的家长（施东华，2003）。这说明农村家长的安全意识缺乏更有可能导致儿童意外伤害的发生。有学者对受意外伤害的儿童的监护人的认知进行了分析，试图寻找监护人认知水平与儿童受伤害情况的关联（陈忠等，2013）。还有学者从比较分析城市和农村家庭父母教养方式的角度验证了父母在儿童成长过程中的重要角色和作用，并分别分析了父亲和母亲的教养方式在儿童身上造成的差异，及父母教养方式作用于不同性别子女身上的差异（彭凤祥，2015）。

朱晓霞等（2011）在对农民工子女和本地学生受意外伤害的情况进行调查时，发现虽然农民工子弟学校男生和本地学校男生并无差距，但女生受到意外伤害的概率明显高于本地学校女生，并且学生受到多发性意外伤害的概率高于本地学校学生。也有研究发现在家庭中父亲未就业的儿童与在家庭中父亲务农的儿童相比受到意外伤害的概率更大（宋健、周宇香，2016）。还有研究表明，父母的职业类型对儿童受到意外伤害也有着较为显著的影响，他们认为父亲从事专业技术职业时，其子女受到意外伤害的可能性最大，而父亲是从事行政管理人员时，其子女受到意外伤害的可能性最小（时颖等，2004）。有学者揭示了不同年龄段的儿童发生意外伤害的不同原因（施东华等，2003）。

如何提高儿童自我保护能力，国内学者通过研究给出了相应的建议。田腾（2017）认为绝大多数的意外绝非偶然，只有少数才是真正的意外。这说明了大多数意外伤害其实可以通过一些行为改变而得以降低发生概率甚至消除。对不同年龄层的儿童意外伤害应该具有不同的解决方案，如婴儿需要防止寒冷冻伤，中小学生需要加强相关知识的宣传以及教育（石淑华，2006）。梁友芳、朱丹（2009）在对学龄前儿童母亲的相关保护认知水平的调查中发现，部分母亲没有很好地落实有关防范措施，从而造成家中存在一些安全隐患，建议多开展以儿童安全为主题的相关知识讲座，传授一些常见的防范措施，帮助家长增强儿童保护的认知程度。在儿童成长过程中，提高监护人对儿童保护的自我认知能够有效降低儿童受伤害的概率，而家长作为孩子最直接接触的人，家长对儿童保护的认知会对儿童的认知产生一定的影响。应该从儿童出发，强化防范意识，提升防范意外伤害的能力，降低意外伤害发生的水平，同时提升监护人的防范保护意识，并且有针对性地控制引发危险的那些因素（董玉静，2016）。还有学者根据特殊群体受到的意外伤害，如残疾儿童的伤害给出了相应的建议，呼吁社会以及监管机构在某些时间点予以重点照顾，呼吁玩具生产商或者社区工作人员等加强相应的宣传与教育，将儿童保护深入到生活的方方面面（林存敬，2016）。

第二节　儿童保护文献回顾

一　儿童保护的文献回顾

较之国内学者，国际学者对儿童保护的研究更多从宏观（国家）与微观（家庭）层面，以及两者之间的互动来讨论如何实现更好的保护，对儿童保护的影响因素的研究较多，这些研究主要从三个方面进行。一是从国家方面来分析，探讨国家的社会政策对儿童保护的影响。儿童的保护受到国家预期投资、社会福利政策（Featherstone et al.，2014）和社会保护的劳动力保留率（Myrna et al.，2010）的影响。二是从家庭方面来分析，探讨父母对儿童保护的影响。家庭贫困或是父母离异带来更大的儿童保护需求，而随着社会流动的愈加频繁，不同家庭融入当地社会的程度对儿童的社会保护需求也不尽相同（Myrna et al.，2014）。三是从内外部影响因素相结合来探讨国家和家庭如何对儿童保护共同发挥作用。社会政策是一种全球化的、整体的视角，家庭是一种地区化的、日常的视角，前者面对社会风险，后者应对政策风险，对于儿童保护来讲，两者缺一不可（Sheila，2010）。进入后现代化之后，一方面，女性外出工作带来了家庭照料的"去家庭化"；另一方面，劳动力市场的进入导致收入的不平等，进而导致家庭贫穷，从而使得儿童依赖于社会保护（Harry，2005）。

美国的儿童保护工作强调监护人保护儿童的职责。政府在此过程中的角色已经完成了由"不干涉"到"负起全责"的转变，对儿童保护工作的理念也从"暂时性的隔离"转变至"预防和永久的改变"（杨雄、程福财，2012）。在荷兰，对儿童保护的工作主要着力于社会工作者与其家庭的沟通、协商，如提供家庭指导，或进行家长改良教育等。荷兰儿童保护工作强调，儿童在不到万不得已的情况下，一定不会离开其家庭去寻求一个新的生存环境，这与美国的预防性干预措施是截然不同的（韩晶晶，2012）。瑞典是全球福利最好的国家之一，作为"妇女友好型"国家，所关注的重点在家庭照顾责任的平衡，即强调男性在家庭中要付出与女性同等的精力，让女性从家庭中解放出来，有时间和精力走进公共领域。因此，在家庭和儿童保护方面，瑞典更强调男性监护人在其中的作用发挥，而给予女性监护人更多的福利（韩晶晶，2012）。

　　我国儿童保护的研究主要是从 21 世纪才引起重视的。儿童伤害所对应的即是儿童保护，儿童保护是个较广泛的概念，尚晓援（2014）指出儿童保护有广义和狭义之分，其内容和儿童福利的狭义和广义概念类似。狭义的儿童保护特指政府为了儿童安全，提供的关于儿童成长环境一系列的保障安全的制度安排，这些安排包括社会服务、法律诉讼、法庭命令、替代性养护、社会救助等措施，它是针对那些正受到或可能受到遗弃、暴力、忽视、虐待和其他形式伤害的儿童，针对儿童提供的一系列的服务、援助和保护的措施。广义的儿童保护，其外延还包括对儿童及其家庭提供相关福利的制度安排，这些安排包括社区服务和社会支持的相关制度等。笔者在本书分析中也使用了广义的儿童保护概念。在发达国家，儿童保护同样存在广义与狭义之分，各国关于儿童保护制度的架构上，显示出对儿童、家庭、国家角色的不同界定，以及相应界定表现出的不同取向（李莹、韩文瑞，2018）。

在儿童保护的研究领域中，从社会工作角度进行研究的文献较少，经检索中国知网全文数据库（1955～2021），关于"儿童保护"的中文文献共 4274 篇，探讨"社会工作与儿童保护"的文献只有 184 篇。这些研究主要从以下两个方面进行。

一是探讨了儿童保护存在的问题。多数学者认为我国缺乏儿童保护的法律制度（孙莹，2012），以司法保护、家庭保护、学校保护、政府保护、社会保护为主体的儿童保护服务体系轮廓尚未完全搭建起来（刘继同，2008）。而儿童安全是一项系统工程，当前中国儿童安全的现状不容乐观，主要表现为因意外伤害造成儿童死亡率高、校园生活中的受伤时常发生、家庭暴力的存在等（陆士桢、常晶晶，2003）。有学者通过比较研究发现了国内儿童保护立法与儿童权利公约之间的差距，并认为应该加强我国儿童保护立法（王雪梅，2007）。目前特殊儿童服务机构中的社会工作存在着服务内容不完整、受限于制度规范和资源状况、缺乏服务衔接和完整服务流程等问题（何欣等，2013）。还有学者认为，儿童保护在我国尚未被社会及政府所重视，社会缺乏普遍的儿童保护网络，国家缺乏专门的儿童保护机制（刘文等，2013）。我国儿童保护的相关法律规定不够健全、不够具体、不具有可操作性，儿童保护制度缺乏相应的社会政策与服务基础，缺乏有力的组织机构保障（程福财，2014）。

二是针对儿童保护的问题提出了一些对策建议。有学者认为树立儿童权利观念应逐步成为儿童社会工作的中心和前提（陆士桢、常晶晶，2003）。支持和帮助（保护）弱势儿童需要借助国家和全社会的力量，是一项社会系统工程，社会政策是保障弱势儿童基本权利、实现社会公平的基本途径（李迎生，2006）。我国儿童保护应该致力于建立健全面向儿童及其家庭的监护监督制度、监护支持制度、监护替代制度等国家监护制度，发展并完善一系列儿童保护服务（程福财，2014）。儿童保护应该建立以社区为基础的综合儿童保护机制（周烨、张春娜，2006），应该建立儿童安全保护的政府－社会联动机制（褚松燕，2011；刘文等，2013），应该学习美国儿童保护工作体系，建立本土化的儿童保护模式（王练，2010）。儿童不应该消极地接受救助和保护，而是应该积极主动地参与到家庭生活、文化生活和社会生活中（刘继同，2002）。应该从提供合适的社会福利资源、发展非营利组织、继续引进专业社会工作者等方面入手，积极构建弱势儿童社会保护系统（刘佩，2010）。社会工作者面临"儿童虐待"问题时要担当起服务的提供者、受虐儿童的支持者、制度的倡导者以及法律和政策的影响者等多重角色（牛芳、张燕，2013）。对于留守儿童的保护问题，应该从家庭保护、社区保护、学校保护、社会保护四个方面来构建完整的儿童保护体系（姚建平，2016）。

学者们都认为，儿童保护必须依靠社会福利制度，这必然涉及国家的责任。国家有很多责任，但最基本的一项责任是保护儿童，并确保儿童健康地成长（刘继同，2005；尚晓援，2008）。儿童不是仅仅消极地接受成人的教养、救助、社会保护和发展，而是广泛地、积极主动地参与家庭和社会生活（刘继同，2002）。学者们研究的一致结论是：儿童保护制度越健全，儿童伤害就越少（尚晓援，2008）。

二 儿童福利的文献回顾

儿童伤害与儿童保护制度的健全程度密切相关，儿童保护制度是否完善会影响儿童受伤害状况。谈到儿童保护就不得不提到儿童福利，儿童保护也是儿童福利制度建设的关键问题。儿童福利涉及儿童生存和发展的一些基本问题，其中包括身心健康、优质教育、环境安全、潜能开发、社会参与、经济状况良好等（刘继同，2002；童小军，2018）。儿童福利制度健全，儿童伤害随之就会减少（刘继同，2002）。儿童福利制度作为社会福利制度的重要组成部分，它是社会福利制度在儿童福利领域的具体体现，因此，儿童福利制度的发展必须遵循社会福利制度的客观规律（童小军，2018）。

我国对儿童福利的探讨和研究始于 20 世纪 90 年代。当时学术界普遍将其划分为广义儿童福利和狭义儿童福利。广义儿童福利认为凡是以促进儿童身心健康发展为目的的相关举措均可称为儿童福利（根据 1950 年联合国儿童权益会议相关内容）。广义儿童福利强调的是普适性和公平性。狭义儿童社会福利特指面向特殊家庭，对孤儿、弃儿、聋哑儿童、受虐待儿童、被忽视儿童和弱智儿童等进行补充和替代父母照顾管理的社会福利制度（陆士桢，1997）。从儿童福利制度的发展历史来看，按照发展历程将儿童福利制度的理论范式划分为社会救助范式、教养取向型范式、社会保护型范式（发展型）、社会参与整合型范式（刘继同，2002）。社会救助范式是最低级的理论范式，它强调对"问题儿童"进行补救措施，这种模式是消极、被动的，普遍存在于发展中国家（刘继同，2002）。而社会参与整合型范式是最高级的理论范式，它强调儿童应该积极主动地参与社会生活、文化生活和家庭生活，这种范式在实践中普遍存在于发达国家（刘继同，2002）。

我国儿童福利制度在立法层面还存在的问题有：一是制度层级低，呈分散化、碎片化特征；二是儿童保护的主体涉及部门较多，这些部门的业务既有重合也有空白；三是儿童保护缺乏预防性措施（赵川芳，2014）。从中国儿童福利的政策制度建设来看，我国的儿童福利政策属于松散型模式，中央政府尚没有以正式的文件形式就有关儿童福利政策做出统一的规定（孙莹，2012）。我国对于特殊儿童的保障体制尚不健全，一些流浪儿童、留守儿童、孤残儿童、失依儿童、单亲家庭儿童等仍得不到应有的照顾和教育（刘继同，2008）。我国儿童家庭福利政策缺失，应该强化儿童保护功能的家庭福利政策（纪文晓，2009）。儿童保护缺乏"中华人民共和国儿童福利法"这样的根本大法，以司法保护、家庭保护、学校保护、政府保护、社会保护为主体的儿童福利政策框架与福利服务体系框架尚未完全搭建起来（刘继同，2008）。

儿童福利制度是如何构成的呢？如何构建一套完整且行之有效的儿童福利制度成为我国儿童福利制度发展不得不解决的问题。一个完整的儿童福利制度包含四个要素——价值要素、规则要素、组织要素和设备要素，并且这四个要素之间必须相互匹配才能构成一个有效的儿童福利制度（童小军，2018）。科学的立法模式设计对儿童福利事业的发展具有促进作用，应该从保障范围、责任主体、形式体例这三个角度进行分析构建儿童福利制度（吴鹏飞，2018）。儿童福利制度的建立需要立法先行，以健全的法律制度来规范并保障其良性发展（刘继同，2002；赵川芳，2014）。

我国儿童社会政策的建设要在价值取向上选择更为积极的发展型儿童社会政策，发展普惠型儿童社会政策（杨雄，2011）。我国儿童福利照顾的理念和照顾模式正在发生新的变化，变化的趋势是：从大机构到小机构的转变，从机构照顾到家庭寄养和家庭收养模式的转变（朱眉华、蔡屹，2007）。我国儿童福利制度应从补缺型儿童福利逐步向普惠型儿童福利转变（熊梅，2016）。在转变的过程中，我们也应该重视补缺型儿童福利对特殊儿童群体的重要性问题。因此，补缺型和普惠型之间的互补才能使儿童福利制度在立法层面得到全方位、多角度的保障（熊梅，2016）。由于我国特殊的国情以及在政治因素、文化因素、经济水平、传统观念等诸多方面存在差异，需从自身特点来构建一套具有中国特色的儿童福利制度（刘继同，2002；杨雄、程福财，2012）。我国的儿童福利制度相对于发达国家还比较落后，很多儿童福利制度的发展思路都借鉴了发达国家（刘继同，2012；杨雄、程福财，2012；童小军，2018）。

随着经济的不断发展，社会结构的快速变迁，儿童福利正走向社会化之途（杨雄、程福财，2012）。儿童的成长也正是社会化的过程，需要学习和掌握各类知识、技能以适应社会（杨雄，2012）。儿童福利的实现最重要的是满足儿童的需求。莱恩·多亚尔和伊恩·高夫在其著作中提到人类的基本需求是客观、普遍，且不以人的意志转移而存在的（莱恩·多亚尔、伊恩·高夫，2008）。那么个体的需求是不是与生俱来的呢？罗静、沙治慧（2019）认为个人需求产生的动力分为"驱动式"和"目标式"两种。驱动式源于人的生物属性，目标式源于人的理性。"基本需要"思想承认人的生物属性需要，认同马斯洛的需求层次理论。马斯洛需求层次理论认为，只有当个体的低层次需求得到满足后才可能出现更高层次的需求。对于一个生命的成长来说，安全是非常重要的基础性需求，它也决定了能否构建更高层次的儿童福利需求。总之，儿童的福祉与社会保护是社会福利领域的一个核心主题（熊跃根，2014）。

改革开放以来，我国3亿多农民工流入城市打工，形成留守儿童问题，我国留守儿童保护问题便成为社会与学术界关注的热点。我国社会经历了从计划经济向市场经济的变迁，呈现城乡二元格局的特点。在社会转型过程中，也导致了大量的留守儿童和随迁儿童的出现（杨雄、程福财，2012；熊梅，2016）。我国留守儿童问题很大程度上是由于儿童福利制度的缺失，留守儿童受伤害严重（张文娟，2013）。农村留守儿童在照顾性服务和保障性服务方面获得的福利得分均少于非留守儿童，而照顾性服务和保障性服务直接影响儿童的主观幸福感（袁书华、刑占军，

2017)。留守儿童在福利供应的责任转变中面临着诸多困境，因而使留守儿童在福利获取方面面临较强的社会风险（万国威、李珊，2013）。

许多学者还探讨了弱势儿童的社会福利、生活状况等问题，如张腾（2009）对弱势儿童的社会服务状况进行了相关研究；邓富友、齐华栋（2010）从优势视角的角度对农村儿童社会工作服务模式进行了研究；汤素素（2011）研究了学龄儿童的高功能自闭症，对自闭症的儿童进行了相关个案研究等。但是，这些研究几乎全部集中于流动儿童、农村留守儿童、残疾儿童以及流浪儿童等，对于城市贫困家庭儿童来说，研究还非常少，而且大多数研究只是停留在分析他们的现状及问题成因并尝试提出相应解决措施，很少学者分析城市贫困儿童的现状、问题及其解决对策（陶传进、栾文敬，2011）。

三 儿童权利的文献回顾

在关于儿童权利的相关研究中，有学者认为儿童应该享有某些行动的自由，他们应该像成人一样受到平等尊重对待（王本余，2010）。也有学者指出，洛克、康德和卢梭等学者早就认为儿童与生俱来就有自由等权利，要保护儿童就需要了解儿童权利，但当前成人社会忽视儿童的权利现象还很严重（皮艺军，2005）。现实反映目前我国削弱和忽视儿童权利的现象也相当严重，应在儿童教育中保证儿童权利，遵循合理的儿童权利观（张宪冰等，2014，）。更多的学者（李迎生，2006；韩晶晶，2012；赵川芳，2014；邵家林，2014；吴海航，2014）认为，我国未成年人的各项权利保护虽然已经取得很大的进步，但仍然存在着相当多的问题，这与缺乏统一的儿童福利与儿童保护相关法律有很大的联系。儿童权利要求成人应该学会尊重与保护儿童，要求成人注重儿童身心发展（王本余，2008）。

第三节 儿童保护研究总体评价
及未来研究空间

一 对国外儿童保护研究状况的总体评价

在西方国家，由于社会工作的发展以及社会福利政策的完善，贫困儿童的受关注度很高，确立了以儿童为中心的思考模式，也出台了一些儿童社会救助政策。从文献回顾来看，国外研究"儿童保护"的文献相对较多，主要集中于对儿童社会保护与儿童家庭保护、儿童伤害等问题的探讨。国外学者对儿童保护的研究主要集中在三个维度：一是发展史的研究，二是对儿童保护重要性原因方面的论述，三是对儿童保护的影响因素分析。对儿童伤害的研究，多以儿童个体为切入点，发现儿童个体的困境并给予帮助。同时，国外对儿童保护多采用定性研究，缺少对一手资料的收集和分析的定量研究。

二 对国内儿童保护研究状况的总体评价

相对国外研究而言，国内关于儿童保护这一领域的研究较少。目前，国内已有文献多从宏观和中观作为切入视角对儿童伤害的影响因素进行研究，只有少量文献选择从微观视角对儿童伤害进行研究，但其多将家庭、父母（监护人）作为研究对象。其中，有部分学者已经关注到社会工作与儿童保护这一问题，但从社会工作角度进行的研究仍然不够。在已有的研究中，学者多数以孤残儿童、留守儿童、困境儿童、低收入家庭儿童等特殊儿童角度入手进行研究，忽略了对普通儿童的整体探讨；多数学者从宏观角度研究分析，只把父母的职责作为其中一个内容进行概述；在社会工作领域下，以监护人为落脚点展开的研究主要着眼于农村地区或特殊儿童群体，以加强儿童社会救助为目的，并未试图改变监护人现状，从家庭层面重建儿童保护的壁垒；从监护人认知这一视角探寻儿童保护的研究并不多见，仅有零星的少量论文，且侧重于定性研究，缺乏定量调查的数据支撑。

总体上来讲，从社会工作视角下进行的儿童保护研究还非常薄弱，缺乏实证方面的研究，理论探讨与实际状况的脱节较为严重。以往的学者对儿童意外伤害的研究很多，但从文献综述可以看出，学者在研究时并未深入地探讨过引起儿童发生意外伤害的根本原因或内在机理，在政策建议上未将所研究的内容与其结论或建议紧密地联系在一起，这可能会让社会或家庭无法有针对性地去改善这些问题。以往学者虽有涉足将监护人的安全意识与儿童发生意外伤害的概率联系起来，但并未深入研究，仅仅将其作为研究的一个维度进行探讨。

从已有文献回顾发现，国内研究多从外部环境等客观因素对儿童伤害相关问题展开探讨，较少数的研究是从自我认知观念对儿童伤害的影响进行实证研究。其中的相关研究也仅从儿童对危险行为的自我认知观念进行研究，也仅仅将家庭成员作为研究对象，考察监护人的主观认知及其行为对儿童遭受伤害的影响。研究儿童认知对其行为的影响、对其伤害行为的影响还是空白。

儿童的自我认知是在其社会化的过程中通过不断学习而逐渐积累并形成的。那么，如果聚焦于儿童主体自身，儿童自我保护认知对避免伤害是否有影响呢？意外的发生并非完全是出乎人们意料的，事实上大多数意外伤害可以通过一些认知行为而得以降低发生概率或消除（田腾，2017）。如果儿童基于正确自我保护的认知能够决定其行为的正确性，就应该有助于降低受到伤害的概率，儿童自我保护观念的重要性也就不言而喻。从文献综述来看，在家庭中发生意外伤害的可能性要高于其他地点，因此监护人在其中能够起到巨大的干预作用。笔者将从监护人关于儿童保护认知着手，去深入地探讨引发儿童发生意外伤害的内在联系。为此，我们按照这一思路，从儿童自我保护认知对于儿童伤害的影响来研究、分析问题，以达到建立儿童保护体系的目标。笔者将结合已有对自我认知概念的研究以及本文的研究对象，将儿童自我保护的认知观念分为三个层面，分别是儿童对权利、法律政策的自我认知（宏观层面自我认知），儿童对保护者职责和义务的自我认知（中观层面自我认知）以及儿童对日常生活安全意识的自我认知（微观层面自我认知）。从这三个方面探讨自我认知对儿童伤害的影响，并探讨如何建设儿童保护制度与服务体系的问题。

从相关文献综述来看，不论从广义还是狭义对儿童保护进行界定，根据我国实际情况并借鉴西方发达国家的先进经验，我们认为从儿童保护方式上，可以分为宏观保护（国家政策、法律等）、中观保护（社区、学校、福利机构等）、微观保护（儿童、家庭、监护人等），因此，按照这一思路，我们应该建立包括宏观、中观、微观的儿童保护体系。

三 未来值得重视的研究空间

儿童是最易于受到伤害的群体，据统计，我国每年有超过 5 万名儿童死于意外伤害。[1] 近年来，我国从法律和政策等方面不断强化儿童保护的相关措施，构建了强有力的外在保护网络，但意外伤害依然非常严重，已经构成我国儿童死亡的首因。[2] 在社会风险日益加剧的背景下，如何降低儿童遭受伤害的概率，已经成为社会各界关注的重要议题。

---

[1] 《我国每年超过 5 万名儿童死于意外伤害》，http://health. people. com. cn/n1/2018/0109/c14739 − 29753353. html，最后访问日期：2021 年 9 月 12 日。

[2] 《儿童伤害报告发布 伤害成我国儿童死亡首因》，https://edu. qq. com/a/20120703/000270. htm，最后访问日期：2021 年 9 月 12 日。

有很多议题值得我们研究：当前我国儿童与弱势儿童的生活及心理状况如何？弱势儿童的家庭问题状况如何？儿童及弱势儿童面临的社会风险有哪些？儿童目前受伤害的状况，受的伤害有哪些类型？什么因素影响儿童受伤害？如何减少儿童受伤害？保护儿童应该建立什么可行的制度？对儿童应该如何进行社会服务？儿童及弱势儿童的社会支持网络如何构建？儿童保护的制度与服务体系如何建立完善？

从辩证的视角分析，儿童遭受伤害是内外因共同作用的结果，外因可归结为儿童保护制度、儿童福利状况、儿童生活的外部环境等客观因素存在缺陷，内因则是儿童自我保护观念缺失，尤其是儿童对自身权益的认知、对保护者责任的认知以及对意外伤害应急知识认知的缺失。目前儿童伤害和保护议题的关注视角主要集中于外部环境，侧重从法律政策完善、社会环境治理以及监护人、家庭、学校和政府相关部门多主体联动等层面强化儿童保护，抵御和消减外在的风险因素，但忽略了源于儿童自身的内在"风险源"——儿童对自我保护的主观认知（自我保护观念）。有鉴于此，笔者从认知行为理论的视角，对儿童自我保护认知与其遭受伤害状况之间的关联性进行实证研究，来论述儿童伤害的内在影响因素，旨在为儿童保护提供经验证据的支撑。

总之，中国学者虽然对儿童这一社会弱势群体进行了较为广泛的研究。但在诸如儿童伤害的原因、影响儿童伤害的因素、如何建立保护儿童的制度、如何服务更多儿童、儿童社会化是否成功等内容，还存在较大的争议与分歧，在研究方法方面还存在许多不足和有待改进的地方，同时与儿童保护相关的诸多领域还有待进一步深入研究。所有这些为我们搭建了一个可以登高望远的、颇具理论启发和方法指引意义的学术阶梯，他们的不足也为我们的后继研究和学术创新提供了良好的发展空间与机会。

第三章 儿童保护的相关理论

儿童保护制度必然在一定理念指导下构建，与此相关的理论有福利多元主义理论、人本主义理论、生态系统理论、增能理论、社会支持理论，本章主要阐述这些理论的内容及在儿童保护中的运用。

第一节 福利多元主义理论

一 福利多元主义理论缘起与主要内容

福利多元主义认为福利应该由政府、社会、企业、社会组织多方提供，这些主体各司其职，而且志愿组织也应该作为福利供给的主体（彭华民、黄叶青，2006）。国家福利可以解决"市场失灵"的情况，而家庭和志愿组织则能够弥补政府和市场出现的问题（陆士桢、常晶晶，2003）。国家、家庭、市场作为福利主体的提供方，一同构成了社会的福利体系。

福利多元主义理论是 20 世纪七八十年代在欧洲社会政策领域兴起的一种理论模式，它是西方福利国家在经历了工业革命时期的"市场失灵"和后工业时期的"政府失灵"后对福利供给主体的反思和调整。黄黎若莲是早期在我国介绍福利多元主义的学者。西方福利国家在第二次世界大战后实行高福利。由国家来承担高福利供给的模式在 20 世纪 70 年代石油危机后遭遇普遍的困难，原因在于国家包办福利导致债务负担过重，社会不堪重负。在此背景下，有的福利国家采取了福利市场化的改革，由政府、福利社会组织和个人共同来承担公民的福利责任，提出了应该对政府、福利机构、公民的福利责任进行重新划分，厘清政府、个人与第三部门的责任分配（黄黎若莲，2000）。NGO 作为独立的法人机构在福利供给中扮演着服务传递者以及国家契约代理者的角色，它和政府应该形成合作关系，而不是竞争关系（韩央迪，2012）。福利多元主义强调的是政府权力的分散化以及社会福利的第三方化、民营化，如果非营利组织（NGO）参与社会保障、社会福利供给，必定会促进社会福利的发展（林闽钢、王章佩，2001）。

福利多元主义理论认为，社会福利的提供主体不应该仅是政府单一主体，社会公共部门、社会组织、社会团体、社区、家庭和个人等都可以是社会福利提供的主体，社会福利应该由多元主体构成。该理论一方面要求国家、社会团体、家庭和个人等多元主体来共同承担福利责任，另一方面强调社会力量的加入，从而弥补政府部分撤出而带来的福利供给的真空。

笔者认为，随着社会经济的不断发展、国民对生活品质和质量的越发重视、民生对福利需求的日益提升，政府在社会福利供给方面的弊端日益突出。福利多元主义理论为我国的公益事业发展，特别是为社会组织的发展提供了一个可借鉴的理论模式：在社会组织的发展过程中，政府依然是福利提供的最重要的主体，它需要谋划社会组织未来发展的道路、制定社会组织相关的政策、提供社会组织所需服务的资金；社会组织自身要积极申请政府购买社会服务的项目，整合社会的物力、人力资源，为社会大众提供直接的社会服务；社会团体、爱心企业、基金会等也应当成为福利提供的主体之一，通过捐赠的方式为社会组织服务提供资金；个人和家庭在享受服务的同时也要相应支付小部分费用。这种福利多元主体要求政府主导、社会中人人有责，共同建设社会福利，实现共建共治共享的局面，由此而构成的多元福利供给主体才会更为牢固和持久。

福利多元主义不仅认为福利的来源是多元渠道的，福利的筹资和相关规则的制定也是多个主体共同完成的。各个主体都有责任参与相关福利政策的制定，都有责任和义务监督福利资源的利用，共同建立有效的社会监督机制。福利的提供不能只依赖于市场和国家，还依赖于个体、企业、社会组织、家庭等，这些主体各自承担自己相应的责任。福利多元主义主张应该充分发挥各福利主体的积极作用，并坚持多元主体都要承担相应责任（陈芳，2014）。

二 福利多元主义理论在儿童保护领域中的应用

笔者认为，对于儿童的保护也应该持福利多元主义的理论观点，保护儿童需要社会各界共同出力，包括监护人、邻里、社会组织、学校、政府等不同主体，从而保障所有儿童能够获取应有的福利。

福利多元主义无疑是我国儿童社会服务的理论依据，为分析儿童服务问题提供了理论框架。城市儿童社区服务供给体系中，也应该建立多元主体参与的供给体系，转变那种由国家包办一切的传统观念。但现实状况是社会福利各主体之间存在着各自为政、部门之间缺乏沟通、非营利组织（NPO）缺乏参与的问题（陈雅丽，2010）。借助福利多元主义理论，需要大力发展服务儿童的专业社会组织，培育新的为儿童服务的公益慈善社会组织，并由多元主体共同研究儿童相关社会服务购买中政府与社会组织之间的关系问题。现实中，由于福利责任不同，需要在政府、市场与社会之间进行合理分工，需要政府、市场、志愿组织、社会组织共同努力并协调合作，明确各自在儿童服务中的责任。虽然政府在儿童服务过程中起主导作用，社区及非营利组织（NPO）也非常重要。家庭具有不可替代性的作用，尤其是监护人的作用。为了为儿童提供充分的服务，必须有数量足够、质量上乘的各种儿童非营利组织（NPO），针对儿童不同群体提供有针对性的服务。

第二节 人本主义理论

一 人本主义理论的缘起与主要内容

一提起人本主义，人们就自然想到欧洲文艺复兴时期的人道主义、19世纪德国哲学家费尔巴哈的人本主义和现代西方哲学中的人本主义思潮。

综观人本主义思想的发展历程，我们发现，欧洲文艺复兴时期的人道主义思想发源于古希腊的理性人本主义传统，这种理性人本主义传统以后循着两条途径并列地发展着：一条途径经德国古典哲学的思辨化和绝对化的理性主义一直延续到现代西方的科学主义思潮；另一条途径经欧洲文艺复兴时期的世俗人本主义和费尔巴哈的生物学人本主义的补充，发展到现代西方人本主义，走向了它的反面即非理性人本主义。

从20世纪20年代开始，西方出现了一种从文化的角度研究人的理性和非理性统一的哲学学说，其代表人物有卡西尔、舍勒和兰德等文化人类学家。实际上，人们往往把"人本主义"和"人道主义"看作一回事。那么，二者究竟是怎样的一种关系呢？要说明"人道主义"，首先就要从说明"人道"开始。人道和人性紧密相连，人性是指人的基本属性，而人道则是基于人性基础之上的、以人性为内容的人与人之间的基本关系。人道主义就是关于人与人之间基本关系的道德原则和思想体系，如"尊重和爱护人""自由、平等、博爱""切勿偷盗""救死扶伤""把人当人看待",都是人道主义所倡导的人道原则。作为人道原则的人道主义实质上是在倡导和弘扬尊重人和爱护人的人文精神,当然这种人道主义是可取的。但作为历史观和世界观的人道主义,却对这种人道原则的作用作了不恰当的夸大,用它来解释社会历史的发展。这种人道主义是一种唯心史观的表现,因而是不可取的,并且还要受到批判。人本主义和人道主义都主张一种人文精神,这是它们的相同之处。但人道主义所主张的人文精神只限定在人伦道德的领域,只涉及人道关系,而不是兽道和神道这一层的关系,而人本主义所主张的人文精神不仅涉及人道关系,而且涉及人的生物、社会、心理和精神的领域。

人本主义的这种历史发展进程实质上走过了一个否定之否定的思想圆圈。人本主义在不同的历史阶段具有不同的理论形态和理论特色。纵观人本主义发展的历史,我们发现人本主义具有三个方面的含义:第一,作为历史观和世界观的人本主义。这种人本主义一般具有较完备的理论形态,它往往用对人的本质的设定,也就是用人本观来解释世界和社会历史,从而形成了人本主义的历史观和世界观。第二,作为人本精神或人文精神的人本主义。各种人本主义虽然有不同的表现形式,但它们都倡导一种人文精神,而这种人文精神又和当时所处的历史条件和社会环境密切相关,因而各种人本主义所倡导的人文精神也是不一样的。第三,作为人生观和价值观的人本主义。人本主义所主张的人文精神实质上是追求一种人生价值目标,这种人生价值目标表现了他们对人生态度和人生责任、人生需求和人生理想、人生追求和人生道路以及幸福、荣辱、友谊、生死等一系列人生问题的根本看法,而这恰好又是人生观和价值观。如果说人本主义的人生观和价值观表现了人本主义者的人生追求和价值取向,那么人本主义所张扬的人文精神则是凝聚在这种人生追求和价值取向中的文化精神和文化心态。

人本主义最典型的代表人物是心理学家马斯洛，强调心理学研究应关心人的价值与尊严。他认为有机体有一种内部倾向，即为了维持和增强机体而发展自身的潜能。这种潜能有生物的方面，也有心理的方面，充分发挥自身的潜能便是"自我实现"。所谓自我便是指人的善良的本性。受种种客观因素的影响，人们往往不能充分发挥自己的善良本性，因而达不到应有的境界。马斯洛强调要努力克服各种私心杂念，以达到这种潜能的充分发挥，即他所强调的"高峰体验"。这种最高级的心理状态也是人的最高级的需要，但是由于环境等因素的限制和影响，人们不得不面对许多低级需要，例如满足人的生理需要、安全需要、归属需要、尊重需要等，只有低级需要得到满足，才能实现高级需要——自我实现需要。也可以说只有克服了人生中许多妨碍潜能发挥的因素之后，才能创造最优条件，使人的善良本性得以发挥。

在《人的动机理论》一书中马斯洛提出了"需要层次"的重要概念。他认为人类有五种基本需要：生理、安全、友爱、尊重、自我实现。这五种需要基本上反映了不同文化环境中人类共同的特点。他指出："在一个特定的文化环境中，个人有意识的动机内容常常不同于另一个社会中个人有意识的动机内容……我们划分基本需要的目的在于从不同社会的表面分歧的背后，找出一致的地方。这并不意味着完全适合于各种文化，而是要求得到比不同文化之间表面的有意识的欲望更为直接、普遍、基本的东西。在某种程度上使其更接近于人类共同的特点。"（马斯洛等，1987）另外，人类的基本需要是由低级到高级，以层次形式出现的，当某一层次的需要得到相对满足时，其激发动机的作用随之减弱或消失，此时上一级更高层次的需要成为新的激励因素。因而"人类的基本需要是一种有相对优势的层次结构"（马斯洛等，1987）。在《动机与人格》一书中，马斯洛又对这项理论和个性方面的问题做了进一步的阐述，并在尊重需要和自我实现的需要之间增加了求知需要和求美需要。

图 3 - 1　马斯洛的需要层次模式

在图 3 - 1 所示的需要层次模式中，马斯洛分别给每种需要赋予了以下含义。

第一，生理的需要。这是人类维护自身生存的最基本的原始性要求。如对食品、水、空气、衣服、住房、睡觉和性的要求等均属此类。这类需要处于层次结构的最低层，人们在转向较高层次的需要之前，总是全力以赴地满足这类需要；倘若得不到满足，人类就很难生存下去。所以它是推动人们行动的最强大的动力。当然它还受到社会文化的影响。马斯洛认为只有这种基本需要被满足到维持生命所必须的程度后，其余的需要才能成为新的激励因素。此时，这些已被满足的需要也就不再成为激励因素了。

第二，安全的需要。当一个人的生理需要得到相对满足之后，就希望满足安全需要。如希望解除对生病、失业、职业危害、意外事故、养老等经济生活的担心。每个人此时都希望避免危险，从威胁中解脱出来，保护自己。

第三，归属和爱的需要。当生理和安全上的需要得到满足之后，就会出现希望自己归属于某类人中或某个群体中而被人接纳、欢迎，并得到友爱的需要。有人把这种需要也称为社交的需要。如果一个人强烈地感到缺乏朋友、情人或妻子、儿女，他渴望在团体中与同事之间有深情的关系。他将为达到这个目标而做出努力。这时，他希望得到的爱胜于其他东西，甚至可以忘掉那些曾经得到的东西。

第四，尊重的需要。一般来说，社会上所有的人都希望自己有稳定的、牢固的地位，希望别人的高度评价，需要自尊、自重，或为他人所尊重。牢固的自尊心意味着建立在实际能力之上的成就和他人的尊重。这种需要包括两个方面：一是希望在其所处的环境中有实力、有成就，并要求独立和自由；二是要求有名誉或威望、学识、关心、重视和高度评价。如果此类需要得到满足，则能使人奋发图强，积极上进。相反，若它得不到满足，就会使人产生自卑感、软弱感、无能感，从而丧失其基本的自信心。

第五，求知需要。人有知道、了解和探索事物的需要，而对环境的认识则是好奇心的结果。他认为，认识能力除了其他功能外，还具有满足人类基本需要的功能。

第六，求美需要。求美需要包括对对称、秩序、完整结构以及存在于大多数儿童和某些成年人身上的对"真善美"行为的追求。

第七，自我实现的需要。这是模式中最高层次的需要。它是指一种使人能最大限度地发挥自己的潜能并完成某项工作或某项事业的欲望，或是实现自己的抱负、目标，同时不断发展那些使自己成长的需要。对此，马斯洛有过一段精彩的描述："即使以上所有的需要都得到满足，我们往往（如果不是经常的话）仍会产生新的不满，除非本人正在干着合适的工作。音乐家必须演奏音乐，画家必须绘画，诗人必须写诗，这样才能使他们感到最大的快乐。人们能做什么，就应该做什么。我们把这种需要称为自我实现……自我实现的需要，指的就是促使人的潜能得以实现的向往。这种向往可以说成是希望自己越来越成为所期望的人物，完成与自己能力相称的一切事情。"（马斯洛等，1987）为满足自我实现需要所采取的途径是因人而异的。这种需要的产生有赖于前面六种需要的满足，通常把这些需要得到满足的人叫作基本满足的人。由此，我们可以期望这种人具有最充分、最旺盛的创造力。每个人都有自我实现的需要，但其实现形式（途径）只是一种高峰体验。

按照这种理论的解释，人类的动机状态是持续不断的，动机的性质是被动的，而且是复杂的。更进一步说，个人的动机在短暂的某个时间（或时期）内是可以得到满足的。当一个人满足了一种需要之后，就会有另一种新的需要，这种新的需要满足后接着又有另一种更"高级"的需要出现。马斯洛在谈到自我实现时，提出了趋向自我实现的八条途径（马斯洛等，1987）。马斯洛趋向自我实现的八条途径的理论表明：

（1）较高级的需要是后来才发展出来的，就像生物进化一样。

（2）需要的层次越高，其完全存在的可能性越低，这种需求容易消失，同时，相伴的酬赏延迟了也没关系。

（3）有较高层次需要的人往往在一些物质享受上已经比较充分。

（4）高层次的需要强度较弱，且较客观。

（5）高层次的需要所得到的满足较为主观，如个人感到幸福、心绪极佳、生活富裕等。

（6）因高层次需求而得来的满足使人们的生理健康和心理健康水平也提高了。

（7）当个人的环境（经济、教育等）变好时，个人较容易满足高层次的需求。

（8）当个人满足了高层次需求之后，个人就越可能接近自我实现的目标。

二　人本主义理论在儿童保护领域中的应用

随着人类对自身认识的深化和人类主体性的增强，人们对儿童的认识也有了新的方法论基础。儿童是人，人是万物之灵，人的生命与动物生命有根本区别。只有在对人的生命本质有全面的理解和解释之后，才能真正把人从动物世界提升出来，进而全面理解"人"。只有在深刻理解人的基础上，才能对儿童有全面的把握。对儿童的理解就是对人自身的理解，追寻儿童的意义，就是在追寻人类自己的意义。

儿童本身就是生物进化与文化进化相互作用的结果，人是双重生命的存在。由此，人的生命本性由两方面构成：人类和其他生命共有的生物性以及人所独有的文化性。从人的生物性看，人依然是动物界的一员，是一个有生有死的动物机体。然而，人和动物的根本不同在于人还有文化性的一面。从这一方面看，人又是超生物的、超生命的。因此，儿童不仅是生物进化的结果，同时也是文化进化的结果。

儿童天生是一种文化生物。在文化的氛围中，我们展开生命的历程，不断学习，与环境中的人和事物相互作用，不断获得人的本质规定性，获得"类生命"，生成为人。人类学家用"文化濡化"表述人从小习得文化、适应文化并学会适应其身份与角色的行为过程，这个过程纵贯每一个个体的生命。儿童有自己的独立性，儿童有自身需要（包括生理需要、安全需要、社交与爱的需要、尊重的需要，甚至有自我实现的需要），儿童一样需要理解、尊重，儿童一样具有创造性。

只有理解儿童，我们才能真正去保护儿童。对于儿童，我们必须通过活生生的个体的灵性去感受、去理解，走入儿童的生命世界。在理解时，将自己的生命置于儿童的心理及产生此心理的背景之中，把自己的生命与儿童的生命融为一体。在这个过程中，不仅有观察，也有体验；不仅有认识，也有反省。只有以"体验"和"生命"为根据，才能了解真实的儿童，才能真实地了解儿童，我们才能真正保护儿童，保护儿童也就是保护自己。

当我们领悟儿童生存意义时，我们不是闭上眼睛设想一个儿童世界，而是把自己投身于儿童世界之中，爱其所爱，乐其所乐，和他一起快乐、哭泣、成长。通过体验与理解，我们也完成了自我生命的某种转移，融入所体验的精神世界之中。

对儿童的认识过程不是一个封闭的逼近过程，而是一个开放的不断建构的过程。我们不能以为有一个既定的儿童状态供我们的认识去逼近，而应认识到儿童的今天是由我们认识和行动的参与而构成的、不断发展着的存在状态，对儿童的认识和研究就是我们为推进这个状态而做出的努力。当我们以人的方式理解儿童的时候，我们使自己与儿童的历史同行，与儿童的生命进程一起前进。

第三节　生态系统理论

一　生态系统理论的缘起与内容

生态系统理论最早发源于一般系统理论。系统理论与生物学密切相关，贝塔朗斐（Bertalanffy）在 1971 年创立了该理论并对该理论进行了系统阐述。系统理论认为所有的有机体都表现为系统，这个系统又由不同的子系统组成，同时这些部分构成更大的系统。在社会系统领域，一般系统理论从一个复杂多因多元的角度来理解人类行为。这种理解运用于社会工作，促使社会工作者从更广阔、更宏观的社会视野分析问题，帮助社会工作者去理解案主的问题，并运用它去寻找解决问题的方案。一般系统理论逐渐在社会工作领域中得到广泛的应用。但是，它的局限性也随之暴露，批评主要集中在这些方面：过分强调系统对个体的影响，忽视了个体在其中的能动性、反思性与主体性；系统本身是抽象的，其概念很难搞清晰，系统边界也无法辨别；系统内容丰富，好像什么都可以包括，但在实务环节无法具体操作，很难在任何特定情景中运用（何雪松，2007）。一般系统理论正是有这样的局限性，它逐渐发展到生态系统理论，而且还形成了可以操作的干预模式与系统模型。

布朗芬布伦纳（Bronfenbrenner）于1979年出版了《人类发展生态学》，该书较系统地将生态学的知识引入到对人类行为的研究中，提出了内容丰富的系统模型。布朗芬布伦纳认为，人的发展是人在环境中互动的结果，是环境系统与人的复合函数，人是在生态系统中发展的。这种发展与生态系统有着不可分割的互动与联系，无论这些互动与联系结局如何，都将影响人的发展。生态系统理论把人类生存于其中的社会环境，如家庭、企业、机构、社区、社会组织等，看作是一种社会性的相互联系的有机系统，强调生态环境对于理解和分析人类行为的重要性。布朗芬布伦纳还将生态系统划分为长期系统、宏观系统、中观系统、微观系统以及外系统，它们共同构成了生态系统理论的系统模型。

在生态系统理论视角下，人类被认为只有通过与环境各种因素发生相互作用，才能适应和得到发展。生态系统视角既注重考察系统的内部因素，也注重考察系统的外部因素。在这个视角下，人并不是仅仅被动地对他们的环境做出反应，而是主动地与这些环境相互作用。个人的行动是有目的的，人类遵循着适者生存的法则，个人的意义是环境赋予的，因此要理解个人，必须将其置于环境之中；个人的问题是生活过程中的问题，对个人问题的理解和判定也必须在其生存的环境中来进行（王思斌，2009）。

该理论特别注重人与环境间各子系统的相互作用，以及人类行为产生的各种影响。生态系统因此主张，要理解个人在家庭、团体、组织及社区中的社会生活功能如何发挥，则需从个人及其所在环境中的不同层次之间的关联系统来切入。生态系统理论认为，个人所在的各个系统是层层相扣的巢状结构，微观系统、中观系统、宏观系统、外系统与长期系统总是处于相互影响和相互

作用的情境中。

　　第一种系统是微观系统，它是个体能够直接互动的系统，通常有家庭、邻里、同伴群体成员之间的互动等，微观系统对个体的影响非常深远，它通过潜移默化发生作用，逐渐形成独特的价值观念、行为方式和人际关系模式；第二种系统是中观系统，指个体所处的不同微观系统之间的互动与联系，如家庭与邻里、学校与家庭、同伴与家庭之间的互动；第三种系统是宏观系统，指个体成长所处的整体的社会环境，如风俗习惯、价值观念、经济结构、社会阶层、法规政策、文化模式、意识形态等，它们都直接或间接影响着个体感受以及其成长经历；还有一种系统我们称之外系统，可以看成是第四种系统，这个外系统是个体不直接参与的，但它会对微观系统产生一定的作用，如父母所在工作单位、某单位的领导机构等；最后，长期系统也称历时系统，指在个体发展中所有的生态系统都会随着时间的变化而变化，强调各生态系统的变迁对个体发展的影响，例如随着时间的变化微系统中可能会有弟弟妹妹的出生、父母可能会离异等（Bronfenbrenner, 1979）。布朗芬布伦纳根据系统对人的影响程度和方式的差异，将系统结构化、具体化，并建立不同系统之间的联系，有助于对问题的分析，改进了一般系统理论中过于抽象的系统观。但是，如何利用生态系统理论去指导社会工作实践，如何改善系统达到个体问题的解决，布朗芬布伦纳并没有给出具体方案。

二　生态系统理论在儿童保护领域中的应用

　　从生态系统理论视角看，儿童或者弱势儿童所处的系统主要有个人系统、家庭系统、学校系统、社会系统等，这些系统存在缺陷，也有各自优势。笔者认为儿童保护工作虽然涉及领域很广，但对所有需要保护的儿童特别是弱势儿童，为他们提供服务需要依赖社会工作者来实施，这当然属于社会工作范畴，尤其属于儿童社会工作。儿童社会工作，是以儿童为对象，依据相关理论，遵循儿童社会服务的伦理守则，使用一定的工作技巧为儿童提供专业服务，促进儿童的全面发展的技术和学科。笔者分析儿童保护问题，必然要涉及儿童的家庭经济状况。依据生态系统理论，对他们的生活环境进行社会工作介入分析。

在生态系统理论视角下，人类通过与环境的各种因素的相互作用来发展和适应。生态系统视角既考察内部因素，也考察外部因素。在这个视角下，人并不是被动地对他们的环境做出反应，而是主动与这些环境相互作用。人的生存环境的微观、中观、宏观、外系统与长期系统总是处于相互影响和相互作用的情境中。

因此，在个人层面，儿童处于生长发育阶段，其生理、心理、社会适应性尚且不足，这是儿童期无法避免的缺憾，但正是因为如此，儿童期比人生中任何一个时期受到社会环境的影响都要大。由于儿童自身资源相对匮乏，儿童的需求往往不能得到有效满足，儿童期由于心理处于不稳定时期，比成年人更容易出现自卑、孤僻、焦虑等心理问题。儿童期由于社会化的缺陷，缺乏对自我保护的社会化教育，导致自身对于儿童保护认知有偏差，这也是导致儿童容易受到伤害的原因之一。所以在这一层面，笔者认为应该对儿童加以正确的引导，丰富儿童社会化的内容，尤其加强儿童对自我保护的认知，才能正确教育儿童学会自我保护和如何寻求社会保护，促使儿童健康发展。

在家庭层面，父母不仅是儿童的养育者，也是他们初识这个世界的教育者，儿童的成长与家庭这个系统的影响有着十分密切的联系。但是，对于处在受伤害或者弱势家庭的儿童，家庭所拥有的资源也十分有限，很多儿童家长本身就是弱势群体，其所受教育程度不高，其社会化就有严重缺陷，无论在对子女的养育方面，还是在对子女的教育方面，尤其是儿童保护的知识方面，受伤害儿童家庭或者弱势儿童家庭都会显得心有余而力不足。在儿童保护制度建设方面，应该加强对监护人的教育培训，尤其加强对儿童保护的认知教育，充分明确保护儿童是他们的责任。

在学校层面，学校是儿童除了家庭之外进行社会化的第一个场所。在学校，儿童开始与父母之外的其他人进行接触，无论是同辈群体还是教师，都会对儿童的发展产生不可磨灭的影响。受伤害儿童或者弱势儿童在学校与其他同辈群体的交往过程中，往往没有得到很好的教育，尤其是缺乏儿童保护方面的知识教育，久而久之会导致他们产生不良行为，甚至忽视环境的安全，漠视周围对其可能产生伤害或者不安全的环境和各种不利行为，因此，对于学校这个社会系统的干预也尤为必要。

在社会层面，无论是社区资源的获取还是社会文化的宣扬以及社会政策的制定，都会对于儿童的自我概念及认知产生一定的影响。因此对于儿童保护社会工作的开展绝不能局限于儿童自身或家庭层面，因为儿童的问题并不是他们个人和家庭的问题，在大多数情况下是由于环境的不安全和压迫造成的，所以对于儿童服务的开展一定要置身于他们所处的社会环境，这样的服务才能具体而有效。生态系统理论正是基于这样一种视角，为儿童保护或弱势儿童社会工作的开展提供了一种新的框架和思路。

第四节　增能理论

一　增能理论的缘起与内容

社会工作的"增能"也被称为"增权"理论，这个理论与实践开始于 20 世纪 70 年代。1976 年，所罗门出版了《黑人增权：受压迫社区中的社会工作》一书，标志着"增权"取向的实践在社会工作专业中的诞生。"增权"取向强调权力在社会关系中的重要性、工作者与案主之间的伙伴关系、案主的长处、承认案主是积极的主体（陈树强，2003）。

增能理论即是增加或者充实个体或群体的某些能力，发掘并激发案主的潜能的一种过程、一种介入方法、一种实践（陈树强，2003；Carol & Warren，1990）。增权概念主要包含三个构成要素：公民的政治能力、公民能力或参与能力、社会的政治修养（陈树强，2003；周林刚，2005）。增权在于通过削弱或者增加影响个体的决定权和行动权，减少各种源于社会和个体的行动障碍，达到增强个体（组织）自身的自信心和能力，从而帮助案主获得其自身的各种事情的决定权和行动权。增能理论观点建立在这样五个基本假设之上，这些假设是：①这些需要增能者缺乏个人经验，个人有无力感，以致无法与环境交流、满足自己的需要；②这些需要增能者直接或间接地存在正常人不具有的各种障碍，以致他们无法参与社会生活与政治生活、实现自我价值；③这些需要增能者的权能可以透过社会互动增加，通过这种互动可以衍生更多的个人及人际能力；④这些需要增能者的案主应被视为有能力、有价值的个人；⑤社会工作者与这些需要增能者的案主需要建立一种协同的伙伴关系。

增能理论观点经常被社会工作者采用，采用此取向的社会工作者要求具有这样的伦理价值观：承诺为提升社会正义而奋斗；承诺要尊重案主自决原则与自我实现的目标；承诺与案主充分参与干预计划的制订。在运用此理论进行干预时候要考虑专业价值认可的权力、相关法律与条例，还有机构规章、案主的请求等内容。

增能理论的概念架构中认为权能为能力，包括：①影响个人生活历程的能力；②一种自我价值的表现；③有能力与别人一起工作来控制公共事务的各种场景；④能够参与相关公共决策的能力与机制。

社会工作者运用增能理论，在操作过程上可以表现为：①被助者由自我成长汇集成更广大的社会发展的历程；②被助者获得一种高度自尊、效能及自控感的心理状态；③被助者形成一种解放行动，包括对其进行教育、政治参与、集体性行动、改变结构的社会运动。

被助者通常为弱势群体，这些弱势群体的无权状态使得他们中的绝大多数人不具备主动增权的能力，很难依靠自身的力量实现主动增权。尽管真正摆脱"弱势"地位的前提是个体或群体自我能力的改变、权力状况的改善，但在实际的过程中，主动增权往往受到多方面制约。从个体的层面来看，弱势群体由于缺乏自我生活的控制力以及可资利用的社会资源，一般没有能力和信心去改变自己的困难处境。从人际关系的层面来看，由于个人资源缺乏，可以调动的社会资源极其有限，弱势群体成员大都难以通过人际关系的网络去争取和创造就业机会和其他竞争机会。从社会参与的层面来看，目前的弱势群体并无属于自己的利益表达组织，一般无法参与到经济与社会发展的各项政策制定的过程，即使是关系自己群体利益的社会政策的制定，大多也是以非正式的社会参与为主。

弱势群体的无权及消权会影响其发展，弱势群体增权之所以必要，是因为它提供了一种看待弱势群体问题的新视野。从总体上讲，增权取向强调了权力在社会关系中的重要性、工作者与案主之间的伙伴关系、案主的长处而不是短处，同时着眼于个人及其社会或者物质环境的双重工作焦点，承认案主是积极的主体，以被去权的弱势人群为工作对象等。同时，增权取向更加重视人际关系、社会结构和社会政策等对弱势群体的影响，重视人际关系、社会结构和社会政策的改变（LEE，1994）。

二 增能理论在儿童保护领域中的应用

在儿童领域运用增权理论进行实践探讨比较有代表性的是黄肖静和陆羽林。黄肖静（2007）认为青少年无权和消权现象的存在影响了青少年的发展，青少年增权提供了一种看待青少年问题的新视野。陆玉林等（2007）认为城市弱势青少年客观上都处于无权状态，实现城市弱势青少年群体的增权主要通过家庭互动等方式，使其提升能力并获取资源。

增能理论在儿童保护领域有一个广阔的应用空间。儿童因为自身身体、心理还没有成熟，往往处于内心敏感脆弱、被动、封闭等状态，甚至缺乏必要的社会交往等相关能力。通过增能，能够让儿童尤其弱势儿童发现自己的潜在能力，意识到自己可以独立和成功地做成某些事情，从而提升自身的责任意识和能力，尤其提升对自我保护的认知，从而减少或者消除对儿童伤害、侵害的现象。通过提升儿童自我保护的能力来保护儿童正是增能理论所提倡的。

增能理论作为儿童社会工作的重要理论之一，它强调社会工作者要从人的自身能动性出发，并通过某些专业的技术和方法帮助儿童群体获得一定程度的机体功能和社会功能，帮助他们融入正常的社会生活。通过对儿童增能，使儿童实现内源式发展，即儿童自身心理的成长、能力的增长、个性的完善、抗打击能力的增加；通过对儿童增能，能够增强儿童的自信心，从而全面激发他们健康成长；通过对儿童增能，使儿童实现助人自助，从而进入正常社会生活。在儿童的服务过程中，通过对儿童增能，实现儿童的自主和互助，解决他们的困难，解决儿童自身的问题和促进儿童成长。

第五节 社会支持理论

一 社会支持理论的缘起与内容

社会支持作为研究对象是在 19 世纪 60 年代心理学为了探索

生活压力与个人身心健康的关系而开始的。十年后，Cassel（1976）和 Cobb（1976）才首次在精神病学文献中对社会支持概念进行专业阐述。之后社会支持才在学术界被不断研究，这些对社会支持的研究观点大致可以分为四类：交换论、亲密关系论、复合结构论与社会资源论。它们分别认为社会支持是存在于人与人之间的社会交换，是双向的支持与帮助；是一种存在于人与人之间的亲密关系；是互换的资源；是包括认知、精神、情绪和行为等方面的系统心理活动。

国内学者李强（1998）认为社会支持是个体通过社会联系所获得的一种应激反应，这些互动与联系能够放松神经和提高个体适应力。认为社会支持是一种资源的代表人物是 Lin（1981）和 Atchley（1985）。在这两位学者看来，资源包括个体所在的他人、群体和社区，这些资源本身也是一种支持。也有学者认为社会支持不仅是社会交换与互动（Uehara，1990），也是有益的人际交往（Cohen & Mckay，1984），还是个体之间言语和非言语的交流（Sass & Mattson，1999）。社会支持的功能是一种力量和信息，可以为受助者的发展提供关爱与动力（张文宏、阮丹青，1999）。从社会支持的来源看，社会支持是个体对想得到或可以得到的外界支持的感知，他们的行为可以降低个体受不利环境的伤害，提高个体的社会适应性（郝晓宁，2012）。还有学者认为社会支持个体经历的影响或来自他人的帮助，并且通过帮助获得的包括情感、工具等方面的支持，有时这些影响还存在社区或个体自身特质的区别（刘维良，1999）。

社会支持是个体从其所拥有的社会关系中所获得的精神上和物质上的有益的帮助。个体的社会支持网络就是指个人能借以获得各种资源支持（如物质、金钱、情感、友谊等）的社会网络。

社会支持理论形成于 20 世纪 70 年代的社会病理学，自 20 世纪 80 年代开始逐步扩展到法学、经济学、社会学等领域。在社会支持概念定义上，学者已从不同角度进行界定（张友琴，2002）。卡普兰（Caplan）从功能取向上将包含支持成分的活动概括为：帮助策动资源、处理有关情绪问题、为那些处于特殊压力情况下的个体提供物质和认知上的支持或分担某些事务的行为（阮曾媛琪，2002）。豪斯（House）则提出：支持是出现于下列过程中的人与人之间的交换过程：情感、关怀，工具性支持，信息，赞扬（刘琼莲，2013）。而林南（Lin Nan）对社会支持的定义是：意识到的或实际的由社区、社会网络和亲密伙伴提供的工具性或表达性的资源（阮曾媛琪，2002）。

二　社会支持理论在儿童保护领域中的应用

从社会对儿童支持主体的性质来看，可以分为正式的社会支持网络和非正式的社会支持网络。其中正式的社会支持网络主要包括政府支持系统、人民团体支持系统、群体支持系统（如社会组织、学校、自治组织、企业等），非正式的社会支持网络主要包括邻里、志愿者、亲属等。儿童正处于社会化发展期，由于他们面临学习压力强度大、生活压力重、发展面临困境等问题，从社会系统论的观点看，其社会支持网络是否强大或有力量，无疑会影响儿童是否健康成长。关心和关注儿童这一弱势群体，为他们构建一张强大而广泛的社会支持网络，对建设社会主义和谐社会具有非常重要的作用。

因此，依据此理论的观点，当个人所拥有的社会网络越多，其获得的社会支持则越强大，就有条件去应对来自环境的各种挑战。儿童社会支持网络的构建需要专业社会工作者，只有专业社会工作者才能建立有效的社会支持网络。社会工作者的职责就是要致力于给那些弱势群体的案主以必要的帮助，包括帮助他们建立和扩大社会网络和社会关系资源，达到提高他们运用社会网络和资源的能力。本研究认为儿童保护应该结合儿童的实际情况，

向儿童提供工具性支持、情感性支持、教育性支持。工具性支持是指对儿童尤其是弱势儿童在生活中获得的实际帮助，如支付生活费、学费、医药费等具体协助；情感性支持是指对儿童尤其是弱势儿童表示爱与关怀，使其得到情绪安慰和鼓励，如谈心；教育性支持是指为儿童尤其是弱势儿童提供学习指导、建议等，如家庭作业辅导、学习支持。保护儿童需要从监护人、邻里、社会组织、学校、基层政府等不同的角度来对儿童尤其是弱势儿童进行社会支持。

总之，要保护好儿童，需要动员一切资源，从社会系统的多种因素出发解决存在的问题。保护儿童是一个系统工程，需要引起全社会关注，需要建立一个全社会支持儿童的系统网络。

第四章　儿童家庭基本情况的描述性分析

本章主要针对问卷调查获得的家庭基本情况进行数据分析，包括儿童家庭生活状况、亲子关系、家庭环境安全保护及其城乡差异。

第一节　儿童家庭生活状况及其城乡差异

一　儿童家庭基本情况

在进入统计分析的 3417 份有效儿童问卷中，从儿童性别来看，所调查的男童共计 1596 人（占比为 46.71%），女童共计 1821 人（占比为 53.29%），见图 4-1。样本年龄结构如下：9 岁及以下儿童占比为 1.48%，10~12 岁儿童占比为 48.24%，13~15 岁儿童占比为 32.13%，16~18 岁儿童占比为 18.15%，见图 4-2。从儿童年级分布来看，小学六年级占比最大，为 24.59%；初一年级次之，占比为 17.67%；第三位的是普高一年级，占比为 10.84%，第四位是初二年级，占比为 10.43%，第五位是小学五年级，占比为 10.30%，其余占比为不到 10.00%，见图 4-3。从儿童兄弟姐妹数量来看，家庭中有 2 个孩子的占比为最大，42.51%；家庭有 1 个孩子的占比为 40.23%；有 3 个孩子的家庭占比为 11.62%，其余情况占比非常小，见图 4-4。从儿童所属民族来看，参与调查的儿童绝大多数是汉族，共计 3040 人（占比为 88.97%）；

其他民族属于满族、蒙古族、回族和其他，分别为 5 人（占比为 0.15%）、30 人（占比为 0.88%）、62 人（占比为 1.81%）和 297 人（占比为 8.69%），见图 4－5。从户口类型来看，参与调查的儿童属于城市户口的为 1013 人（占比为 29.65%），属于农村户口的人数为 1974 人（占比为 57.77%），不清楚的占比为 12.58%，见图 4－6。①

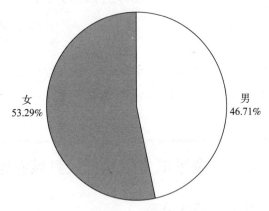

图 4－1　性别构成

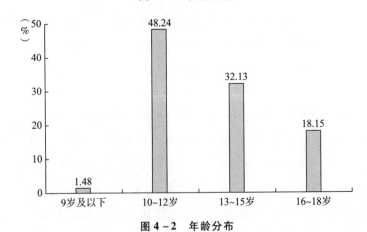

图 4－2　年龄分布

---

① 被调查儿童农村户口比例高于城市户口比例，可能的解释：一是现在进入城市读书的一些儿童（包括流动儿童）还是农业户口；二是因为城市教育资源比农村好，农村儿童进城选择城市学校的比例增加。这一点，也通过笔者对学校教师的访谈得到证实。

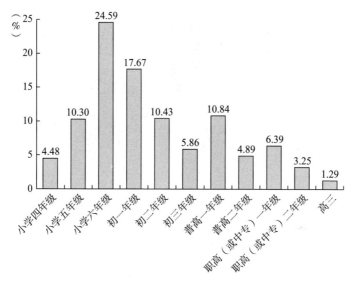

图 4 - 3 年级分布

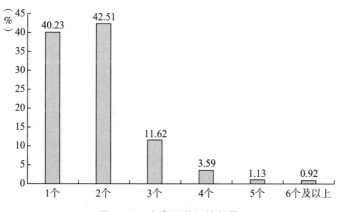

图 4 - 4 家庭兄弟姐妹数量

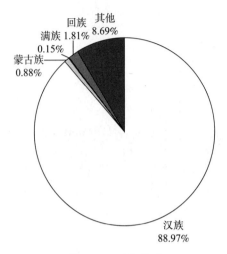

图 4 - 5　民族构成

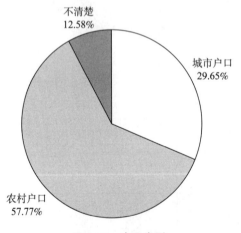

图 4-6　户口类型

二　儿童家庭基本情况的城乡差异

从分城乡儿童性别来看，户口属于城市的男童占比为 44.86%，女童占比为 55.14%；户口属于农村的男童占比为 47.28%，女童占比为 52.74%，见表 4 - 1。从儿童年龄看，在户口属于城市的受调查儿童中，年龄在 9 岁及以下的占比为 4.34%，10～12 岁的占比为 39.88%，13～15 岁的占比为 29.62%，16～18 岁的占比为 26.16%；在户口属于农村的受调查儿童中，年龄在 9 岁及以下的占比为 3.85%，10～12 岁的占比为 50.10%，13～15 岁的占比为 31.81%，16～18 岁的占比为 14.24%，见表 4-2。从儿童年级分布来看，在户口属于城市的受调查儿童中，小学六年级最多，占比为 22.99%；初一年级次之，占比为 16.37%；第三位的是普通高中一年级，占比为 15.26%，第四位是普通高中二年级，占比为 13.96%；其余占比不到 10.00%；在户口属于农村的受调查儿童中，小学六年级的仍然最多，占比为 26.63%；初一年级次之，占比为 17.07%；第三位的是小学五年级，占比为 12.13%；第四位是初二年级，占比为 11.88%；其余占比不到 10.00%，这与城市儿童的年级分布稍有不同，见表 4-3。从儿童兄弟姐妹数量来看，在户口属于城市的受调查儿童中，家庭中有 1 个孩子的占比为最多，占 52.32%；有 2 个孩子的次之，占比为 34.35%；有 3 个孩子的占比为 6.61%，其余的占比不到 10%；在户口属于农村的受调查儿童中，家庭中有 2 个孩子的占比为最多，占 45.59%，有 1 个孩子的家庭次之，占比为 31.81%，有 3 个孩子的占比为 13.88%，其余的占比不到 10%，见表 4-4。从儿童所属民族上来看，在户口属于城市的受调查儿童中，绝大多数是汉族，占比为 86.87%，其他民族次之，占比为 8.46%，第三位的是回族，占比为 3.88%；与城市相同，在户口属于农村的受调查儿童中，所属民族前三位的仍然是汉族，其他民族和回族，分别占 89.96%，8.21% 和 0.92%，见表 4-5。

从儿童的性别构成、民族构成、家庭兄弟姐妹数量来看，城乡差别是非常小的；但从儿童的年龄构成、年级构成来看，城市被调查儿童的年龄和年级要大一些，处于初中、高中的儿童要多

一些，农村中被调查者 12 岁及以下的儿童占 50% 以上，城市中被调查者 13 岁及以上的儿童占 50% 以上。

表 4 – 1　城乡儿童性别构成

单位：%

	城市	农村	总样本
男	44.86	47.28	46.46
女	55.14	52.74	53.54

表 4 – 2　城乡儿童年龄构成

单位：%

	城市	农村	总样本
9 岁及以下	4.34	3.85	4.02
10 ~ 12 岁	39.88	50.10	46.64
13 ~ 15 岁	29.62	31.81	31.07
16 ~ 18 岁	26.16	14.24	18.28

表 4 – 3　城乡儿童年级分布

单位：%

	城市	农村	总样本
小学四年级	3.11	4.94	4.32
小学五年级	5.62	12.13	9.93
小学六年级	22.99	26.63	25.40
初一年级	16.37	17.07	16.83
初二年级	6.02	11.88	9.89
初三年级	7.03	4.37	5.27
普高一年级	15.26	9.10	11.19
普高二年级	13.96	1.18	5.51

	城市	农村	总样本
职高（中专）一年级	4.22	7.97	6.70
职高（中专）二年级	1.71	4.37	3.47
高三	3.71	0.36	1.50

表 4 – 4　城乡兄弟姐妹构成

单位：%

	城市	农村	总样本
1 个	52.32	31.81	38.77
2 个	34.35	45.59	41.78
3 个	6.61	13.88	11.42
4 个	1.88	4.31	3.48
5 个	0.69	1.37	1.14
6 个及以上	4.15	3.04	3.41

表 4 – 5　城乡民族构成

单位：%

	城市	农村	总样本
汉族	86.87	89.96	88.91
蒙古族	0.70	0.82	0.78
满族	0.10	0.10	0.10
回族	3.88	0.92	1.92
其他	8.46	8.21	8.29

三　儿童家庭生活情况

从被调查儿童的居住状况来看，与父母亲在一起居住的数量最多，占比为 55.20%；在学校住集体宿舍的为第二，占比为 17.58%；与爷爷奶奶（或者外公外婆）居住的为第三，占比为 10.84%，此外，还有与母亲或者父亲等一起居住，占比不高，见图 4-7。儿童居住状况好坏，还要看其是否有独立房间，绝大多数儿童有自己睡觉的房间，占比为 74.47%；9.63% 的儿童与兄弟姐妹住在一个房间；6.76% 的儿童与父母亲住在一个房间；5.40% 的儿童与爷爷奶奶（或者外公外婆）住在一起，还有 3.74% 的儿童选择其他居住方式，见图 4-8。说明 25.53% 的儿童还没有自己的房间，他们与其他亲人同住，这部分儿童的家庭是生活较为困难的。儿童一般在哪里做作业也是我们非常关心的问题，45.68% 的儿童是在自己的卧室，20.04% 是在客厅，17.01% 是在书房，15.04% 是在学校教室，还有 0.85% 在父母工作地方，选择其他的占 1.38%，这说明多数儿童是没有书房的（近 85%），还有 15% 以上的孩子只能在学校或者父母工作地方或者其他地方做作业（见图 4-9），这说明儿童的学习条件还不是非常理想，还需要我们为儿童创造更多更好的生活条件。

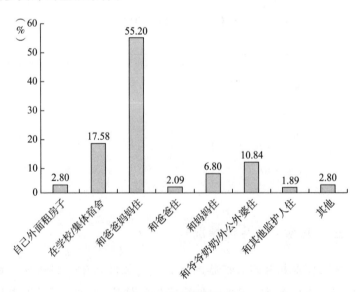

图 4-7 平常的居住情况

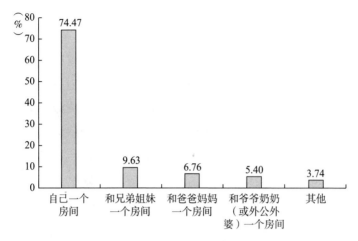

图 4 - 8　睡觉的地方

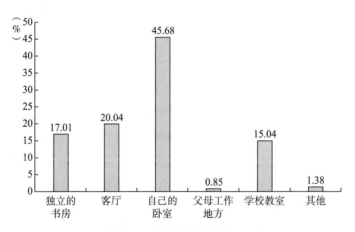

图 4 - 9　平时做作业的地方

四　儿童家庭生活情况的城乡差异

从被调查儿童的居住状况来看，在户口属于城市的儿童中，和父母亲在一起居住的数量最多，占比为 63.75%，在学校住集体宿舍的次之，占比为 15.79%，与爷爷奶奶（或者外公外婆）居住的为第三，占比为 7.45%；在户口属于农村的儿童中，与父母亲在一起居住的数量仍然最多，占比为 49.79%，在学校住集

体宿舍的为第二，占比为 19.73%，第三位的仍然是与爷爷奶奶
（或者外公外婆）居住，占比为 13.14%，见表 4-6。儿童居住
状况的好坏还与是否有独立的睡觉房间有关，在户口属于城市的
儿童中，82.89% 的儿童拥有独立的睡觉房间（这比农村高出
12.47 个百分点），其次，6.43% 的儿童和兄弟姐妹睡一个房间。
与此相同，在户口属于农村的儿童中，拥有独立睡觉房间的儿童
数量最多，占比为 70.42%，其次是和兄弟姐妹住一个房间，占
比为 11.30%，见表 4-7。就儿童一般在哪里做作业这个问题，
在户口属于城市的儿童中，49.65% 是在自己的卧室，25.52% 在
独立的书房，12.06% 是在学校教室，11.17% 是在客厅，1% 是在
父母工作的地方，0.60% 是其他；在户口属于农村的儿童中，
44.32% 是在自己的卧室，24.91% 是在客厅，16.29% 是在学校教
室，12.20% 是在独立的书房，0.73% 是在父母工作的地方，
1.56% 是其他，见表 4-8。关于儿童对现在居住地的感觉这一问
题，在户口属于城市的儿童中，53.47% 的儿童回答很舒适，
26.19% 的儿童回答比较舒适，18.45% 的儿童回答一般，认为居
住条件不好和很不好的分别占 1.29% 和 0.60%；在农村地区，
35.81% 的儿童回答很舒适，28.89% 的儿童回答比较舒适，
30.28% 的儿童回答一般，认为居住条件不好和很不好的分别占
3.69% 和 1.33%，见表 4-9。

　　总之，无论是从居住的客观条件来看，还是从儿童居住的主
观感觉来看，城市儿童都好于农村儿童。

表 4-6　城乡居住状况构成

单位：%

	城市	农村	总样本
自己外面租房子	1.59	2.49	2.18

	城市	农村	总样本
在学校住集体宿舍	15.79	19.73	18.38
和爸爸妈妈住	63.75	49.79	54.59
和爸爸住	1.49	2.60	2.22
和妈妈住	6.36	7.27	6.96
和爷爷奶奶/外公外婆住	7.45	13.14	11.18
和其他监护人住	1.19	2.08	1.77
其他	2.38	2.91	2.73

表 4 - 7　睡觉的地方构成

单位：%

	城市	农村	总样本
自己一个房间	82.89	70.42	74.66
和兄弟姐妹一个房间	6.43	11.30	9.65
和爸爸妈妈一个房间	3.46	7.84	6.35
和爷爷奶奶/外公外婆一个房间	3.56	6.52	5.51
其他	3.66	3.92	3.83

表 4 - 8　做作业的地方构成

单位：%

	城市	农村	总样本
独立的书房	25.52	12.20	16.76
客厅	11.17	24.91	20.20
自己的卧室	49.65	44.32	46.14
父母工作地方	1.00	0.73	0.82
学校教室	12.06	16.29	14.84
其他	0.60	1.56	1.23

表 4 - 9　对现在居住地的感觉构成

单位：%

	城市	农村	总样本
很舒适	53.47	35.81	41.82
比较舒适	26.19	28.89	27.97
一般	18.45	30.28	26.25
居住条件不好	1.29	3.69	2.87
居住条件很不好	0.60	1.33	1.08

五　儿童父母亲工作及其陪伴孩子情况

相关心理学和社会学研究都说明，监护人对孩子的陪伴有利于孩子的成长，尤其是父母亲，而监护人工作状况又与孩子陪伴时间多少有关系。为此，我们专门调查了此问题。关于儿童父亲的工作情况，排在第一位的是有正式工作，占比为45.12%；排在第二位的是农民在外地打工，占比为16.96%；排在第三位的是个体私营者，占比为12.83%；排在第四位的是灵活就业，占比为10.68%；排在第五位的是务农，占比为7.11%；排在第六位的是在找工作，占比为3.48%；还有选择其他、在家做家务、退休在家的，分别占比为1.62%、1.21%、1.00%，见图4-10。母亲的工作情况则不是非常理想，排在第一位是有正式工作，占比为39.27%；排在第二位的是在家做家务，占比为18.76%；排在第三位的是个体私营者，占比为10.71%；排在第四位的是务农，占比为8.39%；排在第五位的是灵活就业者，占比为8.16%；排在第六位的是农民在外地打工，占比为7.63%；此外，选择在找工作、退休在家、其他的分别占比为2.73%、2.29%、2.05%，见图4-11。

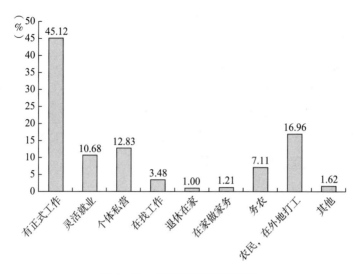

图 4 – 10　父亲现在的工作状态

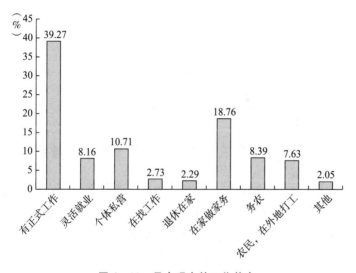

图 4 – 11　母亲现在的工作状态

　　家长（主要是父母亲）陪伴孩子时间多少，这是影响孩子成长最为重要的因素。我们调查发现，排在第一位的，是家长陪伴时间在 4 小时以上，占比为 51.72%；排在第二位的，是家长陪伴时间在 3 ~ 4 小时，占比为 13.85%；排在第三位的，是家长陪伴时间不到 30 分钟，占比为 9.66% ；排在第四位的，是家长陪伴时间在 2～3 小时，占比为 9.42% ；排在第五位的，是家长陪伴时间在 1～2 小时，占比为 9.13% ；排在第六位的，是家长陪伴时间在 30 分钟到 1 小时，占比为 6.22% ，见图 4－12。也就是有 34.43% 的儿童，他们的监护人陪伴时间低于每天 3 小时。这说明约 1/3 的儿童缺乏监护人的充足陪伴，这种缺乏监护人陪伴的状况必然会影响儿童的成长。

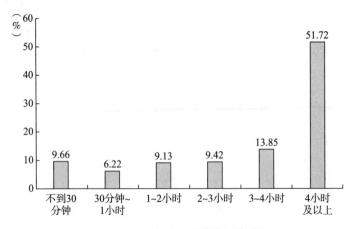

图 4－12　家长一天陪伴孩子的时间

六　儿童父母亲工作及其陪伴孩子情况的城乡差异

关于父亲的工作情况，在户口属于城市的儿童中，排在第一位的是父亲有正式工作，占比为 64.70% ；排在第二位的，父亲是个体私营者，占比为 13.50% ；排在第三位的，父亲是灵活就业，占比为 8.80% ；排在第四位的是父亲是农民，正在外地打工，占比为 4.7% ，其余的选项占比很小，都不超过 4% 。在户口属于农村的儿童中，排在第一位的仍是父亲有正式工作，占比为 33.44% ，但这一比例大概只有城市的 1/2 ；排在第二位的，父亲是农民，正在外地打工，占比为 24.84% ；排在第三位的，父亲是灵活就业，占比为 11.98% ；排在第四位的，父亲是个体经营

者，占比为 11.67%；排在第五位的是父亲务农，占比为
10.78%；其余的选项占比不超过 4%，见表 4 - 10。关于母亲工
作情况，在户口属于城市的儿童中，55.17% 的母亲有正式工作，
14.51% 的母亲在家做家务，11.53% 的母亲是个体私营者，
8.75% 的母亲是灵活就业，3.28% 的母亲是退休在家，2.19% 的
母亲在找工作，此外，选择是农民，正在外地打工、务农、其他
的分别占比为 1.69%、1.59%、1.29%；在户口属于农村的儿童
中，只有 29.77% 的母亲有正式工作，21.42% 的母亲在家做家
务，12.76% 的母亲是农民在家务农，10.79% 的母亲是农民，正
在外地打工，10.06% 的母亲是个体私营者，7.78% 的母亲是灵
活就业，选择在找工作、其他、退休在家的分别占比为 2.75%、
2.70%、1.97%，见表 4 - 11。

　　总之，从就业来看，无论父亲或者母亲，城市明显好于农村，
城市中父亲有正式工作的远高于农村。从城乡数据可以看到，农村
母亲的工作情况也比城市母亲的工作情况更差。

表 4 - 10　父亲现在的工作状态构成

单位：%

	城市	农村	总样本
有正式工作	64.70	33.44	44.14
灵活就业	8.80	11.98	10.89
个体私营	13.50	11.67	12.29
在找工作	3.40	3.39	3.39
退休在家	1.10	0.94	0.99
在家做家务	0.40	1.72	1.27
务农	1.40	10.78	7.57
农民，正在外地打工	4.70	24.84	17.95
其他	2.00	1.25	1.51

表4-11 母亲现在的工作状态构成

单位：%

	城市	农村	总样本
有正式工作	55.17	29.77	38.48
灵活就业	8.75	7.78	8.11
个体私营	11.53	10.06	10.57
在找工作	2.19	2.75	2.56
退休在家	3.28	1.97	2.42
在家做家务	14.51	21.42	19.05
务农	1.59	12.76	8.93
农民，正在外地打工	1.69	10.79	7.67
其他	1.29	2.70	2.22

在家长一天陪伴孩子多少时间这一问题上，在户口属于城市的儿童中，最多的是家长陪伴时间在4小时及以上，占比为51.50%，家长陪伴时间在3~4小时的次之，占比为13.73%，家长陪伴时间在1~2小时排第三位，占比为10.42%，此外，家长陪伴时间为2~3小时、不到30分钟、30分钟~1小时的分别占比为9.72%、8.82%、5.81%；在户口属于农村的儿童中，最多的仍然是家长陪伴时间在4个小时及以上的，占比为51.88%，家长陪伴3~4小时的次之，占比为13.18%，家长陪伴时间不到30分钟的排第三位，占比为10.29%，此外，家长陪伴时间为2~3小时、1~2小时、30分钟~1小时的分别占比9.83%、8.96%、5.87%。见表4-12。

总之，在城市和农村中，监护人陪伴时间低于每天3小时的分别占比为34.77%和34.94%。家长一天陪伴不到30分钟的农村要比城市高，家长一天陪伴1~2小时的城市比农村高。总体来看，农村家长陪伴孩子的时间和城市差异很小。

表 4 - 12 家长一天陪伴孩子时间

单位：%

	城市	农村	总样本
不到 30 分钟	8.82	10.29	9.79
30 分钟~1 小时	5.81	5.87	5.85
1~2 小时	10.42	8.96	9.45
2~3 小时	9.72	9.83	9.79
3~4 小时	13.73	13.18	13.36
4 小时及以上	51.50	51.88	51.75

七 儿童的居住情况与幸福感

儿童对于其居住情况是如何认识的呢？调查发现，排在第一位是"很舒适"，占比为 42.00%；排在第二位的是"比较舒适"，占比为 28.36%；排在第三位的是"一般"，占比为 25.71%；排在第四位的是"居住条件不好"，占比为 2.86%；排在最后的是"居住条件很不好"，占比为 1.08%，见图 4 - 13。也就是还有 29.64% 的儿童没有感觉到居住是舒适的，这也与前文提到有 25.53% 的儿童没有自己的独立卧室是一致的。

儿童对于自己的家庭地位是如何看待的呢？笔者用社会阶层主观判断方法，调查了儿童的家庭社会阶层情况，调查发现，51.39% 的儿童认为自己的家庭是中间阶层，22.47% 的儿童自认为是中下阶层、15.98% 的儿童自认为是中上阶层、7.74% 的儿童自认为是下层，还有 2.42% 自认为是上层。儿童这种认识与现实出入还是比较大的，说明儿童的阶层意识并不是很明确，他们还缺乏正确判断阶层的认识，多数儿童认为与其他人的社会阶层是差不多的，属于中间阶层，见图 4 - 14。

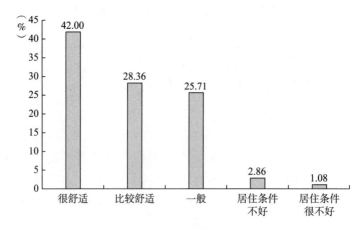

图 4 - 13 对现在居住情况的感觉

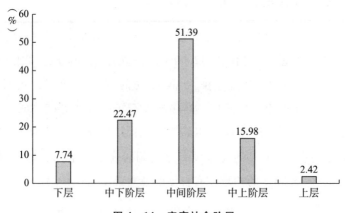

图 4 - 14 家庭社会阶层

调查发现，48.52%的儿童认为自己生活总体很幸福，28.14%的儿童认为自己生活总体是比较幸福的，这两部分合计76.66%，说明绝大多数儿童感觉是幸福的。但也有16.96%的儿童认为自己生活总体一般，4.01%认为自己生活总体感觉不太幸福，2.38%儿童认为自己生活总体感觉很不幸福，这两部分儿童加起来占6.39%，如果加上感觉"一般"的，合计23.35%的儿童不幸福或者不是很幸福，说明还是存在部分儿童幸福度很低，这正是我们应该关注的那部分特殊儿童，这里不幸福的比重还

是不低的，说明我们的儿童保护工作还有很多工作要做。见图
4 – 15。

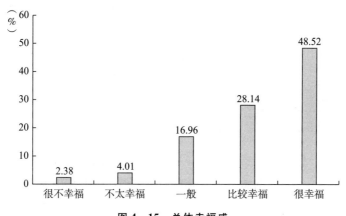

图 4 – 15　总体幸福感

八　儿童对家庭地位的认识与幸福感的城乡差异

在儿童关于自己家庭的社会阶层问题上，在户口属于城市
的儿童中，绝大多数人认为自己家庭是中间阶层，占比为
55.92%，认为自己家庭是中上阶层的次之，占比为 22.19%，
认为自己家庭是中下阶层的排第三位，占比为 14.86%，此外，
认为自己家庭是下层和上层的都较少，分别占比为 3.82% 和
3.21%；与城市儿童的状况相似，在户口属于农村的儿童中，
认为自己家庭是中间阶层、中下阶层、中上阶层的占比为仍排
在前三位，分别占比为 49.84%、26.11%、11.89%，认为自
己家庭是下层和上层的分别占比为 10.29% 和 1.86%，见表 4 –
13。

总体而言，农村儿童认为自己家庭是中下层、下层的比城市
多，而城市儿童认为自己家庭是中间阶层、中上阶层的比农
村多。

表 4 – 13　家庭社会阶层构成

单位：%

	城市	农村	总样本
下层	3.82	10.29	8.09
中下阶层	14.86	26.11	22.29
中间阶层	55.92	49.84	51.91
中上阶层	22.19	11.89	15.39
上层	3.21	1.86	2.32

关于总体幸福感，在户口属于城市的儿童中，54.50% 的儿童认为自己生活总体是很幸福的，29.97% 的儿童认为自己生活总体是比较幸福的，认为自己的生活总体一般、很不幸福、不太幸福的儿童分别占 11.57%、2.08%、1.88%，这三部分合计为 15.53%；在户口属于农村的儿童中，排在前两位的仍然分别是认为自己生活总体很幸福、比较幸福，分别占比为 45.21%、26.93%，但认为自己生活总体一般、不太幸福和很不幸福的儿童比例都比城市更高，分别占 20.21%、5.19%、2.44%，这三部分合计为 27.84%，见表 4 – 14。

从城乡比较来看，城市儿童自我认为"很幸福"或者"比较幸福"的比例分别比农村儿童高出 9.29 和 3.04 个百分点，农村儿童认为自己"不太幸福"或者"很不幸福"的比城市儿童明显要高。

表 4 – 14　总体幸福感构成

单位：%

	城市	农村	总样本
很不幸福	2.08	2.44	2.32
不太幸福	1.88	5.19	4.07
一般	11.57	20.21	17.28

	城市	农村	总样本
比较幸福	29.97	26.93	27.97
很幸福	54.50	45.21	48.37

第二节　亲子关系、家庭环境安全保护及其城乡差异

一　亲子关系情况

调查数据显示，多数监护人能够给孩子解释为什么要求做这些事情（均值 3.18）；多数父母会鼓励孩子努力做事情，不讽刺和挖苦孩子（均值 3.49）；多数父母会表达对孩子的爱（均值 3.77）；多数父母会协调好家庭关系与气氛，为家庭和谐创造氛围（均值 3.76）；只有少数父母不辅导孩子的学习（此为反向陈述指标，均值 2.54）；多数父母会教孩子如何保护自己（均值 3.96）；多数父母会在孩子遇到困难时候，及时提出建议（均值 3.82）；多数父母会尊重孩子选择朋友和活动的权利（均值 3.75）；绝大多数父母会预防和制止孩子吸烟、酗酒、聚赌、吸毒、卖淫等行为（均值 4.69）；绝大多数父母会预防和制止孩子接触暴力、色情、淫秽等书籍、游戏和其他音像产品（均值 4.60）。但父母与孩子一起游戏玩耍的太少，只有少数父母能够做到（均值 2.59），这说明父母陪伴孩子的时间太少，这与前面监护人陪伴孩子时间太少的调查结论是一致的。这个问题的严重性还没有引起我们全社会的关注和重视；还有超过 40% 的父母打骂孩子（均值为 2.33），这个比例也是比较高的，说明我们父母对于儿童权利不够重视，也说明我们的家庭在保护儿童方面还不够有效。详见表 4-15。

表 4 – 15 亲子互动行为的描述性统计 （1 = 从不，5 = 总是）

	N	最小值	最大值	均值	标准差
B1 – 1 当你父母要求你做什么事，父母能够解释为什么要这样做	3436	1	5	3.18	1.191
B1 – 2 你父母鼓励你努力去做事情，不讽刺和挖苦你	3411	1	5	3.49	1.398
B1 – 3 父母会表达对你的爱	3401	1	5	3.77	1.171
B1 – 4 父母会协调好家庭关系与气氛，为家庭和谐创造氛围	3380	1	5	3.76	1.178
B1 – 5 父母不辅导你的学习	**3405**	**1**	**5**	**2.54**	**1.314**
B1 – 6 父母会和你一起游戏玩耍	3405	1	5	2.59	1.323
B1 – 7 父母会教你如何保护自己	3402	1	5	3.96	1.146
B1 – 8 父母会在你遇到困难时，及时提出建议	3384	1	5	3.82	1.171
B1 – 9 父母会尊重你选择朋友和活动的权利	3373	1	5	3.75	1.224
B1 – 10 父母会预防和制止你吸烟、酗酒、聚赌、吸毒、卖淫等行为	3424	1	5	4.69	0.864
B1 – 11 父母会预防和制止你接触暴力、色情、淫秽等书籍、游戏和其他音像产品	3422	1	5	4.60	0.921
B1 – 12 父母会打骂你	**3437**	**1**	**5**	**2.33**	**0.958**

注：表中加黑字体为"反向陈述指标"。

二 亲子关系情况的城乡差异

关于亲子互动行为的调查结果显示（表 4 – 16 和表 4 – 17），城市地区和农村地区的多数监护人能够给孩子解释为什么要求做这些事情（均值分别为 3.48 和 3.01）；城市地区和农村地区多数父母会鼓励孩子努力做事情，不讽刺和挖苦孩子（均值分别为3.83和3.31）；城市地区和农村地区多数父母会表达对孩子的爱（均值分别为3.89和3.69）；城市地区和农村地区多数父母会协调好家庭关系与气氛，为家庭和谐创造氛围（均值分别为4.01和3.63）；在城市地区和农村地区中，都只有少数父母不辅导孩子的学习（此为反向陈述指标，均值分别为2.67和2.50）；城市地区和农村地区多数父母会教孩子如何保护自己（均值分别为4.22和3.82）；城市地区和农村地区多数父母会在孩子遇到困难时候，及时提出建议（均值分别为4.11和3.66）；城市地区和农村地区多数父母会尊重孩子选择朋友和活动的权利（均值分别为4.00和3.65）；城市地区和农村地区绝大多数父母会预防和制止孩子吸烟、酗酒、聚赌、吸毒、卖淫等行为（均值分别为4.74和4.68）；城市地区和农村地区绝大多数父母会预防和制止孩子接触暴力、色情、淫秽等书籍、游戏和其他音像产品（均值分别为4.71和4.56）。但父母与孩子一起游戏玩耍的，在城市地区和农村地区都只有少数父母能够做到（均值分别为2.87和2.42），且农村地区比城市地区的比例更低；此外，在城市地区和农村地区都有超过40%的父母打骂孩子（均值分别为2.22和2.38），且农村地区比城市地区的比例更高。

从城乡比较来看，显然，城市的父母亲更会教育孩子，更注重亲子关系。

表4－16 亲子互动行为的描述性统计（城市）

	N	最小值	最大值	均值	标准差
B1－1 当你父母要求你做什么事，父母能够解释为什么要这样做	1011	1	5	3.48	1.133
B1－2 你父母鼓励你努力去做事情，不讽刺和挖苦你	1005	1	5	3.83	1.107

续表

	N	最小值	最大值	均值	标准差
B1-3 父母会表达对你的爱	1001	1	5	3.89	1.112
B1-4 父母会协调好家庭关系与气氛，为家庭和谐创造氛围	996	1	5	4.01	1.108
B1-5 父母不辅导你的学习	**1002**	**1**	**5**	**2.67**	**1.381**
B1-6 父母会和你一起游戏玩耍	1005	1	5	2.87	1.351
B1-7 父母会教你如何保护自己	1000	1	5	4.22	1.013
B1-8 父母会在你遇到困难时，及时提出建议	995	1	5	4.11	1.047
B1-9 父母会尊重你选择朋友和活动的权利	993	1	5	4.00	1.111
B1-10 父母会预防和制止你吸烟、酗酒、聚赌、吸毒、卖淫等行为	1009	1	5	4.74	0.759
B1-11 父母会预防和制止你接触暴力、色情、淫秽等书籍、游戏和其他音像产品么	1009	1	5	4.71	0.786
B1-12 父母会打骂你	**1013**	**1**	**5**	**2.22**	**0.941**

注：表中加黑字体为"反向陈述指标"。

表4-17　亲子互动行为的描述性统计（农村）

	N	最小值	最大值	均值	标准差
B1-1 当你父母要求你做什么事，父母能够解释为什么要这样做	1949	1	5	3.01	1.186
B1-2 你父母鼓励你努力去做事情，不讽刺和挖苦你	1934	1	5	3.31	1.404
B1-3 父母会表达对你的爱	1929	1	5	3.69	1.205
B1-4 父母会协调好家庭关系与气氛，为家庭和谐创造氛围	1916	1	5	3.63	1.201

续表

	N	最小值	最大值	均值	标准差
B1-5 父母不辅导你的学习	**1932**	**1**	**5**	**2.50**	**1.290**
B1-6 父母会和你一起游戏玩耍	1934	1	5	2.42	1.280
B1-7 父母会教你如何保护自己	1934	1	5	3.82	1.198
B1-8 父母会在你遇到困难时，及时提出建议	1927	1	5	3.66	1.209
B1-9 父母会尊重你选择朋友和活动的权利	1912	1	5	3.65	1.264
B1-10 父母会预防和制止你吸烟、酗酒、聚赌、吸毒、卖淫等行为	1941	1	5	4.68	0.892
B1-11 父母会预防和制止你接触暴力、色情、淫秽等书籍、游戏和其他音像产品	1942	1	5	4.56	0.959
B1-12 父母会打骂你	**1949**	**1**	**5**	**2.38**	**0.951**

注：表中加黑字体为"反向陈述指标"。

三　监护人家庭环境安全保护情况

从孩子的角度来看监护人（主要是父母）对他们的保护措施情况（见表4-18），绝大多数监护人能够将热水、热汤锅、热水壶等放到孩子拿不到的地方（均值4.53）；绝大多数监护人能够做到将电源插座等做保护性处理或有漏电保护装置，防止孩子触电（均值4.53）；绝大多数监护人能够将刀子、剪子、叉子等锐器物品放到孩子拿不到的地方（均值4.44）；绝大多数监护人能够将药物、药箱、化学品存放在孩子不能拿到的地方（均值4.36）；多数监护人会在卫生间的地面进行防滑处理或铺防滑垫（均值3.91），多数监护人会将有棱角家具的边、角加上护套，防止孩子受伤（均值3.54），但后面这二项措施实施程度并不是很高，还有待提高普及程度。

表 4 – 18　家庭环境安全保护情况各指标的描述统计资料

(1 = 监护人没有想过，5 = 监护人完全做得到)

	N	最小值	最大值	均值	标准差
B2 – 1 将热水、热汤锅、热水壶等放到孩子拿不到的地方	3442	1	5	4.53	0.929
B2 – 2 将电源插座等做保护性处理或有漏电保护装置，防止孩子触电	3442	1	5	4.53	0.953
B2 – 3 将刀子、剪子、叉子等锐器物品放到孩子拿不到的地方	3438	1	5	4.44	0.978
B2 – 4 将药物、药箱、化学品存放在孩子不能拿到的地方	3425	1	5	4.36	1.108
B2 – 5 卫生间的地面进行防滑处理或铺防滑垫	3423	1	5	3.91	1.457
B2 – 6 将有棱角家具的边、角加上护套，防止孩子受伤	3438	1	5	3.54	1.569

四　监护人家庭环境安全保护情况的城乡差异

关于儿童的家庭环境保护情况的调查数据显示（表 4 – 19 和表 4 – 20），城市地区和农村地区绝大多数监护人能够将热水、热汤锅、热水壶等放到孩子拿不到的地方（均值分别 4.65 和 4.48）；城市地区和农村地区绝大多数监护人能够做到将电源插座等做保护性处理或有漏电保护装置，防止孩子触电（均值分别为 4.57 和 4.51）；城市地区和农村地区绝大多数监护人能够将刀子、剪子、叉子等锐器物品放到孩子拿不到的地方（均值分别为 4.55 和 4.39）；城市地区和农村地区绝大多数监护人能够将药物、药箱、化学品存放在孩子不能拿到的地方（均值分别为 4.43 和 4.34）；城市地区和农村地区多数监护人会在卫生间的地面进行防滑处理或铺防滑垫（均值分别 4.14 和 3.79），但很明显，城市地区的监护人比农村地区的监护人更注意这一安全保护行为；城市地区和农村地区多数监护人会将有棱角家具的边、角加上护套，防止孩子受伤（均值分别为 3.75 和 3.42）。

综合来看，比较城乡监护人家庭环境安全保护情况，城乡差距不是很明显，但仍然是城市优于农村。

表 4 – 19　家庭环境安全保护情况各指标的描述性统计资料（城市）

	N	最小值	最大值	均值	标准差
B2 – 1 将热水、热汤锅、热水壶等放到孩子拿不到的地方	1007	1	5	4.65	0.792
B2 – 2 将电源插座等做保护性处理或有漏电保护装置，防止孩子触电	1008	1	5	4.57	0.954
B2 – 3 将刀子、剪子、叉子等锐器物品放到孩子拿不到的地方	1003	1	5	4.55	0.897
B2 – 4 将药物、药箱、化学品存放在孩子不能拿到的地方	1002	1	5	4.43	1.025
B2 – 5 卫生间的地面进行防滑处理或铺防滑垫	1004	1	5	4.14	1.316
B2 – 6 将有棱角家具的边、角加上护套，防止孩子受伤	1009	1	5	3.75	1.475

表 4 – 20　家庭环境安全保护情况各指标的描述性统计资料（农村）

	N	最小值	最大值	均值	标准差
B2 – 1 将热水、热汤锅、热水壶等放到孩子拿不到的地方	1958	1	5	4.48	0.965
B2 – 2 将电源插座等做保护性处理或有漏电保护装置，防止孩子触电	1956	1	5	4.51	0.951
B2 – 3 将刀子、剪子、叉子等锐器物品放到孩子拿不到的地方	1959	1	5	4.39	1.010

	N	最小值	最大值	均值	标准差
B2-4 将药物、药箱、化学品存放在孩子不能拿到的地方	1946	1	5	4.34	1.133
B2-5 卫生间的地面进行防滑处理或铺防滑垫	1944	1	5	3.79	1.516
B2-6 将有棱角家具的边、角加上护套，防止孩子受伤	1953	1	5	3.42	1.610

第三节　本章小结

一　本章结论

第一，农村有 2 名儿童以上的家庭（占 68.19%）明显高于城市（47.68%）。

第二，从儿童居住客观条件和学习客观条件来看，城市明显优于农村。儿童居住状况的好坏与是否有独立房间有关，在户口属于城市的儿童中，82.89% 拥有独立的睡觉房间。

第三，从儿童居住条件的主观感觉来看，城市儿童好于农村儿童。

第四，从就业来看，无论父亲或者母亲，城市儿童明显好于农村儿童。

第五，部分监护人陪伴孩子时间还不够，农村家长陪伴孩子的时间要少于城市家长。

第六，农村儿童更多认为自己家庭是中下层或下层，而城市儿童更多认为自己家庭是中间阶层或中上阶层。

第七，从城乡比较来看，城市儿童的幸福感比农村儿童更高。城市儿童自认为"很幸福"或者"比较幸福"的合计占比为

84.47%，农村仅有72.14%，城市比农村高出12.33个百分点，农村儿童认为自己"不太幸福"或者"很不幸福"的占比为7.63%，城市儿童占比为3.96%，农村比城市明显高出3.67个百分点。

第八，从城乡比较来看，监护人家庭环境安全保护方面城乡差距不是很明显，但仍然是城市优于农村。

二　本章讨论

第一，从孩子的角度来看监护人（主要是父母）对他们的保护措施情况，绝大多数监护人重视家庭的安全环境，并努力为儿童提供一个良好的安全家庭环境，但限于家庭经济和生活条件，部分监护人在给儿童提供家庭安全环境方面还有提升空间，还需要更加关注家庭安全环境建设，促进儿童的家庭保护，减少在家中被伤害的意外事故。儿童保护在我国尚未被社会及政府所重视，社会缺乏普遍的儿童保护网络，国家缺乏专门的儿童保护机制（刘文等，2013）。我国儿童保护应该致力于建立健全面向儿童及其家庭的监护监督制度、监护支持制度、监护替代制度等国家监护制度，发展并完善一系列儿童保护服务（程福财，2014）。儿童保护机制亟待全社会共同建设。

第二，党政部门要继续贯彻乡村振兴战略，促进农村居民收入增长，缩小城乡差距，这是解决城乡儿童保护环境差别的根本途径。中华人民共和国成立后，采取了优先发展重工业的方针，不但国家将投资重点放在城市，还通过工农业产品价格剪刀差向农村收取积累，支援城市建设。这就在一定程度上扩大了城乡之间的差距。这种状况到经济体制改革时才有改观。这种城乡差距导致城市居民收入总体高于农村居民，也导致城市儿童的客观居住条件和学习条件明显地优于农村儿童。新中国成立后，我国儿童福利的供给（特别是儿童照顾服务）的任务主要由作为非正式保障力量的家庭与市民社会承担（杨雄，2012）。再加儿童福利的城乡差距也非常明显，这导致农村儿童的幸福感弱于城市。

第三，我国经济经历了 40 多年的快速增长，广大民众为了改变贫穷面貌，妇女普遍进入劳动力市场。劳动者工作时间超过 8 小时的现象已经非常普遍，这导致监护人陪伴儿童的时间较少。有近一半的家长（48.28%）陪伴孩子的时间一天不到 4 小时。虽然没有人专门研究家长陪伴孩子的时间多长才算合理，但有证据表明，家长陪伴孩子阅读是有利于儿童成长的（李茹、张丽，2020；庄凤秀等，2020）。家长与儿童之间的亲子互动越多，越能够增强儿童自身对安全观念和社会规范的认识，进而可能影响儿童对社会外在伤害的判断和降低伤害行为的发生（Costa et al.，2005；Evans et al.，2013）。孩子生来就对父母有依赖和亲近的情感，在与父母互动的时候孩子会对父母提出各式各样的问题。父母应该对孩子予以积极的回应，促进儿童形成健康向上的性格。相反，长期对儿童冷漠回应或者无法陪伴儿童会让他们产生自卑心理，认为是自己的表达有问题，久而久之关上了与家长进行良好沟通的大门（李晓晨，2021）。随着我国进入新时代，共同富裕的理念也要求政府不断加强和改善社会政策，保障并提高公民（包括儿童）的基本权益与社会福利（杨雄，2012）。这就要求我国的社会政策必须坚持福利与发展并重的目标，并通过合理的制度设计去兼顾福利目标与发展目标之间的平衡（关信平，2010）。通过提高劳动生产效率和劳动者收入从而减少劳动时间，使监护人有更多时间陪伴儿童。

第四，在共同富裕的理念下，国家亲权理论要求对儿童有更多的责任、对儿童提供更多的社会福利。国家亲权理论是要确定国家对于儿童具有最后的责任，国家必须是儿童的最终监护人（易谨，2012）。国家为本的制度性儿童福利政策模型能够通过公共政策去预防儿童问题，促进儿童的全面进步（Nixon，1997）。我国儿童福利制度应从补缺型儿童福利逐步向普惠型儿童福利转变（熊梅，2016）。因此，加强政府对儿童福利制度的建设，增加儿童福利提供也成为新时代的一个重要任务。

第五章　儿童的越轨行为及受伤害情况的描述性分析

本章主要针对儿童进行的问卷调查获得的儿童越轨行为和受伤害情况的数据分析，包括儿童越轨行为、受伤害情况及其城乡差异的描述性分析。

第一节　儿童的越轨行为及其城乡差异

一　儿童越轨行为发生情况

表5-1显示，总体来看，儿童没有任何越轨行为比例还是比较高的，占比为77.98%，而越轨行为最多的是打架斗殴行为，占比为7.94%；第二位是整夜不归宿行为，占比为6.73%；第三位是不满16周岁但脱离监护人单独居住，占比为4.23%；第四位是离家出走行为，占比为3.20%；第五位是故意毁坏财物行为，占比为3.00%。有1.82%的被调查者因为多种原因辍学，有1.41%的被调查者有参与赌博或者变相赌博的行为，有0.32%的被调查者有吸毒行为。这些不良行为虽然占的比例不高，但总数量也是很大的，是我们急需要关注的问题。

表 5－1　过去一年发生下列情况的比例

	N	最小值	最大值	平均数（比例）	标准差
B3－1 因为多种原因辍学	3401	0	1	0.0182	0.134
B3－2 有离家出走行为	3401	0	1	0.0320	0.176
B3－3 有整夜不归宿行为	3401	0	1	0.0673	0.251
B3－4 不满16周岁但脱离监护人单独居住	3401	0	1	0.0423	0.201
B3－5 有参与赌博或者变相赌博的行为	3401	0	1	0.0141	0.118
B3－6 有吸毒行为	3401	0	1	0.0032	0.057
B3－7 有打架斗殴行为	3401	0	1	0.0794	0.270
B3－8 有偷窃行为	3401	0	1	0.0082	0.090
B3－9 有故意毁坏财物行为	3401	0	1	0.0300	0.171
B3－10 有强行向他人索要财物的行为	3401	0	1	0.0085	0.092
B3－11 其他行为	3401	0	1	0.0171	0.129
B3－12 以上行为都没有	3402	0	1	0.7798	0.414

二　儿童越轨行为发生情况的城乡差异

关于儿童越轨发生行为情况的调查数据显示（表 5－2、表 5－3），城市地区和农村地区没有任何越轨行为的比例都较高，分别占 85.30% 和 75.80%。关于越轨行为，在城市地区，最多的是打架斗殴行为和夜不归宿行为，占比均为 6.80%；第二位是不满 16 周岁，但脱离监护人单独居住，占比为 4.20%；第三位是离家出走行为，占比为 3.30%；第四位是故意毁坏财物行为，占比为 2.40%；其他行为占比为较少，均不超过 2.00%。在农村地区，最多的越轨行为是打架斗殴，占比为 8.60%；第二位是整夜不归宿行为，占比为 6.70%；第三位是不满 16 周岁但脱离监护人单独居住，占比为 4.30%；第四位是离家出走行为和有故意破坏财物行为，占比均为 3.00%；第五位是其他行为，占比为 2.00%。

从城乡比较来看，过去一年没有发生越轨行为的儿童比例城市高于农村，但从过去一年越轨事件发生情况来看，多数越轨行为城市多于农村，只有故意毁坏财物行为、打架斗殴行为、多种原因辍学、其他行为和不满 16 周岁但脱离监护人单独居住这五个方面的儿童比例是农村多于城市。显然，城市儿童与农村儿童的问题严重性是不一样的。

表 5 - 2　过去一年发生下列情况的比例（城市）

	N	最小值	最大值	平均数（比例）	标准差
B3 - 1 因为多种原因辍学	999	0	1	0.014	0.118
B3 - 2 有离家出走行为	999	0	1	0.033	0.179
B3 - 3 有整夜不归宿行为	999	0	1	0.068	0.252
B3 - 4 不满 16 周岁但脱离监护人单独居住	999	0	1	0.042	0.201
B3 - 5 有参与赌博或者变相赌博的行为	999	0	1	0.016	0.126
B3 - 6 有吸毒行为	999	0	1	0.006	0.077
B3 - 7 有打架斗殴行为	999	0	1	0.068	0.252
B3 - 8 有偷窃行为	999	0	1	0.009	0.095
B3 - 9 有故意毁坏财物行为	999	0	1	0.024	0.153
B3 - 10 有强行向他人索要财物的行为	999	0	1	0.010	0.100
B3 - 11 其他行为	999	0	1	0.015	0.122
B3 - 12 以上行为都没有	998	0	1	0.853	0.386

表 5 - 3　过去一年发生下列情况的比例（农村）

	N	最小值	最大值	平均数（比例）	标准差
B3 - 1 因为多种原因辍学	1935	0	1	0.019	0.135

	N	最小值	最大值	平均数（比例）	标准差
B3 - 2 有离家出走行为	1935	0	1	0.030	0.172
B3 - 3 有整夜不归宿行为	1935	0	1	0.067	0.250
B3 - 4 不满 16 周岁但脱离监护人单独居住	1935	0	1	0.043	0.203
B3 - 5 有参与赌博或者变相赌博的行为	1935	0	1	0.012	0.108
B3 - 6 有吸毒行为	1935	0	1	0.001	0.032
B3 - 7 有打架斗殴行为	1935	0	1	0.086	0.281
B3 - 8 有偷窃行为	1935	0	1	0.007	0.085
B3 - 9 有故意毁坏财物行为	1935	0	1	0.030	0.172
B3 - 10 有强行向他人索要财物的行为	1935	0	1	0.007	0.085
B3 - 11 其他行为	1935	0	1	0.020	0.141
B3 - 12 以上行为都没有	1936	0	1	0.758	0.429

三　同学或朋友在过去一年越轨行为发生情况

儿童有些越轨行为不愿自己讲出来，但同学之间是很少有秘密的，通过调查儿童知道的其他同学的情况，可以从一个侧面反映儿童越轨行为发生状况，因此，我们在问卷中设计了此问题。那么，儿童知道的同学或朋友的越轨行为发生情况如何呢？表5 - 4 显示，有一半同学选择了不知道其他同学或者朋友的越轨行为，但仍然有近一半同学选择了知道同学或者朋友的越轨行为情况，排在第一位的是打架斗殴行为，占比为 27.90%；第二位是整夜不归宿行为，占比为 18.42%；第三位是因为多种原因辍学，占比为 13.23%；第四位是有离家出走行为，占比为 11.29%；第五位是故意毁坏财物行为，占比为 11.12%；第六位是其他行为，占比为 10.73%，第七位是偷窃行为，占比为 9.09%；后面依次是不满 16 周岁但脱离监护人单独居住（占比为 6.92%），有强行向

他人索要财物的行为（占比为 5. 78%），参与赌博或者变相赌博的
行为（占比为 5. 13），吸毒行为（占比为 1. 91%）。儿童知道的同
学或者朋友的越轨行为显然高于自己的，这是什么原因呢？笔者认
为，儿童是能够正确判断越轨行为是不好的，应该受到惩罚和批
评，所以儿童对于自己的越轨行为是有顾虑的，担心讲出来会受到
惩罚和批评；而把他人的越轨行为讲出来就没有这种担心与顾忌。
这就导致儿童同学或者朋友的越轨行为远高于自己的越轨行为。

表 5 – 4　同学或朋友在过去一年发生下列情况比例

	N	最小值	最大值	平均数（比例）	标准差
B4 – 1 因为多种原因辍学	3409	0	1	0. 1323	0. 339
B4 – 2 有离家出走行为	3409	0	1	0. 1129	0. 317
B4 – 3 有整夜不归宿行为	3409	0	1	0. 1842	0. 388
B4 – 4 不满 16 周岁但脱离监护人单独居住	3409	0	1	0. 0692	0. 254
B4 – 5 有参与赌博或者变相赌博的行为	3409	0	1	0. 0513	0. 221
B4 – 6 有吸毒行为	3409	0	1	0. 0191	0. 137
B4 – 7 有打架斗殴行为	3409	0	1	0. 2790	0. 449
B4 – 8 有偷窃行为	3409	0	1	0. 0909	0. 288
B4 – 9 有故意毁坏财物行为	3409	0	1	0. 1112	0. 314
B4 – 10 有强行向他人索要财物的行为	3409	0	1	0. 0578	0. 233
B4 – 11 其他行为	3409	0	1	0. 1073	0. 164
B4 – 12 不知道	3408	0	1	0. 5707	0. 495

四　同学或朋友在过去一年发生越轨行为的城乡差异

关于儿童知道的同学或朋友的越轨行为发生情况如何呢？表
5 – 5 和表 5 – 6 显示，城市地区和农村地区都有一半同学选择了
不知道其他同学或者朋友的越轨行为，占比分别为 59. 50% 和
55. 70%，但仍然有近一半同学选择了知道同学或者朋友的越轨

行为情况。在城市地区，排在第一位的是打架斗殴行为，占比为
25.40%；第二位是整夜不归宿行为，占比为 17.70%；第三位的
是其他行为，占比为 13.4%；第四位是离家出走行为，占比为
12.70%；第五位是因为多种原因辍学，占比为 11.90%；后面依
次是故意毁坏财物行为（9.90%）、偷窃行为（9.30%）、不满
16 周岁但脱离监护人单独居住（6.70%）、强行向他人索要财物
的行为（5.40%）、参与赌博或变相赌博的行为（4.90%）。在农
村地区，排在第一位的是其他行为，占比为 32.9%；第二位是有
打架斗殴行为行为，占比为 29.0%；第三位是整夜不归宿行为，
占比为 18.10%；第四位是因为多种原因辍学，占比为 13.50%；
第五位是故意毁坏财物行为，占比为 11.40%；后面依次是离家
出走行为（10.30%）、偷窃行为（9.50%）、不满 16 周岁但脱离
监护人单独居住（6.90%）、强行向他人索要财物的行为
（6.00%）、参与赌博或变相赌博的行为（5.10%）、吸毒行为
（1.90%）。

　　从城乡比较来看，同学或朋友在过去一年越轨事件发生的情
况选择不知道的儿童比例是城市高于农村，但从同学或朋友在过
去一年越轨事件发生情况来看，呈现的情况要复杂得多，离家出
走行为、吸毒行为以及其他越轨行为的比例城市高于农村，其他
方面是农村高于城市，显然，这也说明城市儿童与农村儿童的问
题严重性是不一样的。

表 5－5　同学或朋友在过去一年发生下列情况比例（城市）

	N	最小值	最大值	平均数（比例）	标准差
B4－1 因为多种原因辍学	1005	0	1	0.119	0.324
B4－2 有离家出走行为	1005	0	1	0.127	0.334
B4－3 有整夜不归宿行为	1005	0	1	0.177	0.382

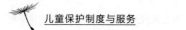

续表

	N	最小值	最大值	平均数（比例）	标准差
B4－4 不满16周岁但脱离监护人单独居住	1005	0	1	0.067	0.250
B4－5 有参与赌博或者变相赌博的行为	1005	0	1	0.049	0.215
B4－6 有吸毒行为	1005	0	1	0.020	0.140
B4－7 有打架斗殴行为	1005	0	1	0.254	0.435
B4－8 有偷窃行为	1005	0	1	0.093	0.290
B4－9 有故意毁坏财物行为	1005	0	1	0.099	0.298
B4－10 有强行向他人索要财物的行为	1005	0	1	0.054	0.226
B4－11 其他行为	1005	0	1	0.134	0.165
B4－12 不知道	1005	0	1	0.595	0.491

表5－6　同学或朋友在过去一年发生下列情况比例（农村）

	N	最小值	最大值	平均数（比例）	标准差
B4－1 因为多种原因辍学	1932	0	1	0.135	0.341
B4－2 有离家出走行为	1932	0	1	0.103	0.304
B4－3 有整夜不归宿行为	1932	0	1	0.181	0.385
B4－4 不满16周岁，但脱离监护人单独居住	1932	0	1	0.069	0.254
B4－5 有参与赌博或者变相赌博的行为	1932	0	1	0.051	0.219
B4－6 有吸毒行为	1932	0	1	0.019	0.135
B4－7 有打架斗殴行为	1932	0	1	0.290	0.454
B4－8 有偷窃行为	1932	0	1	0.095	0.293
B4－9 有故意毁坏财物行为	1932	0	1	0.114	0.318
B4－10 有强行向他人索要财物的行为	1932	0	1	0.060	0.238
B4－11 其他行为	1932	0	1	0.329	0.159
B4－12 不知道	1931	0	1	0.557	0.497

五　儿童在学校发生的越轨行为

笔者还调查了儿童对于各种越轨行为的认识，当问到"你所在的学校是否有如下行为，请指出排名前三的"。调查发现，所在学校发生频率第一的越轨行为之中，最高的是"学生之间打架"，占比为71.10%，见图5－1；所在学校发生频率第二的越轨行为之中，最高的是"学生中结帮派，欺负其他同学"，占比为40.95%，其次是"学生之间打架"，占比为31.35%，见图5－2；发生频率第三的越轨行为之中，最高的是"有学生以大欺小，强迫学生给钱给物"，占比为31.70%；其次是"其他违法或违纪行为"，占比为24.84%，见图5－3。

所在学校发生越轨行为现象发生频率第一、第二及第三的比例示意如下：

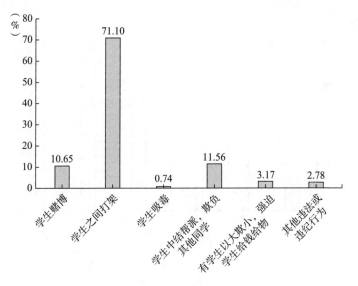

图5－1　发生频率第一的越轨行为　（N = 1765）

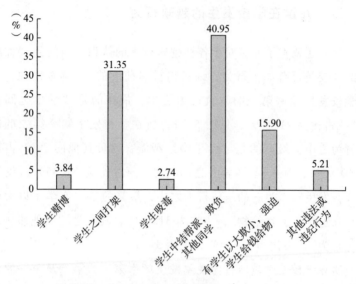

图 5-2　发生频率第二的越轨行为（N = 1094）

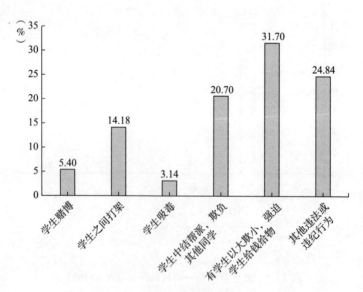

图 5-3　发生频率第三的越轨行为（N = 797）

六 在学校发生的越轨行为的城乡差异

当问到"你所在的学校是否有如下行为，请指出排名前三的"，调查发现（见表5-7），在城市地区，选择发生频率第一的越轨行为之中，排在第一位的是学生之间打架，占比为63.98%；第二位是学生中结帮派欺负其他同学，占比为10.39%；第三位是老师打学生，占比为8.24%。在农村地区，选择发生频率第一的越轨行为之中，排在第一位的，是学生之间打架，占比为60.80%；第二位是学生赌博，占比为10.68%；第三位是学生中结帮派欺负其他同学，占比为9.86%。

从城乡比较来看，学生赌博、学生以大欺小或者强迫学生给钱给物、老师体罚学生这些越轨行为农村比城市多，而学生之间打架、学生吸毒、学生中结帮派或欺负其他同学、老师打学生、其他违法或危险行为的越轨行为则是城市多于农村。

表5-7 发生频率第一的越轨行为

单位：%

	城市	农村	总样本
B15-1 学生赌博	5.56	10.68	9.08
B15-2 学生之间打架	63.98	60.80	61.79
B15-3 学生吸毒	0.72	0.41	0.50
B15-4 学生中结帮派，欺负其他同学	10.39	9.86	10.03
B15-5 有学生以大欺小，强迫学生给钱给物	1.97	3.02	2.69
B15-6 老师打学生	8.24	7.99	8.07
B15-7 老师体罚学生	5.20	5.22	5.21
B15-8 其他违法或危险行为	3.94	2.04	2.63

表5-8显示，在城市地区，选择发生频率第二的越轨行为

之中，排在第一位的是学生中结帮派欺负其他同学，占比为
35.15%；第二位是学生之间打架，占比为 19.55%；第三位是
老师体罚学生，占比为 15.10%。在农村地区，选择发生频率
第二的越轨行为之中，排在第一位的是学生中结帮派欺负其他
同学，占比为 28.52%；第二位是学生之间打架，占比为
25.87%；第三位是有学生以大欺小，强迫学生给钱给物，占比
为 13.28%。

表5-8　发生频率第二的越轨行为

单位：%

	城市	农村	总样本
B15-1 学生赌博	2.72	3.00	2.91
B15-2 学生之间打架	19.55	25.87	23.86
B15-3 学生吸毒	2.48	1.62	1.89
B15-4 学生中结帮派，欺负其他同学	35.15	28.52	30.63
B15-5 有学生大欺小，强迫学生给钱给物	9.65	13.28	12.13
B15-6 老师打学生	12.13	10.74	11.18
B15-7 老师体罚学生	15.10	12.82	13.54
B15-8 其他违法或危机行为	3.22	4.16	3.86

表5-9 显示，在城市地区，选择发生频率第三的越轨行为，
排在第一位的是有学生以大欺小，强迫学生给钱给物，占比为
22.58%；第二位是老师体罚学生与其他违法或危险行为，占比
是 20.97%；第三位是学生中结帮派欺负其他同学，占比为
12.26%。在农村地区，选择发生频率第三的越轨行为之中，排
在第一位的是有学生以大欺小，强迫学生给钱给物，占比为
22.17%；第二位是老师体罚学生，占比为 19.68%；第三位是学
生中结帮派欺负其他同学，占比为 16.45%。

表 5 - 9　发生频率第三的越轨行为

单位：%

	城市	农村	总样本
B15 - 1 学生赌博	3.23	4.26	3.94
B15 - 2 学生之间打架	9.35	9.84	9.69
B15 - 3 学生吸毒	1.61	1.91	1.82
B15 - 4 学生中结帮派，欺负其他同学	12.26	16.45	15.14
B15 - 5 有学生以大欺小，强迫学生给钱给物	22.58	22.17	22.30
B15 - 6 老师打学生	9.03	10.43	9.99
B15 - 7 老师体罚学生	20.97	19.68	20.08
B15 - 8 其他违法或危险行为	20.97	15.27	17.05

第二节　儿童受伤害的情况及城乡差异

一　儿童受伤害的情况

为便于儿童回忆，笔者以过去一年儿童受伤害情况来进行调查，调查发现，在过去一年中，有 62.22% 的儿童受过伤害，见图 5 - 4。这个比例是比较高的，远超过一半的儿童比例。这些伤害是哪些类型呢？表 5 - 10 显示，排在第一位的是在家中被意外伤害（如跌伤、碰伤、烧伤等），占比为 51.56%；第二位是在外面被意外伤害（如跌伤、碰伤、烧伤、落水等），占比为 41.14%；第三位是被人欺骗过，占比为 22.58%；第四位是在学校被其他同学打，占比为 10.37%；第五位是在家中被家长打，占比为 9.68%；第六位是因为交通事故而受到伤害，占比为 7.35%；排在后面的依次是被凌辱过或歧视过（占比为 7.09%），其他（占比为 6.14%），在家庭或学校外面被人打伤（占比为 4.32%），在学校被老师打（占比为 4.15%），被拐卖过（占比

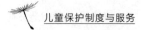

为 0.86%）。其中，在学校被欺凌占比应该是很高了，即约 1/10
学生在学校被欺凌过；如果从绝对数量看，这个比例还是非常令
人吃惊的。这些数据应该引起我们高度关注。

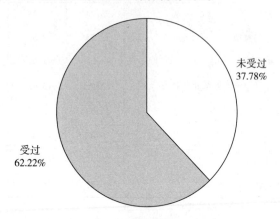

图 5 - 4　过去一年受过伤害或侵害的百分比

表 5 - 10　过去一年受过伤害或侵害的各类事件的发生比例

	N	最小值	最大值	平均数（比例）	标准差
B6 - 1 在家中被意外伤害（如跌伤、碰伤、烧伤等）	1156	0	1	0.5156	0.500
B6 - 2 在外面被意外伤害（如跌伤、碰伤、烧伤、落水等）	1157	0	1	0.4114	0.492
B6 - 3 因为交通事故而受到伤害	1157	0	1	0.0735	0.261
B6 - 4 在家中被家长打	1157	0	1	0.0968	0.296
B6 - 5 在学校被其他同学打	1157	0	1	0.1037	0.305
B6 - 6 在学校被老师打	1157	0	1	0.0415	0.199
B6 - 7 在家庭、学校外面被人打伤	1157	0	1	0.0432	0.203
B6 - 8 被人欺骗过	1156	0	1	0.2258	0.418
B6 - 9 被凌辱过、歧视过	1157	0	1	0.0709	0.257
B6 - 10 被遗弃过	1157	0	1	0.0233	0.151

续表

	N	最小值	最大值	平均数 （比例）	标准差
B6 – 11 被拐卖过	1157	0	1	0.0086	0.093
B6 – 12 其他	1158	0	1	0.0614	0.161

二 儿童受伤害情况的城乡差异

表 5 – 11 显示，在过去一年中，表示受过伤害或侵害的城市和农村儿童分别占比为 32.05% 和 39.79%。表 5 – 12 显示，在城市地区，排在第一位的是在家中被意外伤害，占比为 46.80%；第二位，在外面被意外伤害，占比为 43.20%；第三位，被遗弃过，占比为 27.20%；第四位，被人欺骗过，占比为 23.10%；第五位，在学校被其他同学打，占比为 12.20%；第六位，在家中被家长打，占比为 8.50%；排在后面的依次是其他（占 7.8%）、因为交通事故而受到伤害（占 7.50%）、被凌辱过或歧视过（占 5.80%）、在家庭或学校外面被人打伤（占 4.40%）、在学校被老师打过（占 3.70%）、被拐卖过（占 1.40%）。表 5 – 13 显示，在农村地区，排在前两位的仍然是在家中被意外伤害和在外面被意外伤害，分别占比为 54.30% 和 39.90%；与城市略有不同，排第三位的是被人欺骗过，占比为 22.30%；第四位，在家中被家长打，占比为 10.50%；第五位，在学校被其他同学打，占比为 9.30%；第六位，被凌辱过或歧视过（占比为 7.40%）；排在后面的依次是因为交通事故而受到伤害（占比为 7.30%）、在学校被老师打（占比为 4.10%）、其他（占比为 3.90%）、在家庭或学校外面被人打伤（占比为 3.80%）、被人遗弃过（占比为 2.20%）、被拐卖过（占比为 0.40%）。

从城乡比较来看，自己在过去一年是否受过伤害或侵害的情况，选择没有受到过伤害或侵害的情况城市高于农村，说明整体情况城市好于农村。但从自己在过去一年是否受到过伤害或侵害的情况的类型来看，呈现的情况要复杂得多，在外面被意外伤害（如跌伤、碰伤、烧伤、落水等）、因为交通事故而受到伤害、在学校被其他同学打、在家庭或学校外面被人打伤、被人欺骗过、被遗弃过、被拐卖过以及其他行为的儿童是城市多于农村，只有在家中被意外伤害（如跌伤、碰伤、烧伤等）、在家中被家长打、在学校被老师打、被凌辱过或歧视过的这四种伤害行为的儿童数量是农村多于城市，显然，这也说明城市儿童与农村儿童受伤害问题严重性是不一样的，农村来自家庭和学校的伤害比城市多，而城市儿童由于城市环境的复杂性，更容易在家庭或学校外面受到伤害。

表 5-11　过去一年是否受过伤害或侵害的城乡差异

单位：%

	城市	农村	总样本
受过	32.05	39.79	37.10
未受过	67.95	60.21	62.90

表 5-12　各类伤害或侵害事件发生比例（城市）

	N	最小值	最大值	平均数（比例）	标准差
B6-1 在家中被意外伤害（如跌伤、碰伤、烧伤等）	293	0	1	0.468	0.500
B6-2 在外面被意外伤害（如跌伤、碰伤、烧伤、落水等）	294	0	1	0.432	0.496
B6-3 因为交通事故而受到伤害	294	0	1	0.075	0.264
B6-4 在家中被家长打	294	0	1	0.085	0.279
B6-5 在学校被其他同学打	294	0	1	0.122	0.328

续表

	N	最小值	最大值	平均数（比例）	标准差
B6－6 在学校被老师打	294	0	1	0.037	0.190
B6－7 在家庭或学校外面被人打伤	294	0	1	0.044	0.206
B6－8 被人欺骗过	294	0	1	0.231	0.422
B6－9 被凌辱过或被歧视过	294	0	1	0.058	0.234
B6－10 被遗弃过	294	0	1	0.272	0.163
B6－11 被拐卖过	294	0	1	0.014	0.116
B6－12 其他	295	0	1	0.078	0.198

表 5－13　各类伤害或侵害事件发生比例（农村）

	N	最小值	最大值	平均数（比例）	标准差
B6－1 在家中被意外伤害（如跌伤、碰伤、烧伤等）	687	0	1	0.543	0.499
B6－2 在外面被意外伤害（如跌伤、碰伤、烧伤、落水等）	687	0	1	0.399	0.490
B6－3 因为交通事故而受到伤害	687	0	1	0.073	0.260
B6－4 在家中被家长打	687	0	1	0.105	0.307
B6－5 在学校被其他同学打	687	0	1	0.093	0.291
B6－6 在学校被老师打	687	0	1	0.041	0.198
B6－7 在家庭或学校外面被人打伤	687	0	1	0.038	0.191
B6－8 被人欺骗过	687	0	1	0.222	0.416
B6－9 被凌辱过或被歧视过	687	0	1	0.074	0.262
B6－10 被遗弃过	687	0	1	0.022	0.146
B6－11 被拐卖过	687	0	1	0.004	0.066
B6－12 其他	687	0	1	0.039	0.136

三 儿童受伤害或侵害时的行为选择

儿童面对各种伤害，他应该如何选择呢？是逃避，还是寻求帮助？寻找帮助又找谁帮助？笔者对这些问题也进行了调查。表5-14显示，排在第一位的是找亲戚帮助，占比为38.44%；第二位是找邻居寻求帮助，占比为24.73%；第三位的是找学校寻求帮助，占比为24.41%；第四位是找公安局寻求帮助，占比为19.87%；第五位是沉默，没有寻求任何帮助，占比为18.95%；第六位是其他选择，占比为9.18%；后面依次选择了找社区（村）委员会寻求帮助（占比为6.04%）、找相关公益社会组织寻求帮助（占比为4.00%）、找当地关心下一代工作委员会寻求帮助（占比为2.92%）、找当地共青团寻求帮助（占比为2.48%）和找当地妇女儿童工作委员会寻求帮助（占比为2.48%）、找当地妇女联合会寻求帮助（占比为2.27%）。从上面数据看出，儿童受到伤害，寻求帮助的首先是亲戚，其次是邻居，找公安局的排在第四位，而且比例只有不到1/5，其他公共组织如共青团、妇女儿童工作委员会、妇女联合会等的影响力非常弱，几乎没有几个儿童知道，这说明儿童可以选择保护的途径不多，更多的是靠家庭或者熟人来解决，也说明我们当前的社会还是熟人社会，同时我们的公共服务还远远落后于现实情况，我们一些公共服务机构对自身职责不是很清楚，都是将自己作为管理机关，而不是服务机构，这也是我们应该在机构改革中需要解决的一个严重问题。

表5-14 受伤害或侵害时各类帮助方案的选择比例

	N	最小值	最大值	平均数（比例）	标准差
B7-1 找亲戚帮助	926	0	1	0.3844	0.487
B7-2 找学校寻求帮助	926	0	1	0.2441	0.430

续表

	N	最小值	最大值	平均数 （比例）	标准差
B7－3 找邻居寻求帮助	926	0	1	0.2473	0.432
B7－4 找社区（村）委员会寻求帮助	927	0	1	0.0604	0.238
B7－5 找当地共青团寻求帮助	926	0	1	0.0248	0.156
B7－6 找当地妇女联合会寻求帮助	926	0	1	0.0227	0.149
B7－7 找当地妇女儿童工作委员会寻求帮助	926	0	1	0.0248	0.156
B7－8 找当地关心下一代工作委员会寻求帮助	926	0	1	0.0292	0.168
B7－9 找公安局寻求帮助	926	0	1	0.1987	0.399
B7－10 找相关公益社会组织寻求帮助	926	0	1	0.0400	0.196
B7－11 其他	926	0	1	0.0918	0.289
B7－12 沉默，没有寻求任何帮助	934	0	1	0.1895	0.392

四　儿童受伤害或侵害时的行为选择的城乡差异

表5－15 显示，在面对伤害时，城市地区的儿童会首先找亲戚帮忙，占比为 36.30%；其次，是找学校寻求帮助，占比为 26.10%；第三，找邻居寻求帮助，占比为 23.30%；第四，找公安局寻求帮助，占比为 20.00%，第五，沉默，没有寻求任何帮助，占比为 18.20%。表5－16 显示，与城市儿童的做法类似，农村儿童在面对伤害时寻求帮助的前五位依次是找亲戚帮忙（占比为 39.90%）、找邻居寻求帮助（占比为 27.30%）、找学校寻求帮助（占比为 24.30%）、找公安局寻求帮助（占比为 20.20%）、沉默并且没有寻求任何帮助（占比为 19.30%），其他方式如找社区、妇女联合会、妇女儿童工作委员会等方式寻求帮助的占比较小，都不超过 10%。仅从儿童受伤害或侵害时的行为选择来看，

城市与农村儿童的行为选择差别不是很明显。

表 5 – 15　受伤害或侵害时各帮助方案的选择比例（城市）

	N	最小值	最大值	平均数 （比例）	标准差
B7－1 找亲戚帮助	245	0	1	0.363	0.482
B7－2 找学校寻求帮助	245	0	1	0.261	0.440
B7－3 找邻居寻求帮助	245	0	1	0.233	0.4423
B7－4 找社区（村）委员会寻求帮助	245	0	1	0.065	0.248
B7－5 找当地共青团寻求帮助	245	0	1	0.033	0.178
B7－6 找当地妇女联合会寻求帮助	245	0	1	0.029	0.167
B7－7 找当地妇女儿童工作委员会寻求帮助	245	0	1	0.033	0.178
B7－8 找当地关心下一代工作委员会寻求帮助	245	0	1	0.041	0.198
B7－9 找公安局寻求帮助	245	0	1	0.2	0.401
B7－10 找相关公益社会组织寻求帮助	245	0	1	0.045	0.208
B7－11 其他	245	0	1	0.122	0.328
B7－12 沉默，没有寻求任何帮助	245	0	1	0.182	0.387

表 5 – 16　受伤害或侵害时各帮助方案的选择比例（农村）

	N	最小值	最大值	平均数 （比例）	标准差
B7－1 找亲戚帮助	539	0	1	0.399	0.490
B7－2 找学校寻求帮助	539	0	1	0.243	0.429
B7－3 找邻居寻求帮助	539	0	1	0.273	0.446
B7－4 找社区（村）委员会寻求帮助	540	0	1	0.057	0.233
B7－5 找当地共青团寻求帮助	539	0	1	0.022	0.148
B7－6 找当地妇女联合会寻求帮助	539	0	1	0.019	0.135

	N	最小值	最大值	平均数（比例）	标准差
B7 - 7 找当地妇女儿童工作委员会寻求帮助	539	0	1	0.019	0.135
B7 - 8 找当地关心下一代工作委员会寻求帮助	539	0	1	0.028	0.165
B7 - 9 找公安局寻求帮助	539	0	1	0.202	0.402
B7 - 10 找相关公益社会组织寻求帮助	539	0	1	0.041	0.198
B7 - 11 其他	539	0	1	0.083	0.277
B7 - 12 沉默，没有寻求任何帮助	545	0	1	0.193	0.395

五　儿童的同学或者朋友受伤害的情况

儿童对自己受到的伤害是比较清楚的，对于同学或者朋友的伤害也是比较清楚的，因此，笔者也调查了此问题来说明儿童受伤害程度。调查发现（见表 5 - 17），有超过一半的儿童不知道其同学或者朋友受到过伤害或者侵害的事情，占比为 51.37%；但仍有近一半同学选择了知道其同学或者朋友受到伤害或侵害的情况，排在第一位的是在外面被意外伤害（如跌伤、碰伤、烧伤、落水等），占比为 20.66%；第二位是在家中被意外伤害（如跌伤、碰伤、烧伤等），占比为 20.28%；第三位是在学校被其他同学打，占比为 12.87%；第四位是因为交通事故而受到伤害，占比为 10.73%；第五位是被人欺骗过，占比为 9.63%；排在后面的依次是在家中被家长打（占比为 6.99%）、在家庭或学校外面被人打伤（占比为 6.92%）、被凌辱过或被歧视过（占比为 4.34%）、在学校被老师打（占比为 4.01%）、其他（占比为 3.93%）、被遗弃过（占比为 1.13%）、被拐卖过（占比为 0.74%）。

表 5 - 17　同学或朋友过去一年各类伤害或侵害事件发生比例

	N	最小值	最大值	平均数（比例）	标准差
B8 - 1 在家中被意外伤害（如跌伤、碰伤、烧伤等）	3363	0	1	0.2028	0.402
B8 - 2 在外面被意外伤害（如跌伤、碰伤、烧伤、落水等）	3364	0	1	0.2066	0.405
B8 - 3 因为交通事故而受到伤害	3365	0	1	0.1073	0.310
B8 - 4 在家中被家长打	3364	0	1	0.0699	0.255
B8 - 5 在学校被其他同学打	3365	0	1	0.1287	0.335
B8 - 6 在学校被老师打	3365	0	1	0.0401	0.196
B8 - 7 在家庭或学校外面被人打伤	3365	0	1	0.0692	0.254
B8 - 8 被人欺骗过	3365	0	1	0.0963	0.295
B8 - 9 被凌辱过或被歧视过	3365	0	1	0.0434	0.204
B8 - 10 被遗弃过	3365	0	1	0.0113	0.106
B8 - 11 被拐卖过	3365	0	1	0.0074	0.086
B8 - 12 其他	3365	0	1	0.0393	0.120
B8 - 13 不知道	3368	0	1	0.5137	0.500

六　儿童的同学或者朋友受伤害情况的城乡差异

关于儿童的同学或朋友受伤害的情况，调查数据显示（表 5 - 18、表 5 - 19），无论在城市地区还是农村地区都有超过一半左右的儿童不知道其同学或朋友受到过伤害或侵害的事情，分别占比为 53.50% 和 49.60%。知道其他同学或朋友受到过伤害或侵害的事件，在城市地区，排在第一位的，是在外面被意外伤害（如跌伤、碰伤、烧伤、落水等），占比为 21.80%；第二位是在家中被意外伤害（如跌伤、碰伤、烧伤等），占比为 17.70%；第三位是在学校被其他同学打，占比为 12.50%；第四位是被人欺骗过，占比为 10.40%；第五位是因为交通事故而受到伤害，占比为 10.20%；其他情况占比为较小，依次是在家中被家长打（占比为 7.20%），在家庭或学校外面被人打伤（占比为 7.00%），其他（占比为 5.1%），被凌辱过或被歧视过（占比为 4.90%），在学校被老师打（占比为 3.20%），被遗弃过和其他情况都是（占比为 1.50%），被拐卖过（占比为 0.90%）。在农村地区排在第一位的，是在家中被意外伤害（如跌伤、碰伤、烧伤等），占比为 21.80%；第二位是在外面被意外伤害（如跌伤、碰伤、烧伤、落水等），占比为 20.80%；第三位是其他情况（占比为 13.5%），第四位是在学校被其他同学打，占比为 12.80%；第五位是因为交通事故而受到伤害，占比为 11.20%；其他情况占比为较小，依次是被人欺骗过，占比为 9.60%，在家庭、学校外面被人打伤（占比为 7.10%），在家中被家长打（占比为 6.70%），在学校被老师打（占比为 4.30%），被凌辱过、歧视过（占比为 3.70%），被遗弃过（占比为 0.90%），被拐卖过（占比为 0.60%）。

从城乡比较来看，同学或朋友在过去一年是否受到过伤害或侵害的情况，选择不知道的儿童比例城市高于农村，说明整体情况城市好于农村，农村儿童受到过更多伤害。但从同学或朋友在过去一年受到过伤害或侵害的情况的类型来看，呈现的情况要复杂得多，在外面被意外伤害（如跌伤、碰伤、烧伤、落水等）、在家中被家长打、被人欺骗过、被遗弃过、被拐卖过以及被凌辱过或被歧视过行为的比例是城市高于农村，只有在家中被意外伤害（如跌伤、碰伤、烧伤等）、因为交通事故而受到伤害、在学校被其他同学打、在家庭或学校外面被人打伤、在学校被老师打、其他这六种伤害行为的儿童数量是农村多于城市，显然，这也再次说明城市儿童与农村儿童受伤害问题严重性是不一样的。

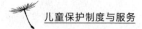

表 5 - 18　同学或朋友过去一年各类伤害或侵害事件发生比例（城市）

	N	最小值	最大值	平均数（比例）	标准差
B8 - 1 在家中被意外伤害（如跌伤、碰伤、烧伤等）	992	0	1	0.177	0.382
B8 - 2 在外面被意外伤害（如跌伤、碰伤、烧伤、落水等）	992	0	1	0.218	0.413
B8 - 3 因为交通事故而受到伤害	992	0	1	0.102	0.303
B8 - 4 在家中被家长打	992	0	1	0.072	0.258
B8 - 5 在学校被其他同学打	992	0	1	0.125	0.331
B8 - 6 在学校被老师打	992	0	1	0.032	0.177
B8 - 7 在家庭或学校外面被人打伤	992	0	1	0.070	0.255
B8 - 8 被人欺骗过	992	0	1	0.104	0.305
B8 - 9 被凌辱过或被歧视过	992	0	1	0.049	0.247
B8 - 10 被遗弃过	992	0	1	0.015	0.122
B8 - 11 被拐卖过	992	0	1	0.009	0.095
B8 - 12 其他	992	0	1	0.051	0.122
B8 - 13 不知道	992	0	1	0.535	0.499

表 5 - 19　同学或朋友过去一年各类伤害或侵害事件发生比例（农村）

	N	最小值	最大值	平均数（比例）	标准差
B8 - 1 在家中被意外伤害（如跌伤、碰伤、烧伤等）	1910	0	1	0.218	0.413
B8 - 2 在外面被意外伤害（如跌伤、碰伤、烧伤、落水等）	1911	0	1	0.208	0.406
B8 - 3 因为交通事故而受到伤害	1912	0	1	0.112	0.315
B8 - 4 在家中被家长打	1911	0	1	0.067	0.250

续表

	N	最小值	最大值	平均数 （比例）	标准差
B8 – 5 在学校被其他同学打	1912	0	1	0.128	0.334
B8 – 6 在学校被老师打	1912	0	1	0.043	0.203
B8 – 7 在家庭或学校外面被人打伤	1912	0	1	0.071	0.257
B8 – 8 被人欺骗过	1912	0	1	0.096	0.294
B8 – 9 被凌辱过或被歧视过	1912	0	1	0.037	0.189
B8 – 10 被遗弃过	1912	0	1	0.009	0.097
B8 – 11 被拐卖过	1912	0	1	0.006	0.079
B8 – 12 其他	1912	0	1	0.135	0.118
B8 – 13 不知道	1913	0	1	0.496	0.500

第三节 本章小结

一 本章结论

第一，儿童的越轨行为总的来说是比较高的，占比为 22.02%，而越轨行为最多的是打架斗殴行为，占比为 7.94%；第二位是整夜不归宿行为，占比为 6.73%；第三位是不满 16 周岁但脱离监护人单独居住，占比为 4.23%。

第二，从城乡比较来看，过去一年越轨行为发生率总体上是农村高于城市。过去一年没有发生越轨行为的比例是城市高于农村，多数类型的越轨行为是城市高于农村，只有故意毁坏财物行为、打架斗殴行为、多种原因辍学、其他行为和不满 16 周岁但脱离监护人单独居住这五个方面的比例是农村多于城市。显然，城市儿童与农村儿童的问题严重性是不一样的。

第三，严重的越轨行为如吸毒是城市高于农村。不分城乡，儿童承认自己有吸毒的是 0.32%；而儿童知道的同学或朋友在过去一年越轨行为发生情况中，吸毒行为（占比为1.91%）高于儿童自己承认的行为；从城乡比较来看，同样是城市高于农村。虽然吸毒行为排名靠后，绝对比例并不是很大，但相对比较，这个数字还是很高的，即在100位儿童中过去一年约2位儿童有吸毒行为。

第四，从城乡比较来看，学生赌博、学生以大欺小或者强迫学生给钱给物、老师体罚学生这类学校发生的越轨行为或者伤害儿童行为是农村比城市多，而学生之间打架、学生吸毒、学生中结帮派或欺负其他同学、老师打学生、其他违法或危机行为这类学校越轨行为则是城市多于农村。

第五，儿童受伤害情况还非常严重。笔者以过去一年儿童受伤害情况来进行调查，调查发现，在过去一年中，有62.22%的儿童受到过伤害。这个比例是比较高的，远超过一半的儿童比例。这些伤害是哪些类型呢？排在第一位的是在家中被意外伤害（如跌伤、碰伤、烧伤等），占比为51.56%；第二位是在外面被意外伤害（如跌伤、碰伤、烧伤、落水等），占比为41.14%；第三位是被人欺骗过，占比为22.58%。这些研究结论与已有研究结论也是一致的（钟节鸣等，2003；张佩斌等，2004；段蕾蕾等，2007）。相关研究表明，跌落是儿童意外伤害最常发生的类型，是儿童伤害的第一大原因（钟节鸣等，2003；张佩斌等，2004；段蕾蕾等，2007）。

第七，从城乡比较来看，在过去一年中，儿童表示自己受到过伤害或侵害的城市和农村儿童分别占比为32.05%和39.79%，农村高于城市。同学或朋友在过去一年是否受到过伤害或侵害的情况，选择不知道的儿童数量是城市（53.50%）高于农村（49.60%），说明整体情况城市好于农村，农村儿童受到过更多的伤害。

第八，当儿童受到伤害，寻求帮助与解决的途径、方法多是个人的资源（如亲属、邻居），儿童很难考虑到寻求公共资源的支持。儿童能够选择的公共资源可以寻求帮助的主要是公安机关，而其他组织共青团、妇女儿童工作委员会、关心下一代工作委员会、公益社会组织等很少提及。这也说明我们这些部门提供的公共服务还不够，还没有给儿童留下深刻认知，儿童就不可能形成这些选择决定，导致儿童首先选择的是寻求非公共资源去解决问题。

二 本章讨论

第一，儿童还没有形成正确的世界观和价值观，有必要加强对儿童的家庭教育，提高社会公众对儿童家庭教育重要性的认识。家长始终是儿童保护的第一责任人，始终是儿童最好的老师。在2015年春节团拜会上，习近平总书记强调，要重视家庭建设，注重家庭、注重家教、注重家风……这为解决新时代家庭家教家风领域内出现的问题提供了正确思路和重要遵循。习近平总书记指出："孩子们从牙牙学语起就开始接受家教，有什么样的家教，就有什么样的人。"儿童越轨行为的产生与家庭教育、与父母是密切相关的。家长与儿童之间的亲子互动越多，可以增强儿童自身对安全观念和社会规范的认识，进而可能影响儿童对社会外在伤害的判断和降低伤害行为的发生（Costa et al.，2005；Evans et al.，2013）。瑞士教育家裴斯泰洛齐认为教育是父母的神圣职责，家长一方面能在一定程度上控制孩子的成长环境，排除不适当的影响，另一方面能充分地利用特定环境所提供的那种能激发孩子爱和活动的动力。父母对儿童认知和道德方面的影响是最有效的（裴斯泰洛齐，2001）。家庭生活是最好的教育方式，家庭生活涉及方方面面的事物，蕴含着儿童教育的所有基本要素。家庭生活会涉及一定的体力劳动，这种体力劳动不同于学校的体育锻炼，学校的体育锻炼是学生必须完成的任务，但是家庭劳动对儿童而言更多的是自己能力的证明。儿童能够在快乐的家庭活动中锻炼自己的身体（裴斯泰洛齐，2001）。因此，加强父母亲对儿童的家庭教育，有助于将儿童培养成为社会合格成员，可以减少儿童越轨行为的产生。

第二，从调查获得的数据可知，儿童受伤害存在家庭内外环境的差异。为儿童创造一个良好的生活环境是非常重要的。儿童保护应该建立以社区为基础的综合儿童保护机制（周烨、张春娜，2006），因此，为儿童创建安全的家庭环境和友好的社区环境就非常重要。儿童友好社区是指在社区建设和治理中以联合国《儿童权利公约》为指导，坚持儿童优先、儿童利益最大化、无歧视及儿童参与原则，在充分倾听儿童对社区建设意见的基础上，从制度友好、空间友好、服务友好、文化友好入手，制定和实施关爱保护儿童的战略，把社区建设成为安全、包容、充分响应儿童需求、适合儿童居住的地方。简单地说，儿童友好社区就是尊重、善待和关爱儿童的社区。儿童的身心特点使他们相较于成年人更容易受到贫困、疾病、歧视、伤害、恶劣环境等不良因素的影响。社区（城市）建设中若不自觉融入儿童视角，不吸收儿童参与、不主动倾听儿童声音，就很难从根本上改善儿童的生活环境。

第三，在社会层面上，动员社会力量参与儿童保护事业，提高社会公众保护儿童的积极性，广泛开展多样化儿童保护教育，弥补儿童保护教育的不足。做好儿童权益的保护工作仅仅靠国家和政府是远远不够的，还必须充分调动社会各方面的力量，充分挖掘社会潜能，加强动员儿童保护机构组织力量进入儿童保护领域，探索社会各方合作保护儿童的模式；儿童保护应该建立儿童安全保护的政府—社会联动机制（褚松燕，2011；刘文等，2013）；协调整合公、检、法、司、民政等部门，同时特别强调整合民间机构及非营利专业服务机构的功能，发挥其及时性、个性化、专业化服务的优势，共同介入（赵芳等，2018）。

从调查数据来看，目前我国儿童成长过程中，儿童保护组织或工作者对于儿童所开展的活动和工作是不够的，儿童保护组织和工作者工作的渗透度还不够，他们的工作还缺乏主动性和自觉性，工作内容还没有得到儿童的认可。因此，提高儿童保护组织和工作者从事儿童保护工作的参与程度就成为一项重要措施。首先，社会公众要提高对儿童保护重要性的认识，普及儿童保护的相关知识，让社会组织广泛宣传儿童保护的重要性和儿童保护的知识。其次，动员社会组织与政府相关部门联合采取行动保护儿童。例如，儿童保护组织可以联合公安机关走进校园，为儿童灌输防拐、防骗等安全知识，联合交警部门为儿童开展马路安全知识学习的活动，联合消防部门为儿童开展防火应急安全知识教育等类似的安全教育活动。

　　所以，社会中各种儿童保护组织应该明确自我职责和目标，做好对学校教育和家庭教育的监督工作，配合学校教育和家庭教育在儿童保护方面的相关工作，在学校和家庭的儿童保护教育工作中起到弥补作用。

第六章　监护人对儿童伤害的
描述性分析

本章针对问卷调查所获得的监护人对儿童伤害状况的数据进行分析，包括监护人对儿童的虐待行为与原因、监护人侵犯儿童权利的行为、监护人的越轨行为及其城乡差异等。

第一节　监护人对儿童的虐待行为、
原因及其城乡差异

一　监护人对儿童的虐待行为

令我们感到欣慰的是，有91.32%的儿童都认为父母亲或其他监护人没有对他们有虐待行为，但仍然有不到10%的儿童认为父母亲或其他监护人对他们有虐待行为（表6-1），其中，排在第一位的是强迫劳动，占比为4.66%；第二位是家庭暴力，占比为3.02%；第三位是不让进家门，占比为1.32%；第四位是其他行为，占比为1.17%。这个比例应该说是比较高的，等于每十个儿童就有一个可能受到监护人的虐待，此问题必须引起全社会高度重视。传统认知中的"不打不成器"观念仍然在一些监护人中发挥作用。

表 6 - 1 父母亲或其他监护人虐待行为的发生比例

	N	最小值	最大值	平均数（比例）	标准差
B9 - 1 家庭暴力	3411	0	1	0.0302	0.171
B9 - 2 强迫劳动	3411	0	1	0.0466	0.211
B9 - 3 不让吃饭	3411	0	1	0.0088	0.093
B9 - 4 不让进家门	3411	0	1	0.0132	0.114
B9 - 5 其他	3411	0	1	0.0117	0.108
B9 - 6 以上行为都没有	3412	0	1	0.9132	0.282

二 监护人对儿童的虐待行为的城乡差异

关于监护人对儿童的虐待行为，调查数据显示（表 6 - 2、表 6 - 3），无论在城市地区还是农村地区都有超过 90% 的儿童认为父母亲或其他监护人对他们没有虐待行为，但仍然有不到 10% 的儿童认为父母亲或其他监护人对他们有虐待行为。在城市地区，排在第一位的是强迫劳动，占比为 3.00%；第二位是家庭暴力，占比为 1.80%；第三位是其他行为，占比为 1.00%；第四位是不让进家门，占比为 0.70%；第五位是不让吃饭，占比为 0.40%。在农村地区，排在第一位的是强迫劳动，占比为 5.30%；第二位是家庭暴力，占比为 3.50%；第三位是不让进家门和其他行为，占比是 1.30%；第四位是不让吃饭，占比为 0.90%。

从城乡比较来看，儿童认为父母亲或其他监护人对他们没有虐待行为城市（94.30%）高于农村（90.10%），而且全部虐待行为都是农村高于城市，也再次说明农村家庭中的伤害儿童的行为是高于城市的，说明农村监护人保护儿童责任意识亟待提高。

表 6-2　父母亲或其他监护人的虐待行为发生比例（城市）

	N	最小值	最大值	平均数（比例）	标准差
B9-1 家庭暴力	1006	0	1	0.018	0.133
B9-2 强迫劳动	1006	0	1	0.030	0.170
B9-3 不让吃饭	1006	0	1	0.004	0.063
B9-4 不让进家门	1006	0	1	0.007	0.083
B9-5 其他	1006	0	1	0.010	0.099
B9-6 以上行为都没有	1006	0	1	0.943	0.231

表 6-3　父母亲或其他监护人的虐待行为发生比例（农村）

	N	最小值	最大值	平均数（比例）	标准差
B9-1 家庭暴力	1931	0	1	0.035	0.184
B9-2 强迫劳动	1931	0	1	0.053	0.225
B9-3 不让吃饭	1931	0	1	0.009	0.093
B9-4 不让进家门	1931	0	1	0.013	0.113
B9-5 其他	1931	0	1	0.013	0.115
B9-6 以上行为都没有	1931	0	1	0.901	0.299

三　监护人打骂孩子的原因

我们想知道是什么因素影响监护人对孩子的打骂行为，调查数据显示，孩子被监护人打骂的第一原因，62.22%的孩子选择了首先是因为学习方面的问题；其次是因为做了错事，占比为30.65%；再次是家务劳动方面的问题，占比为3.04%。详见图6-1。

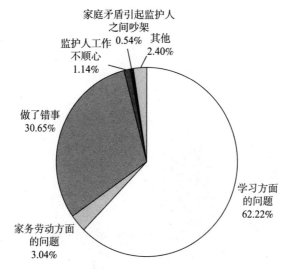

图6-1 被监护人打骂的第一原因（N = 2795）

孩子被监护人打骂的第二原因，有49.12%的孩子首先选择做了错事；其次是家务劳动方面的问题，占比为28.23%；再次是学习方面的问题，占比为15.48%。详见图6-2。

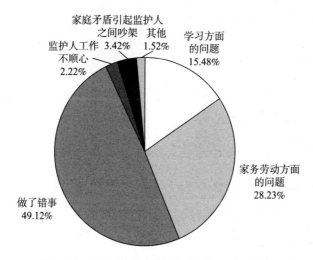

图6-2 被监护人打骂的第二原因（N = 2164）

孩子被监护人打骂的第三位原因，有41.23%的孩子首先选择做了错事；其次是家务劳动方面的问题，占比为 25.92%；再次是家庭矛盾引起监护人之间吵架的问题，占比为 10.61%。详见图 6 - 3。

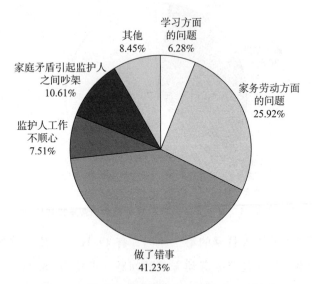

图 6 - 3　被监护人打骂的第三原因　($N=1385$)

从监护人打骂孩子的原因来看，主要是孩子学习方面的问题和做了错事。确实是事出有因，但这种处理方式不利于孩子的成长，还停留在简单、粗暴的方式上。这需要改变监护人的认知，改变他们的行为模式，正确认知儿童的权利、教育儿童的方式以及监护人的职责。

四　监护人打骂孩子原因的城乡差异

究竟是什么因素影响监护人对孩子的打骂行为呢？调查数据显示（表 6 - 4），在城市地区，孩子被监护人打骂的第一原因，首先是学习方面的问题，占比为 63.09%；其次是做了错事，占比为 31.79%；再次是其他问题，占比为 1.95%。在农村地区，孩子被监护人打骂的第一原因，首先是学习方面的问题，占比为 61.48%；其次是做了错事，占比为 30.09%；再次是家务劳动方面的问题，占比为 3.69%。

从城乡比较来看，被监护人打骂的第一原因，源于学习方面的问题、做了错事、监护人工作不顺心的原因城市多于农村，源于家务劳动方面的问题、家庭矛盾引起监护人之间吵架以及其他原因的是农村多于城市，这也进一步说明农村家庭监护人素质亟待提高。

表6-4　被监护人打骂的第一原因

单位：%

	城市	农村	总样本
学习方面的问题	63.09	61.48	62.02
家务劳动方面的问题	1.71	3.69	3.03
做了错事	31.79	30.09	30.66
监护人工作不顺心	1.22	1.17	1.19
家庭矛盾引起监护人之间吵架	0.24	0.62	0.49
其他	1.95	2.95	2.62

表6-5 显示，在城市地区，孩子被监护人打骂的第二原因，首先是做了错事，占比为 56.42%；其次是家庭劳务方面的问题，占比为 22.82%；再次是学习方面的问题，占比为 15.85%。在农村地区，孩子被监护人打骂的第二原因，首先是做了错事，占比为 45.53%；其次是家庭劳务方面的问题，占比为 31.83%；再次是学习方面的问题，占比为 14.57%。

表6-5　被监护人打骂的第二原因

单位：%

	城市	农村	总样本
学习方面的问题	15.85	14.57	14.99
家务劳动方面的问题	22.82	31.83	28.83
做了错事	56.42	45.53	49.16
监护人工作不顺心	0.79	2.69	2.06

续表

	城市	农村	总样本
家庭矛盾引起监护人之间吵架	2.54	4.04	3.54
其他	1.58	1.35	1.43

表6-6显示，在城市地区，孩子被监护人打骂的第三原因，首先是做了错事，占比为33.70%；其次是家务劳动方面的问题，占比为27.17%；再次是家庭矛盾引起监护人之间的吵架以及其他问题，占比是11.14%。在农村地区，孩子被监护人打骂的第三原因，首先是做了错事，占比为44.55%；其次是家务劳动方面的问题，占比为25.09%；再次是家庭矛盾引起监护人之间的吵架，占比为10.90%。

表6-6 被监护人打骂的第三原因

单位：%

	城市	农村	总样本
学习方面的问题	7.61	5.98	6.475
家务劳动方面的问题	27.17	25.09	25.72
做了错事	33.70	44.55	41.28
监护人工作不顺心	9.24	6.21	7.13
家庭矛盾引起监护人之间吵架	11.14	10.90	10.97
其他	11.14	7.27	8.44

第二节 监护人侵犯儿童权利的行为及其城乡差异

一 监护人侵犯儿童隐私的行为

儿童与成人一样享有隐私被保护权，在此方面的现实状况如何呢？调查发现（表6-7），儿童被侵犯隐私的现象很严重，排在第一位的是翻查儿童的书包，占比为39.08%；第二位是其他行为，占比为29.87%；第三位是查看儿童的QQ或者微信，占比为28.55%；第四位是翻看儿童的信件、日记，占比为15.32%；第五位是偷听儿童的电话或与朋友的谈话，占比为9.72%；第六位是跟踪儿童，占比为3.83%。很多监护人始终没有把儿童当成正常人对待，认为孩子就是监护人自己的私有财产，任由他们处置，不需要关心孩子的权利和各种心理需要，正是这样的认知导致监护人经常侵犯儿童的隐私。

表6-7　监护人各类侵犯隐私行为发生比例

	N	最小值	最大值	平均数（比例）	标准差
B11-1 翻看你的信件、日记	2951	0	1	0.1532	0.360
B11-2 查看你的QQ或微信	2953	0	1	0.2855	0.452
B11-3 翻查你的书包	2953	0	1	0.3908	0.488
B11-4 跟踪你	2953	0	1	0.0383	0.192
B11-5 偷听你的电话或与朋友的谈话	2953	0	1	0.0972	0.296
B11-6 其他	2953	0	1	0.2987	0.458

二　监护人侵犯儿童隐私行为的城乡差异

儿童与成人一样享有隐私被保护权，在此方面的现实状况如何呢？调查发现（表6-8），在城市地区，排在第一位的是翻查儿童的书包，占比为37.40%；第二位是其他行为，占比为34.90%；第三位是查看儿童的QQ或者微信，占比为33.40%；第四位是翻看儿童的信件、日记，占比为15.50%；第五位是偷听儿童的电话或与朋友的谈话，占比为12.10%；第六位是跟踪儿童，占比为4.40%。在农村地区（表6-9），排在第一位的是

翻查儿童的书包，占比为 38.80%；第二位是其他行为，占比为 27.80%；第三位是查看儿童的 QQ 或者微信，占比为 26.00%；第四位是翻看儿童的信件、日记，占比为 15.20%；第五位是偷听儿童的电话或与朋友的谈话，占比为 8.40%；第六位是跟踪儿童，占比为 3.40%。

从城乡比较来看，只有翻查儿童的书包的比例农村（38.80%）高于城市（37.40%），其他各类监护人侵犯儿童的隐私行为都是城市高于农村。这说明城市家庭监护人也不懂得尊重孩子的隐私权利。

表 6-8　监护人各类侵犯隐私行为发生比例（城市）

	N	最小值	最大值	平均数（比例）	标准差
B11-1 翻看你的信件、日记	860	0	1	0.155	0.362
B11-2 查看你的 QQ 或微信	862	0	1	0.334	0.472
B11-3 翻查你的书包	862	0	1	0.374	0.484
B11-4 跟踪你	862	0	1	0.044	0.205
B11-5 偷听你的电话或与朋友的谈话	862	0	1	0.121	0.326
B11-6 其他	862	0	1	0.349	0.477

表 6-9　监护人各类侵犯隐私行为发生比例（农村）

	N	最小值	最大值	平均数（比例）	标准差
B11-1 翻看你的信件、日记	1683	0	1	0.152	0.359
B11-2 查看你的 QQ 或微信	1683	0	1	0.260	0.439
B11-3 翻查你的书包	1683	0	1	0.388	0.487
B11-4 跟踪你	1683	0	1	0.034	0.182
B11-5 偷听你的电话或与朋友的谈话	1683	0	1	0.084	0.277
B11-6 其他	1683	0	1	0.278	0.448

三　监护人的"霸权"行为

家庭中监护人是什么样的行为风格会严重影响儿童的健康发展，监护人是否在家庭中有"霸权"行为？调查发现（表6-10），排在第一位的是儿童的衣服、书包都由监护人购买，占比为 60.05%；第二位是儿童的生活安排都由监护人做主，占比为 28.00%；第三位是儿童的学习都由监护人做主，占比为 15.71%；第四位是其他，占比为 15.62%；第五位是家庭中的事情从不征询儿童的意见，占比为 13.70%；第六位是从不听儿童对社会或社区相关问题的意见，占比为 6.84%。联合国《儿童权利公约》规定"儿童有参与社会生活的权利，有权对影响他们的一切事项发表自己的意见"，也就是说儿童可以对与他有关的事项表明自己的意见，这是儿童的参与权。但事实上，我们很多监护人仍然以为能够用爱的名义、"关心孩子""一切为了孩子"等借口为孩子包办一切，这无疑也是对孩子的一种伤害，而且是一种隐蔽的伤害，一种持续的、看不见的伤害。

表 6-10　监护人下列行为发生比例

	N	最小值	最大值	平均数（比例）	标准差
B12-1 家庭中的事情从不征询你的意见	3189	0	1	0.1370	0.344
B12-2 从不听你对社会或社区相关问题的意见	3189	0	1	0.0684	0.252
B12-3 你的衣服、书包都由监护人购买	3189	0	1	0.6005	0.490
B12-4 你的生活安排都由监护人做主	3189	0	1	0.2800	0.449
B12-5 你的学习都由监护人做主	3189	0	1	0.1571	0.364
B12-6 其他	3189	0	1	0.1562	0.363

四 监护人的"霸权"行为的城乡差异

所谓"霸权"行为，是指监护人不尊重儿童参与社会、生活的权利，不征询儿童的意愿，由监护人决定儿童学习和生活的行为。调查发现（表6-11），在城市地区，排在第一位的是儿童的衣服、书包都由监护人购买，占比为56.60%；第二位是儿童的生活安排都由监护人做主，占比为25.50%；第三位是其他行为，占比为21.10%；第四位是儿童的学习都由监护人做主，占比为14.70%；第五位是家庭中的事情从不征询儿童的意见，占比为11.80%；第六位是从不听儿童对社会或社区相关问题的意见，占比为6.80%。在农村地区，排在第一位的是儿童的衣服、书包都由监护人购买，占比为61.70%；第二位是儿童的生活安排都由监护人做主，占比为30.10%；第三位是儿童的学习都由监护人做主，占比为15.70%；第四位是家庭中的事情从不征询儿童的意见，占比为14.50%；第五位是其他行为，占比为13.30%；第六位是从不听儿童对社会或社区相关问题的意见，占比为6.80%。

从城乡比较来看，监护人的"霸权"行为中从不听儿童对社会或社区相关问题的意见，城市与农村占比是一样的（6.80%），其他情况城市（21.10%）高于农村（13.30%），但更多监护人的"霸权"行为是农村高于城市，这说明城市家庭比农村家庭要更加民主一些，更加尊重孩子的选择。

表6-11 监护人下列行为发生比例（城市）

	N	最小值	最大值	平均数（比例）	标准差
B12-1 家庭中的事情从不征询你的意见	907	0	1	0.118	0.323

	N	最小值	最大值	平均数（比例）	标准差
B12－2 从不听你对社会或社区相关问题的意见	907	0	1	0.068	0.252
B12－3 你的衣服、书包都由监护人购买	907	0	1	0.566	0.496
B12－4 你的生活安排都由监护人做主	907	0	1	0.255	0.436
B12－5 你的学习都由监护人做主	907	0	1	0.147	0.354
B12－6 其他	907	0	1	0.211	0.408

表 6－12　监护人下列行为发生比例（农村）

	N	最小值	最大值	平均数（比例）	标准差
B12－1 家庭中的事情从不征询你的意见	1839	0	1	0.145	0.352
B12－2 从不听你对社会或社区相关问题的意见	1839	0	1	0.068	0.252
B12－3 你的衣服、书包都由监护人购买	1839	0	1	0.617	0.486
B12－4 你的生活安排都由监护人做主	1839	0	1	0.301	0.459
B12－5 你的学习都由监护人做主	1839	0	1	0.157	0.364
B12－6 其他	1839	0	1	0.133	0.340

五　监护人对儿童的"疏忽"行为

监护人是否尽到监护责任，陪伴儿童的时间是很重要的一个指标，另一个反向的指标就是看是否对儿童足够关心，是否有"疏忽"行为发生。调查发现（表 6－13），有 42.80% 的儿童选择了其他，说明没有这些"疏忽"行为现象，但有些疏忽行为仍然还是很严重，第一位是根本看不到监护人，不知道他们在干什么，占比为 42.70%；第二位是监护人天天忙于娱乐活动（如打麻将、赌博、跳舞等），没时间与儿童说话，占比为 41.60%；排在第三位的是监护人天天忙于工作赚钱，没有时间与儿童说话，占比为 23.40%。由于我国经济增长很快，各行业工作压力都很大，导致职工经常加班，"996"现象较为普遍，这就形成监护人没有时间与孩子交流，事实上被"疏忽"了。第四位是监护人天天忙于家务（如洗衣服、买菜、煮饭等），没有时间与儿童说话，占比为 17.30%，这仍然是生活压力导致儿童被疏忽。第五位是监护人外出，经常让儿童独自在家，占比为 11.20%；第六位是儿童与监护人同时外出，常看不到监护人，占比为 2.70%。

表 6 - 13　监护人下列行为发生比例

	N	最小值	最大值	平均数（比例）	标准差
B13 - 1 监护人天天忙于工作赚钱，没有时间与我说话	2813	0	1	0.234	0.421
B13 - 2 监护人天天忙于家务（如洗衣服、买菜、煮饭等），没有时间与我说话	2813	0	1	0.173	0.379
B13 - 3 监护人天天忙于娱乐活动（如打麻将、赌博、跳舞等），没时间与我说话	2813	0	1	0.416	0.200
B13 - 4 根本看不到监护人，不知道他们在干什么	2813	0	1	0.427	0.202
B13 - 5 监护人外出，经常让我独自在家	2813	0	1	0.112	0.316

	N	最小值	最大值	平均数（比例）	标准差
B13 – 6 与监护人同时外出，常看不到监护人	2813	0	1	0.027	0.162
B13 – 7 其他	2813	0	1	0.428	0.495

六　监护人对儿童"疏忽"行为的城乡差异

调查发现（表 6 – 14、表 6 – 15），在城市与农村地区中，分别有 54.80% 和 37.00% 的儿童选择了其他，说明没有这些"疏忽"行为现象，但有些疏忽行为仍然很严重。在城市地区，排在第一位的是监护人天天忙于工作赚钱，没有时间与儿童说话，占比为 18.80%；第二位是监护人天天忙于家务（如洗衣服、买菜、煮饭等），没有时间与儿童说话，占比为 11.40%；第三位是监护人外出，经常让儿童独自在家，占比为 8.80%；第四位是监护人天天忙于娱乐活动（如打麻将、赌博、跳舞等），没时间与儿童说话，占比为 4.00%；第五位是根本看不到监护人，不知道他们在干什么，占比为 3.00%；第六位是儿童与监护人同时外出，常看不到监护人，占比为 2.50%。在农村地区，排在第一位的是监护人天天忙于工作赚钱，没有时间与儿童说话，占比为 25.10%；第二位是监护人天天忙于家务（如洗衣服、买菜、煮饭等），没有时间与儿童说话，占比为 20.60%；第三位是监护人外出，经常让儿童独自在家，占比为 12.20%；第四位是根本看不到监护人，不知道他们在干什么，占比为 4.60%；第五位是监护人天天忙于娱乐活动（如打麻将、赌博、跳舞等），没时间与儿童说话，占比为 4.30%；第六位是儿童与监护人同时外出，常看不到监护人，占比为 2.80%。

从城乡比较来看，只有选择其他行为的城市（54.80%）高

于农村（37.00%），而更多的监护人"疏忽"儿童行为是农村高于城市。这一方面说明农村监护人生活压力更大，另一方面也说明农村监护人素质还有待提高。

表6-14　监护人下列行为发生比例（城市）

	N	最小值	最大值	平均数（比例）	标准差
B13-1 监护人天天忙于工作赚钱，没有时间与我说话	810	0	1	0.188	0.391
B13-2 监护人天天忙于家务（如洗衣服、买菜、煮饭等），没有时间与我说话	810	0	1	0.114	0.317
B13-3 监护人天天忙于娱乐活动（如打麻将、赌博、跳舞等），没时间与我说话	810	0	1	0.040	0.195
B13-4 根本看不到监护人，不知道他们在干什么	810	0	1	0.030	0.170
B13-5 监护人外出，经常让我独自在家	810	0	1	0.088	0.283
B13-6 与监护人同时外出，常看不到监护人	810	0	1	0.025	0.155
B13-7 其他	810	0	1	0.548	0.498

表6-15　监护人下列行为发生比例（农村）

	N	最小值	最大值	平均数（比例）	标准差
B13-1 监护人天天忙于工作赚钱，没有时间与我说话	1625	0	1	0.251	0.434
B13-2 监护人天天忙于家务（如洗衣服、买菜、煮饭等），没有时间与我说话	1625	0	1	0.206	0.405

续表

	N	最小值	最大值	平均数（比例）	标准差
B13-3 监护人天天忙于娱乐活动（如打麻将、赌博、跳舞等），没时间与我说话	1625	0	1	0.043	0.203
B13-4 根本看不到监护人，不知道他们在干什么	1625	0	1	0.046	0.210
B13-5 监护人外出，经常让我独自在家	1625	0	1	0.122	0.328
B13-6 与监护人同时外出，常看不到监护人	1625	0	1	0.028	0.166
B13-7 其他	1625	0	1	0.37	0.483

第三节　监护人的越轨行为及其城乡差异

一　监护人的越轨行为

儿童的行为主要是从监护人那里习得的，监护人的行为是否符合社会规范对儿童影响很大，因此，笔者调查了监护人的越轨行为的情况，调查发现（表6-16），排在第一位的是说脏话，占比为55.38%；第二位是父母或其他监护人之间吵架，占比为38.67%；第三位是赌博，占比为9.65%；第四位是父母或其他监护人之间打架，占比为6.25%；第五位是其他违法行为，占比为5.50%；第六位是吸毒，占比为1.15%。监护人说脏话和吵架是比较普遍的行为，监护人的这些行为在儿童面前没有遮掩，极容易导致儿童受影响，形成不良习惯。所以，改变儿童要从改变家长开始，对家长（监护人）进行再社会化是非常有必要的。

表 6 – 16   父母或其他监护人下列行为发生比例

	N	最小值	最大值	平均数（比例）	标准差
B14 – 1 说脏话	1999	0	1	0.5538	0.497
B14 – 2 父母或其他监护人之间打架	1999	0	1	0.0625	0.242
B14 – 3 父母或其他监护人之间吵架	1999	0	1	0.3867	0.487
B14 – 4 赌博	1999	0	1	0.0965	0.295
B14 – 5 吸毒	1999	0	1	0.0115	0.107
B14 – 6 其他违法行为	1999	0	1	0.0550	0.228

二　监护人越轨行为的城乡差异

关于监护人的越轨行为的情况，调查发现，在城市地区（见表 6 – 17），排在第一位的是说脏话，占比为 48.70%；第二位是父母或其他监护人之间吵架，占比为 45.20%；第三位是赌博，占比为 8.20%；第四位是其他违法行为，占比为 5.70%；第五位是父母或其他监护人之间打架，占比为 4.70%；第六位是吸毒，占比为 0.80%。在农村地区（见表 6 – 18），排在第一位的仍然是说脏话，占比为 57.20%；第二位是父母或其他监护人之间吵架，占比为 37.10%；第三位是赌博，占比为 10.20%；第四位是父母或其他监护人之间打架，占比为 7.20%；第五位是其他违法行为，占比为 5.70%；第六位是吸毒，占比为 1.10%。

从城乡比较来看，"父母或其他监护人之间吵架"城市（45.20%）高于农村（37.10%），其他违法行为城乡一致（5.70%），而其余各项都是农村高于城市，这再次说明农村监护人素质亟待提高。

表6－17　父母或其他监护人越轨行为发生比例（城市）

	N	最小值	最大值	平均数（比例）	标准差
B14－1 说脏话	511	0	1	0.487	0.500
B14－2 父母或其他监护人之间打架	511	0	1	0.047	0.212
B14－3 父母或其他监护人之间吵架	511	0	1	0.452	0.498
B14－4 赌博	511	0	1	0.082	0.275
B14－5 吸毒	511	0	1	0.008	0.088
B14－6 其他违法行为	511	0	1	0.057	0.232

表6－18　父母或其他监护人越轨行为发生比例（农村）

	N	最小值	最大值	平均数（比例）	标准差
B14－1 说脏话	1184	0	1	0.572	0.495
B14－2 父母或其他监护人之间打架	1184	0	1	0.072	0.258
B14－3 父母或其他监护人之间吵架	1184	0	1	0.371	0.483
B14－4 赌博	1184	0	1	0.102	0.303
B14－5 吸毒	1184	0	1	0.011	0.104
B14－6 其他违法行为	1184	0	1	0.057	0.231

第四节　本章小结

一　本章结论

第一，监护人虐待儿童行为还依然值得关注，而且监护人虐待儿童行为在农村发生的比例远远高于城市。虽然令我们感到欣慰的是有91.32%的儿童都认为父母亲或其他监护人对他们没有虐待行为，但仍然有不足10%的儿童认为父母亲或其他监护人对他们有虐待行为，其中，排在第一位的是强迫劳动，占比为4.66%；第二位是家庭暴力，占比为3.02%；第三位是不让进家门，占比为1.32%。因为是在家庭中发生的，有很多隐秘性，一般情况下很难让人知道。按照传统习惯，家丑不可外扬，这个数字只会更高，不会更低，说明我们不少监护人还缺乏儿童保护意识，尤其缺乏儿童权利意识，不知道尊重儿童，不知道儿童有受保护权、生存权、发展权与参与权，或者根本就没有儿童权利的意识，笔者认为这是最可怕的事情。有些监护人完全处于"无知无畏"状态，有这样的监护人，儿童受到伤害也就可想而知了。

第二，监护人侵犯儿童隐私的行为还非常严重。儿童与成人一样享有隐私被保护权，关于这方面的问题，笔者调查发现，儿童隐私被侵犯的现象很严重，多数监护人不尊重儿童的隐私权，随意侵犯儿童隐私。排在第一位的是翻查儿童的书包，占比为39.08%；第二位是其他行为，占比为29.87%；第三位是翻看儿童的QQ或者微信，占比为28.55%；第四位是翻看儿童的信件、日记，占比为15.32%。

第三，从城乡比较来看，城市家庭比农村家庭更加尊重孩子的选择。监护人的"霸权"行为中"从不听儿童对社会或社区相关问题的意见"，城市与农村占比是一样的（6.80%），其他情况则是城市（21.10%）高于农村（13.30%），但更多监护人的"霸权"行为是农村高于城市。

第四，监护人对儿童的"疏忽"行为还很严重，调查发现，只有42.80%的儿童选择了没有这些"疏忽"行为现象，也就是有57.20%的儿童是存在被"疏忽"的行为现象的。从城乡比较来看，监护人"疏忽"儿童行为是农村高于城市的。

二　本章讨论

第一，转变监护人的认知，教育监护人尊重儿童、保护儿童是首要问题。在家本位的文化背景中，儿童保护的责任自然由家庭来承担，家庭是儿童福利的唯一承担者，国家在儿童救助保护中只扮演剩余性和最后出场者角色，其他机构、邻里不被允许也不能干预他人的家庭事务（赵芳等，2018）。尊重隐私这是文明的标志，也是法治社会必然的结果。要减少监护人侵犯儿童隐私的行为，首先要做的是提高全民素质和法治意识，让公民都能够尊法守法，让公民知道尊重他人包括尊重儿童隐私是一种文明的行为、是社会的进步。因此，政府有必要通过相应的措施，提高公众对儿童保护重要性的认识，增加公众对儿童权益、儿童保护知识的积累，让全社会来关心儿童、保护儿童。

第二，在家庭层面，提高监护人的监护职责意识和保护儿童的意识，促进监护人对儿童保护知识的掌握，进一步防范儿童受到伤害。在所有儿童保护政策中，全世界有基本的共识，即原生家庭是儿童成长的首选，在儿童保护过程中恢复原生家庭功能也是首选。儿童保护政策实施的真正目的不是要将儿童带离家庭，而是希望其在健康的家庭中获得健康的成长（赵芳等，2018）。从我们的调查数据可以看出，监护人的儿童保护意识还不是很强，尤其缺乏儿童权利意识，缺乏儿童安全应急知识，有必要对监护人加强这方面的培训与教育。不论从预防的视角，还是从干预和发展的视角，我们都希望在儿童保护过程中全社会能一起参与，政府和社会能更好地支持家庭，帮助家庭恢复功能（赵芳等，2018）。

2020 年修订通过的《中华人民共和国未成年人保护法》《中华人民共和国预防未成年人犯罪法》已经具体列举了监护人的具体职责，包括：为未成年人提供衣食住行、医疗保健等方面的生活照顾；关注未成年人的生理、心理状况和情感需求；妥善管理未成年人的财产等。草案还具体列举了监护人的禁止性行为，包括虐待、遗弃未成年人或者对未成年人实施家庭暴力等人身伤

害，放任未成年人过度使用电子产品或者沉迷网络，放任未成年人接触违法或者可能影响其身心健康的网络信息、音像制品、电子出版物和读物等。

第三，大力宣传社会主义核心价值观、儿童保护观。社会主义核心价值观充分体现了儿童保护观，自由、平等、公正和法治是社会主义核心价值观在社会层面做出的要求。这些理念都是人类文明发展的成果，更是考验一个社会文明程度的试金石。自由、平等是一个人、一个国家、一种文明所追求的最高价值状态，以人为本的核心也是最终要实现人的全面自由和平等。自由和平等适用于每个个体，包括儿童。由于成人有更多的能力来实现和维护自身自由和平等的权利，而儿童作为弱势群体，要实现自由和平等的权利更多的要依靠成人对其的保护。在一个不遵从自由和平等的环境下，儿童自然无法成为需要保护的角色，如何保护，保护到什么程度则依赖于公正和法治这两个观念的支持。公正和法治是实现儿童保护观拥有完善制度基础的重要条件（颜湘颖，2013）。只有具备公正和法治，才能避免过多的人为因素的干扰，并在此基础上建立起落实儿童保护观的制度和监督体系，缺少这些，儿童保护观只能停留在意识层面，无法真正落到实处。

第七章 儿童的社会支持及自我保护认知的描述性分析

本章针对问卷调查所获得的儿童社会支持情况、儿童自我保护认知的数据进行分析，包括城乡差异的分析。

第一节 儿童的社会支持情况及其城乡差异

一 与儿童沟通最多的人

当问到"与你沟通比较多的人，请指出排名前三的"，调查发现，排第一位的，有36.98%选择了母亲，有28.81%选择了父亲，还有17.06%选择了同学朋友，有8.10%选择了爷爷奶奶，见图7-1；排第二位的，仍然是有34.88%选择母亲，有22.41%选择了父亲，有13.57%选择了同学朋友，有10.48%选择了兄弟姐妹，有9.97%选择了爷爷奶奶，见图7-2；排第三位的，有22.80%选择了同学朋友，有20.50%选择了兄弟姐妹，有16.13%选择了爷爷奶奶，见图7-3。综合前三个选择，儿童最信任的人，容易沟通的人依次是母亲、父亲、同学朋友、爷爷奶奶、兄弟姐妹。母亲在家中时间要多一些，而父亲多在外忙工作赚钱，故孩子与母亲交往、沟通多一些，这是很自然的事情，但爷爷奶奶排在了同学朋友后面，说明朋辈群体之间的沟通变得重要了，这也说明代沟始终是存在的，尤其在第一代与第三代之间就更加明显。

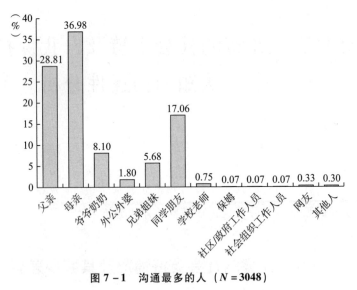

图 7 - 1　沟通最多的人（$N = 3048$）

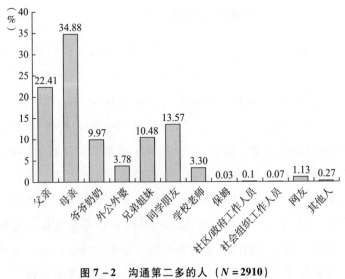

图 7 - 2　沟通第二多的人（$N = 2910$）

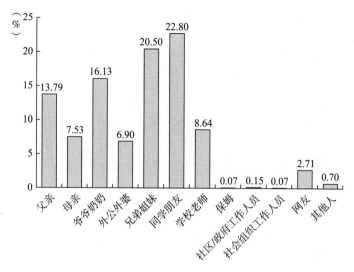

图 7 - 3　沟通第三多的人（N = 2697）

　　笔者又询问了"当你遇到烦恼时，一般向谁诉说？"这样的问题，请儿童们指出排名前三的，调查发现，排第一位的，有30.16%选择了母亲，29.84%选择了同学朋友，20.56%选择了父亲，8.19%选择了兄弟姐妹，见图 7 - 4；排第二位的，仍然有30.81%选择了母亲，18.62%选择了父亲，18.13%选择了同学朋友，14.60%选择了兄弟姐妹，7.98%选择了爷爷奶奶，见图 7 - 5；排第三位的，有23.11%选择了同学朋友，17.74%选择了兄弟姐妹，13.66%选择了爷爷奶奶等，12.93%选择了父亲，12.37%选择了母亲，见图 7 - 6。综合前三个选择，儿童当遇到烦恼时，最愿意沟通的人依次是母亲、同学朋友、父亲、兄弟姐妹、爷爷奶奶。同学朋友相互之间诉说烦恼更为重要了，朋辈群体之间在沟通中的地位又上升了。这也说明有些父亲没有获得子女的认可，没有与子女建立起融洽的信任关系。这需要我们做父亲的好好反思，作为父亲如何扮演好自己的角色，更好地与孩子相处，得到孩子的信任。

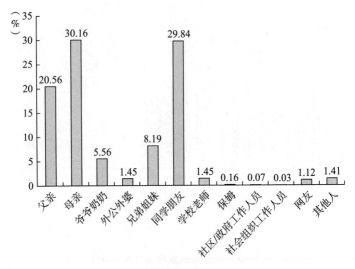

图 7 - 4　诉说烦恼时沟通最多的人（*N* = 3040）

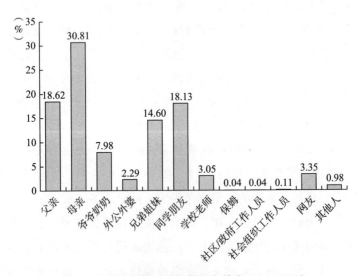

图 7 - 5　诉说烦恼时沟通第二多的人（*N* = 2658）

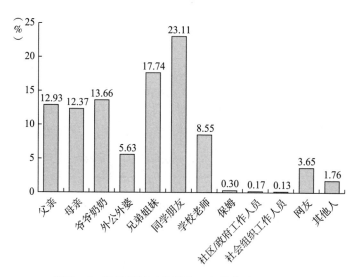

图7-6　诉说烦恼时沟通第三多的人（N = 2328）

二　与儿童沟通最多的人的城乡差异

当问到"与你沟通比较多的人，请指出排名前三的"，调查发现（表7-1），在城市地区，排第一位的，有41.97%选择了母亲，26.80%选择了父亲，20.60%选择了同学朋友，4.10%选择了爷爷奶奶。在农村地区，排第一位的，有33.94%选择了母亲，29.34%选择了父亲，16.15%选择了同学朋友，10.22%选择了爷爷奶奶。

从城乡比较来看，与农村儿童沟通最多的依次是母亲、父亲、同学朋友、爷爷奶奶、兄弟姐妹、外公外婆等，与城市儿童沟通最多的人是母亲、父亲、同学朋友等，这说明农村儿童受到父母外出打工的影响，选择与爷爷奶奶或者外公外婆沟通的较多，城乡二元结构对于儿童的沟通也是有影响的。

表7-1　沟通最多的人

单位：%

	城市	农村	总样本
父亲	26.80	29.34	28.53

	城市	农村	总样本
母亲	41.97	33.94	36.65
爷爷奶奶	4.10	10.22	8.15
外公外婆	1.00	2.15	1.76
兄弟姐妹	3.99	6.72	5.80
同学朋友	20.60	16.15	17.65
学校老师	0.66	0.73	0.91
保姆	0.00	0.06	0.04
社区/政府工作人员	0.22	0.00	0.07
社会组织工作人员	0.22	0.00	0.07
网友	0.11	0.34	0.26
其他人	0.33	0.28	0.30

调查发现（表7-2），在城市地区，沟通第二多的人中，有34.26%选择了母亲，有28.13%选择了父亲，还有14.12%选择了同学朋友，有7.75%选择了爷爷奶奶。在农村地区，排第一的，有35.41%选择了母亲，有18.92%选择了父亲，还有13.29%选择了同学朋友，有12.57%选择了兄弟姐妹。

表7-2　沟通第二多的人

单位：%

	城市	农村	总样本
父亲	28.13	18.92	22.04
母亲	34.26	35.41	35.02
爷爷奶奶	7.75	10.97	9.88
外公外婆	4.17	3.68	3.84
兄弟姐妹	7.06	12.57	10.71
同学朋友	14.12	13.29	13.57
学校老师	2.89	3.74	3.45

续表

	城市	农村	总样本
保姆	0.12	0.00	0.04
社区/政府工作人员	0.12	0.06	0.08
社会组织工作人员	0.00	0.06	0.04
网友	0.93	1.13	1.06
其他人	0.46	0.18	0.27

调查发现（表7-3），在城市地区，沟通第三多的人中，排第一的，有25.80%选择了同学朋友，有16.67%选择了兄弟姐妹，还有14.81%选择了爷爷奶奶，有14.20%选择了父亲。在农村地区，排第一的，有22.64%选择了兄弟姐妹，有21.09%选择了同学朋友，还有16.21%选择了爷爷奶奶，有13.89%选择了父亲。

表7-3　沟通第三多的人

单位：%

	城市	农村	总样本
父亲	14.20	13.89	14.00
母亲	6.91	7.85	7.53
爷爷奶奶	14.81	16.21	15.73
外公外婆	8.15	6.05	6.77
兄弟姐妹	16.67	22.64	20.59
同学朋友	25.80	21.09	22.71
学校老师	9.26	8.55	8.79
保姆	0.00	0.13	0.08
社区/政府工作人员	0.12	0.19	0.17
社会组织工作人员	0.12	0.06	0.08
网友	3.21	2.70	2.88
其他人	0.74	0.64	0.68

笔者询问了"当你遇到烦恼时，一般向谁诉说?"这一问题，笔者请儿童们指出排名前三的诉说对象。关于沟通最多的人，表7-4显示，在城市地区，有35.30%选择了母亲、有31.29%选择了同学朋友，有19.60%选择了父亲，有6.46%选择了兄弟姐妹；在农村地区，有29.73%选择了同学朋友，有27.63%选择了母亲，有20.33%选择了父亲，有9.17%选择了兄弟姐妹。关于沟通第二多的人（见表7-5），在城市地区，有32.45%选择了母亲，有23.74%选择了父亲，有18.69%选择了同学朋友，有10.86%选择了兄弟姐妹；在农村地区，有29.27%选择了母亲，有18.64%选择了同学朋友，有16.69%选择了兄弟姐妹，有15.45%选择了父亲。关于沟通第三多的人，表7-6显示，在城市地区，有24.36%选择了同学朋友，有16.01%选择了父亲，有12.75%选择了爷爷奶奶，有10.76%选择了母亲；在农村地区，有22.33%选择了同学朋友，有13.61%选择了爷爷奶奶，有12.93%选择了母亲，有11.73%选择了父亲。

从城乡比较来看，城市排名前三的依次是母亲、同学朋友、父亲，农村排名前三的依次是同学朋友、母亲、父亲。城市中母亲教育孩子的角色更加突出，赢得了孩子的信任；农村中更信任朋辈关系，父亲或母亲的信任度明显弱化。

表 7-4 诉说烦恼时沟通最多的人

单位：%

	城市	农村	总样本
父亲	19.60	20.33	20.08
母亲	35.30	27.63	30.22
爷爷奶奶	3.67	6.57	5.59
外公外婆	1.00	1.59	1.39
兄弟姐妹	6.46	9.17	8.26
同学朋友	31.29	29.73	30.26

续表

	城市	农村	总样本
学校老师	0.56	1.98	1.50
保姆	0.00	0.23	0.15
社区/政府工作人员	0.11	0.06	0.08
社会组织工作人员	0.11	0.00	0.04
网友	0.67	1.42	1.16
其他人	1.22	1.30	1.28

表 7 - 5　诉说烦恼时沟通第二多的人

单位：%

	城市	农村	总样本
父亲	23.74	15.45	18.27
母亲	32.45	29.27	30.35
爷爷奶奶	6.19	8.54	7.74
外公外婆	2.40	2.35	2.36
兄弟姐妹	10.86	16.69	14.70
同学朋友	18.69	18.64	18.66
学校老师	1.89	4.11	3.35
保姆	0.13	0.00	0.04
社区/政府工作人员	0.13	1.00	0.04
社会组织工作人员	0.00	0.13	0.09
网友	2.27	3.98	3.40
其他人	1.26	0.85	0.99

表 7 - 6　诉说烦恼时沟通第三多的人

单位：%

	城市	农村	总样本
父亲	16.01	11.73	13.21

	城市	农村	总样本
母亲	10.76	12.93	12.18
爷爷奶奶	12.75	13.61	13.31
外公外婆	6.94	5.04	5.70
兄弟姐妹	15.44	18.50	17.44
同学朋友	24.36	22.33	23.04
学校老师	7.65	9.32	8.74
保姆	0.28	0.38	0.34
社区/政府工作人员	0.28	0.15	0.20
社会组织工作人员	0.14	0.15	0.15
网友	3.54	4.06	3.88
其他人	1.84	1.80	1.82

三　儿童权利受损时选择的求助方式及其效果

"如果你遇到有损害儿童权利的情况，或者你需要帮助的时候，你向谁请求帮助呢？"表7-7显示，排第一位的是家长或亲属，占比为77.08%；排第二位的是同学或朋友，占比为76.68%；排第三位的是学校的老师，占比为68.60%；排第四位的是医院的医生，占比为37.86%；排第五位的是派出所警察、保安，占比为22.33%；而社会工作者、儿童服务组织工作人员、社区工作人员、媒体的编辑和记者对于儿童来说都是比较陌生的，儿童很少向他们求助；说明我们的社会工作者和公益性社会组织对儿童的影响力还不够。在过去，解放军叔叔的形象是非常光辉的，但现在已经发生了很大变化，考虑向解放军叔叔求助的仅有8.88%的儿童。遇到受侵害的事情，儿童首先想到的求助对象是其私人关系，没有首先考虑公共服务机构与相关人员，这也说明我们长期以来虽然社会发展了，但社会的公共意识还远远没有达到现代状况。无论是家长还是儿童对公共资源的利用都还不够，公共服务资源要么没有，即使有也无法解决问题。说明我们的社会仍然是传统的，还是由亲属到非亲属，正如费孝通所说："以'己'为中心，像石子一般投入水中，和别的人所联系成的社会关系，不像团体中的分子一般大家立在一个平面上的，而是像水的波纹一般，一圈圈推出去，愈推愈远，也愈推愈薄。"（费孝通，2005）人们的联系是从亲属到非亲属，寻求帮助也是按照这种差序格局的关系进行选择的。"在差序格局里，社会关系是逐渐从一个一个人推出去的，是私人联系的增加，社会范围是一根根私人联系所构成的网络。"（费孝通，2005）这种社会联系方式或者说社会结构决定了成人的求助方式，而成人的求助方式通过社会化自然会影响到儿童的求助方式。当然，这从另一个方面说明我们的公共服务还存在一些不足，公共服务的覆盖面还不够大。我们为政者需要反思如何提高对儿童的公共服务水平。

表7-7 儿童权利受损害或需要帮助时通过下列方式求助的比例

	N	最小值	最大值	平均数（比例）	标准差
B18-1 政府部门官员	3218	1	3	0.0749	0.26326
B18-2 社区工作人员	3183	1	3	0.1137	0.31753
B18-3 媒体的编辑和记者	3174	1	3	0.0331	0.17888
B18-4 儿童服务组织工作人员	3183	1	3	0.0826	0.27536
B18-5 派出所警察、保安	3180	1	3	0.2233	0.41650
B18-6 医院的医生	3119	1	3	0.3786	0.48513
B18-7 解放军叔叔	3108	1	3	0.0888	0.28451
B18-8 学校的老师	3118	1	3	0.6860	0.46418
B18-9 同学/朋友	3131	1	3	0.7668	0.42291
B18-10 家长或亲属	3142	1	3	0.7708	0.42036
B18-11 网友	3098	1	3	0.1278	0.33395

	N	最小值	最大值	平均数（比例）	标准差
B18 – 12 社会工作者	3089	1	3	0.0774	0.26722
B18 – 13 其他	1102	1	3	0.0699	0.25505

儿童如何评价这些求助方式的效果呢？依据其得分值，最小值为1，最大值为3，表7-8显示，依次排名为家长或亲属（平均值2.7147）、学校的老师（平均值2.7006）、解放军叔叔（平均值2.6650）、医院的医生（平均值2.6446）、派出所警察或保安（平均值2.5532）、同学/朋友（平均值2.5522）、儿童服务组织工作人员（平均值2.5129）等。从儿童的选择可以看出，儿童虽然在求助时选择同学朋友较多，但在认可求助方式的效果方面，学校的老师、解放军叔叔、医院的医生、派出所警察或保安的排名都靠前，说明他们的行为还是得到儿童认可的。这里也说明公共服务从业者的形象是得到儿童认可的，也说明有些公共服务的效果还是比较好的。儿童服务组织工作人员比社会工作者、社区工作人员、媒体的编辑和记者等职业人员更得到认可。社会工作者的角色还没有得到儿童的认可，儿童对于社会工作者的角色和职责还不是很清楚，社会工作者还需要更多的服务和良好的形象来改变儿童对他们的认知。

表7-8　受助者对各求助方式的效果评价（1 = 没什么帮助，3 = 帮助很大）

	N	最小值	最大值	平均值	标准差
B18 – 1 政府部门官员	207	1	3	2.4396	0.72739
B18 – 2 社区工作人员	322	1	3	2.4503	0.61575
B18 – 3 媒体的编辑和记者	82	1	3	2.2805	0.78997
B18 – 4 儿童服务组织工作人员	232	1	3	2.5129	0.62405

	N	最小值	最大值	平均值	标准差
B18-5 派出所警察、保安	611	1	3	2.5532	0.63636
B18-6 医院的医生	999	1	3	2.6446	0.54722
B18-7 解放军叔叔	200	1	3	2.6650	0.57831
B18-8 学校的老师	1854	1	3	2.7006	0.51782
B18-9 同学/朋友	2088	1	3	2.5522	0.57262
B18-10 家长或亲属	2103	1	3	2.7147	0.53906
B18-11 网友	306	1	3	2.1438	0.66202
B18-12 社会工作者	184	1	3	2.3261	0.68726
B18-13 其他	121	1	3	1.7025	0.81286

四　儿童权利受损时选择的求助方式及其效果的城乡差异

"如果你遇到有损害儿童权利的情况，或者你需要帮助的时候，你向谁请求帮助呢?"，对于该问题的回答（表7-9），在城市，排在第一位的是家长或亲属，占比为78.90%；排第二位的是同学或朋友，占比为78.00%；排第三位的是学校的老师，占比为68.90%；排第四位的是医院的医生，占比为36.10%；排第五位的是派出所警察、保安，占比为24.60%；而社会工作者、儿童服务组织工作人员、社区工作人员、媒体的编辑和记者对于儿童来说都是比较陌生的，儿童很少向他们求助；说明我们的社会工作者和公益性社会组织对儿童的影响力还不够。在农村（表7-10），排在第一位的仍然是家长或亲属，占比为76.60%；排第二位的是同学或朋友，占比为75.40%；排第三位的是学校的老师，占比为69.30%；排第四位的是医院的医生，占比为39.30%；排第五位的是派出所警察、保安，占比为20.20%。农村与城市一样，社会工作者、儿童服务组织工作人员、社区工作人员、媒体的编辑和记者对于儿童来说都是比较陌生的，儿童很少向他们求助。

从城乡比较来看，城市与农村儿童权利受损害或需要帮助时的求助方式排名次序差不多，可以发现在城市或者农村的儿童，其选择的答案都是大致相同的，农村儿童更加注重学校老师和医院的医生；城市儿童更加注重派出所警察或保安、社区工作人员、解放军叔叔等。这说明城市求助方式更多元化；同时这二者的差异说明城市儿童更重视公共服务机构的工作者，而农村儿童更看重身边熟悉的人，这也反映了城市的公共服务机构比农村多一些，对儿童的影响更大一点。

表7-9　儿童权利受损害或需要帮助时通过下列方式
求助的比例（城市）

单位：%

	N	最小值	最大值	平均数（比例）	标准差
B18-1 政府部门官员	944	0	1	0.076	0.266
B18-2 社区工作人员	932	0	1	0.141	0.348
B18-3 媒体的编辑和记者	929	0	1	0.040	0.196
B18-4 儿童服务组织工作人员	930	0	1	0.096	0.294
B18-5 派出所警察、保安	932	0	1	0.246	0.431
B18-6 医院的医生	915	0	1	0.361	0.480
B18-7 解放军叔叔	912	0	1	0.101	0.301
B18-8 学校的老师	916	0	1	0.689	0.463
B18-9 同学/朋友	923	0	1	0.780	0.414
B18-10 家长或亲属	929	0	1	0.789	0.408
B18-11 网友	906	0	1	0.128	0.334
B18-12 社会工作者	907	0	1	0.080	0.272
B18-13 其他	411	0	1	0.058	0.235

表 7 – 10　儿童权利受损害或需要帮助时通过下列方式
求助的比例（农村）

单位：%

	N	最小值	最大值	平均数（比例）	标准差
B18 – 1 政府部门官员	1824	0	1	0.066	0.249
B18 – 2 社区工作人员	1811	0	1	0.103	0.304
B18 – 3 媒体的编辑和记者	1805	0	1	0.028	0.164
B18 – 4 儿童服务组织工作人员	1813	0	1	0.078	0.269
B18 – 5 派出所警察、保安	1806	0	1	0.202	0.401
B18 – 6 医院的医生	1770	0	1	0.393	0.488
B18 – 7 解放军叔叔	1766	0	1	0.082	0.275
B18 – 8 学校的老师	1772	0	1	0.693	0.461
B18 – 9 同学/朋友	1785	0	1	0.754	0.431
B18 – 10 家长或亲属	1785	0	1	0.766	0.424
B18 – 11 网友	1766	0	1	0.132	0.339
B18 – 12 社会工作者	1753	0	1	0.074	0.261
B18 – 13 其他	517	0	1	0.075	0.264

　　城市与农村地区的儿童评价这些求助方式的效果有什么差异呢？表 7 – 11 显示，在城市地区，依次排名为其他（平均值为 2.240），网友（平均值为 1.837），媒体的编辑和记者（平均值为 1.643），政府部门官员（平均值为 1.548），社会工作者（平均值为 1.533），社区工作人员（1.518），派出所警察、保安（平均值为 1.463）等；在农村地区（表 7 – 12），依次排名为其他（平均值为 2.296）、网友（1.887）、社会工作者（平均值为 1.758）、媒体的编辑和记者（平均值为 1.750）、社区工作人员（平均值为 1.613）、政府部门官员（平均值为 1.588）、儿童服务组织工作人员（1.563）等。

　　对其评价效果进行城乡比较可以发现，受助者对各求助方式

的效果评价方面城市与农村的排序差不多，排名靠前的依次是其他、网友、媒体的编辑和记者、社会工作者，无论城市还是农村儿童都认为公开的正式途径求助效果要比找亲朋好友这种私人关系的求助效果要好一些，而且第一次看到社会工作者的作用得到儿童的肯定，这是令人欣慰的。

表 7-11 受助者对各求助方式的效果评价（1 = 没什么帮助，3 = 帮助很大）（城市）

	N	最小值	最大值	平均值	标准差
B18-1 政府部门官员	62	1	3	1.548	0.761
B18-2 社区工作人员	114	1	3	1.518	0.598
B18-3 媒体的编辑和记者	28	1	3	1.643	0.780
B18-4 儿童服务组织工作人员	76	1	3	1.368	0.562
B18-5 派出所警察、保安	203	1	3	1.463	0.669
B18-6 医院的医生	293	1	3	1.311	0.532
B18-7 解放军叔叔	72	1	3	1.264	0.475
B18-8 学校的老师	565	1	3	1.271	0.508
B18-9 同学/朋友	645	1	3	1.363	0.576
B18-10 家长或亲属	651	1	3	1.232	0.517
B18-11 网友	92	1	3	1.837	0.651
B18-12 社会工作者	60	1	3	1.533	0.650
B18-13 其他	25	1	3	2.240	0.779

表 7-12 受助者对各求助方式的效果评价（1 = 没什么帮助，3 = 帮助很大）（农村）

	N	最小值	最大值	平均值	标准差
B18-1 政府部门官员	102	1	3	1.588	0.709
B18-2 社区工作人员	168	1	3	1.613	0.637
B18-3 媒体的编辑和记者	40	1	3	1.750	0.809

	N	最小值	最大值	平均值	标准差
B18 - 4 儿童服务组织工作人员	128	1	3	1.563	0.637
B18 - 5 派出所警察、保安	308	1	3	1.438	0.630
B18 - 6 医院的医生	576	1	3	1.375	0.549
B18 - 7 解放军叔叔	97	1	3	1.330	0.608
B18 - 8 学校的老师	1051	1	3	1.320	0.530
B18 - 9 同学/朋友	1158	1	3	1.489	0.574
B18 - 10 家长或亲属	1176	1	3	1.311	0.561
B18 - 11 网友	177	1	3	1.887	0.681
B18 - 12 社会工作者	95	1	3	1.758	0.695
B18 - 13 其他	71	1	3	2.296	0.835

第二节　儿童对于自我保护的认知及其城乡差异

一　儿童对生存与发展权利的认知

笔者对于调查的问题进行赋值处理，最小值 1 分，最大值 5 分，儿童对于生存与发展权利的认知情况见表 7 - 13：生男生女都一样，女孩子应该与男孩子一样具有幸福生活的权利（平均数 4.61）；严重残疾的儿童可以让他们自然死亡（此为反向陈述指标，平均数 1.51）；儿童出生时无论是否有病或者残疾，都有生存的权利（平均数 4.73）；可以将幼儿独自留在家中（此为反向陈述指标，平均数 1.36）；家长不能忙着工作赚钱而影响孩子的生活与成长（平均数 4.14）；家长有责任监管未成年孩子（平均数 4.66）；女孩子应该与男孩子一样上学（平均数 4.75）；无论是什么民族、什么地位的儿童，我们都应该尊重他的文化、语言、价值观（平均数 4.84）；儿童有表达自己意愿的权利（平均数 4.72）；棒打出孝子，父母有权利打自己的孩子（此为反向陈述指标，平均数 2.36）。从这些问题的认知看，儿童对于其生存与发展权利的认知是比较好的，普遍得分较高；其中，只有"棒打出孝子，父母有权利打自己的孩子"这个问题儿童认知不是很理想，得分不高，这与中国传统文化将儿童看成家庭的私有财产，没有将儿童看成有独立人格的人，儿童缺乏自身权利的认知有关系。

表 7 - 13 儿童对生存与发展权利的认知（1 = 完全不正确，5 = 完全正确）

	N	最小值	最大值	平均数	标准差
C1 - 1 生男生女都一样，女孩子应该与男孩子一样具有幸福生活的权利	3426	1	5	4.61	0.948
C1 - 2 严重残疾的儿童可以让他们自然死亡	**3409**	**1**	**5**	**1.51**	**1.098**
C1 - 3 儿童出生时无论是否有病或者残疾，都有生存的权利	3409	1	5	4.73	0.881
C1 - 4 可以将幼儿独自留在家中	**3422**	**1**	**5**	**1.36**	**0.834**
C1 - 5 家长不能忙着工作赚钱而影响孩子的生活与成长	3418	1	5	4.14	1.288
C1 - 6 家长有责任监管未成年孩子	3419	1	5	4.66	0.856
C1 - 7 女孩子应该与男孩子一样上学	3423	1	5	4.75	0.809
C1 - 8 无论是什么民族、什么地位的儿童，我们都应该尊重他的文化、语言、价值观	3427	1	5	4.84	0.634
C1 - 9 儿童有表达自己意愿的权利	3426	1	5	4.72	0.748
C1 - 10 棒打出孝子，父母有权利打自己的孩子	**3430**	**1**	**5**	**2.36**	**1.257**

注：表中加黑字体为"反向陈述指标"。

二 儿童对生存与发展权利认知的城乡差异

城市关于各个问题的情况如下（表 7 – 14 和表 7 – 15）：生男生女都一样，女孩子应该与男孩子一样具有幸福生活的权利（城乡的平均数分别为 4.738 和 4.530）；严重残疾的儿童可以让他们自然死亡（此为反向陈述指标，城乡的平均数分别为 1.613 和 1.446）；儿童出生时无论是否有病或者残疾，都有生命的权利（城乡的平均数分别 4.779 和 4.707）；可以将幼儿独自留在家中（此为反向陈述指标，城乡的平均数分别为 1.384 和 1.335）；家长不能忙着工作赚钱，而影响孩子的生活与成长（城乡的平均数分别为 4.330 和 4.035）；家长有责任监管未成年孩子（城乡的平均数分别为 4.737 和 4.634）；女孩子应该与男孩子一样上学（城乡的平均数分别为 4.802 和 4.725）；无论是什么民族、什么地位的儿童，我们都应该尊重他的文化、语言、价值观（城乡的平均数分别为 4.873 和 4.839）；儿童有表达自己意愿的权利（城乡的平均数分别为 4.776 和 4.694）；棒打出孝子，父母有权利打自己的孩子（此为反向陈述指标，城乡的平均数分别为 2.250 和 2.394）。

从城乡比较来看，城市儿童与农村的儿童自然权利认知没有显著的差异，而且排序都差不多一样，这也说明我们关于儿童生存与发展权利的教育是比较有效的。

表 7 – 14　儿童对生存与发展权利的认知（1 = 完全不正确，
5 = 完全正确）（城市）

	N	最小值	最大值	平均数	标准差
C1 – 1 生男生女都一样，女孩子应该与男孩子一样具有幸福生活的权利	1006	1	5	4.738	0.805

续表

	N	最小值	最大值	平均数	标准差
C1－2 严重残疾的儿童可以让他们自然死亡	**997**	**1**	**5**	**1.613**	**1.168**
C1－3 儿童出生时无论是否有病或者残疾，都有生命的权利	1000	1	5	4.779	0.783
C1－4 可以将幼儿独自留在家中	**1003**	**1**	**5**	**1.384**	**0.827**
C1－5 家长不能忙着工作赚钱，而影响孩子的生活与成长	998	1	5	4.330	1.159
C1－6 家长有责任监管未成年孩子	1000	1	5	4.737	0.723
C1－7 女孩子应该与男孩子一样上学	998	1	5	4.802	0.720
C1－8 无论是什么民族、什么地位的儿童，我们都应该尊重他的文化、语言、价值观	1001	1	5	4.873	0.584
C1－9 儿童有表达自己意愿的权利	1004	1	5	4.776	0.692
C1－10 棒打出孝子，父母有权利打自己的孩子	**1001**	**1**	**5**	**2.250**	**1.184**

注：表中加黑色字体为"反向陈述指标"。

表 7－15　儿童对生存与发展权利的认知（1＝完全不正确，5＝完全正确）（农村）

	N	最小值	最大值	平均数	标准差
C1－1 生男生女都一样，女孩子应该与男孩子一样具有幸福生活的权利	1950	1	5	4.530	1.030
C1－2 严重残疾的儿童可以让他们自然死亡	**1945**	**1**	**5**	**1.446**	**1.040**
C1－3 儿童出生时无论是否有病或者残疾，都有生命的权利	1943	1	5	4.707	0.915
C1－4 可以将幼儿独自留在家中	**1948**	**1**	**5**	**1.335**	**0.807**
C1－5 家长不能忙着工作赚钱，而影响孩子的生活与成长	1948	1	5	4.035	1.339

续表

	N	最小值	最大值	平均数	标准差
C1－6 家长有责任监管未成年孩子	1949	1	5	4.634	0.909
C1－7 女孩子应该与男孩子一样上学	1955	1	5	4.725	0.847
C1－8 无论是什么民族、什么地位的儿童，我们都应该尊重他的文化、语言、价值观	1955	1	5	4.839	0.623
C1－9 儿童有表达自己意愿的权利	1948	1	5	4.694	0.768
C1－10 棒打出孝子，父母有权利打自己的孩子	**1958**	**1**	**5**	**2.394**	**1.274**

注：表中加黑色字体为"反向陈述指标"。

三 儿童对监护人职责与义务的认知

儿童对监护人职责与义务认知如下（表7－16）：监护人不得虐待、遗弃未成年人（平均数4.63）；监护人必须使适龄未成年人按照规定接受并完成规定年限的义务教育（平均数4.68）；监护人应当预防和制止未成年吸烟、酗酒、流浪以及聚赌、吸毒、卖淫等行为（平均数4.83），监护人不得允许或者使未成年人结婚，不得为未成年人订立婚约（平均数4.58），监护人允许未满十六周岁的未成年人做童工（此为反向陈述指标，平均数2.32）；监护人在未成年人对国家、集体或他人造成损害时，有赔偿经济损失的义务（平均数4.23）；监护人对10岁以上的未成年人的信件不得随意开拆（平均数4.20）；监护人除为被监护人的利益外，不得处理被监护人的财产（钱、物、房产等）（平均数4.00），监护人在未成年人的合法权益受到侵害时，没有权力要求有关主管部门处理，或者依法向人民法院提起诉讼（此为反向陈述指标，平均数2.53）；监护人对未成年人不履行监护职责或者侵害其合法权益的，应当依法承担责任（平均数4.33）。总体来讲，这些问题得分都比较高，绝大多数是在4分以上，最高得分的是

"监护人应当预防和制止未成年吸烟、酗酒、流浪以及聚赌、吸毒、卖淫等行为"（平均数为4.83），说明儿童对于监护人承担的义务职责的认知还是比较清楚的，得分较低的是两个反向陈述问题，说明很多儿童对一些具体法规如《中华人民共和国未成年人保护法》中的内容还是比较陌生。

表 7 – 16　儿童对监护人职责与义务的认知（1 = 完全不正确，
5 = 完全正确）

	N	最小值	最大值	平均数	标准差
C2 – 1 监护人不得虐待、遗弃未成年人	3437	1	5	4. 63	1. 047
C2 – 2 监护人必须使适龄未成年人按照规定接受并完成规定年限的义务教育	3424	1	5	4. 68	0. 793
C2 – 3 监护人应当预防和制止未成年吸烟、酗酒、流浪以及聚赌、吸毒、卖淫等行为	3430	1	5	4. 83	0. 693
C2 – 4 监护人不得允许或者使未成年人结婚，不得为未成年人订立婚约	3421	1	5	4. 58	0. 995
C2 – 5 监护人允许未满十六周岁的未成年人做童工	**3415**	**1**	**5**	**2. 32**	**1. 642**
C2 – 6 监护人在未成年人对国家、集体或他人造成损害时，有赔偿经济损失的义务	3395	1	5	4. 23	1. 136
C2 – 7 监护人对 10 岁以上的未成年人的信件不得随意开拆	3402	1	5	4. 20	1. 123
C2 – 8 监护人除为被监护人的利益外，不得处理被监护人的财产（钱、物、房产等）	3395	1	5	4. 00	1. 242
C2 – 9：监护人在未成年人的合法权益受到侵害时，没有权力要求有关主管部门处理，或者依法向人民法院提起诉讼	**3409**	**1**	**5**	**2. 53**	**1. 706**

	N	最小值	最大值	平均数	标准差
C2 - 10 监护人对未成年人不履行监护职责或者侵害其合法权益的，应当依法承担责任	3387	1	5	4.33	1.115

注：表中加黑字体为"反向陈述指标"。

四　儿童对监护人职责与义务认知的城乡差异

城乡关于各个问题的得分如下（表 7 - 17 和表 7 - 18）：监护人不得虐待、遗弃未成年人（城乡的平均数分别为 4.797 和 4.574）；监护人必须使适龄未成年人按照规定接受并完成规定年限的义务教育（城乡的平均数分别为 4.758 和 4.658）；监护人应当预防和制止未成年吸烟、酗酒、流浪以及聚赌、吸毒、卖淫等行为（城乡的平均数分别为 4.897 和 4.807）；监护人不得允许或者使未成年人结婚，不得为未成年人订立婚约（城乡的平均数分别为 4.667 和 4.558）；监护人允许未满十六周岁的未成年人做童工（此为反向陈述指标，平均数分别为 2.339 和 2.282）；监护人在未成年人对国家、集体或他人造成损害时，有赔偿经济损失的义务（城乡的平均数分别为 4.363 和 4.165）；监护人对 10 岁以上的未成年人的信件不得随意开拆（城乡的平均数分别为 4.386 和 4.117）；监护人除为被监护人的利益外，不得处理被监护人的财产（钱、物、房产等）（城乡的平均数分别为 4.189 和 3.912）；监护人在未成年人的合法权益受到侵害时，没有权力要求有关主管部门处理，或者依法向人民法院提起诉讼（此为反向陈述指标，城乡的平均数分别为 2.553 和 2.505）；监护人对未成年人不履行监护职责或者侵害其合法权益的，应当依法承担责任（城乡的平均数分别为 4.487 和 4.291）。

从城乡比较来看，城市儿童与农村的儿童在监护人义务认知

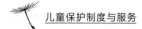

方面没有明显差异，而且排序都基本一致，这也说明我们对儿童开展的关于监护人义务的教育是有效的。

表 7 − 17　儿童对监护人职责与义务的认知（1 = 完全不正确，
5 = 完全正确）（城市）

	N	最小值	最大值	平均数	标准差
C2 − 1 监护人不得虐待、遗弃未成年人	1003	1	5	4.797	0.751
C2 − 2 监护人必须使适龄未成年人按照规定接受并完成规定年限的义务教育	1003	1	5	4.758	0.702
C2 − 3 监护人应当预防和制止未成年吸烟、酗酒、流浪以及聚赌、吸毒、卖淫等行为	1002	1	5	4.897	0.492
C2 − 4 监护人不得允许或者使未成年人结婚，不得为未成年人订立婚约	997	1	5	4.667	0.857
C2 − 5 监护人允许未满十六周岁的未成年人做童工	**996**	**1**	**5**	**2.339**	**1.659**
C2 − 6 监护人在未成年人对国家、集体或他人造成损害时，有赔偿经济损失的义务	993	1	5	4.363	1.043
C2 − 7 监护人对 10 岁以上的未成年人的信件不得随意开拆	993	1	5	4.386	1.001
C2 − 8 监护人除为被监护人的利益外，不得处理被监护人的财产（钱、物、房产等）	988	1	5	4.189	1.102
C2 − 9：监护人在未成年人的合法权益受到侵害时，没有权力要求有关主管部门处理，或者依法向人民法院提起诉讼	**995**	**1**	**5**	**2.553**	**1.749**
C2 − 10 监护人对未成年人不履行监护职责或者侵害其合法权益的，应当依法承担责任	988	1	5	4.487	0.972

注：表中加黑字体为"反向陈述指标"。

表 7 − 18 儿童对监护人职责与义务的认知（1 = 完全不正确，5 = 完全正确）（农村）

	N	最小值	最大值	平均数	标准差
C2 − 1 监护人不得虐待、遗弃未成年人	1960	1	5	4. 574	1. 126
C2 − 2 监护人必须使适龄未成年人按照规定接受并完成规定年限的义务教育	1950	1	5	4. 658	0. 818
C2 − 3 监护人应当预防和制止未成年吸烟、酗酒、流浪以及聚赌、吸毒、卖淫等行为	1955	1	5	4. 807	0. 763
C2 − 4 监护人不得允许或者使未成年人结婚，不得为未成年人订立婚约	1949	1	5	4. 558	1. 040
C2 − 5 监护人允许未满十六周岁的未成年人做童工	**1946**	**1**	**5**	**2. 282**	**1. 627**
C2 − 6 监护人在未成年人对国家、集体或他人造成损害时，有赔偿经济损失的义务	1934	1	5	4. 165	1. 169
C2 − 7 监护人对 10 岁以上的未成年人的信件不得随意开拆	1942	1	5	4. 117	1. 170
C2 − 8 监护人除为被监护人的利益外，不得处理被监护人的财产（钱、物、房产等）	1940	1	5	3. 912	1. 305
C2 − 9：监护人在未成年人的合法权益受到侵害时，没有权利要求有关主管部门处理，或者依法向人民法院提起诉讼	**1942**	**1**	**5**	**2. 505**	**1. 682**
C2 − 10 监护人对未成年人不履行监护职责或者侵害其合法权益的，应当依法承担责任	1930	1	5	4. 291	1. 152

注：表中加黑色字体为"反向陈述指标"。

五　儿童对自身权利的认知

对儿童权利的认知问题得分由高到低依次如下（表7-19）：儿童有受到社会保护的权利（平均数为4.16），儿童有发展能力和知识的权利（平均数为3.98），儿童有出生和生活的权利（平均数为3.78），儿童有参加社会活动的权利（平均数为3.72）。儿童对于其权利的认知明显差于对监护人义务职责的认知，这说明我们缺乏对儿童权利的认知教育。在我们的相关教育体系中就没有儿童权利教育的内容，这是当前教育现状的严重不足。

表7-19　儿童对四大儿童权利的认知（1=完全不知道，5=非常熟悉）

	N	最小值	最大值	平均数	标准差
C3-1 儿童有出生和生活的权利	3410	1	5	3.780	1.281
C3-2 儿童有发展能力和知识的权利	3403	1	5	3.980	1.180
C3-3 儿童有参加社会活动的权利	3406	1	5	3.720	1.280
C3-4 儿童有受到社会保护的权利	3412	1	5	4.160	1.174

六　儿童对自身权利认知的城乡差异

分城乡看，儿童对自身权利的认知得分由高到低排列如下（表7-20和表7-21）：儿童有受到社会保护的权利（城乡的平均数分别为4.288和4.129），儿童有发展能力和知识的权利（城乡的平均数分别为4.067和3.970），儿童有出生和生活的权利（城乡的平均数分别为3.983和3.720），儿童有参加社会活动的权利（城乡的平均数分别为3.891和3.655）。

从城乡比较来看，城市儿童与农村儿童对于四大儿童权利的认知排序都一样，但城市儿童分值明显高于农村儿童，说明城市儿童比农村儿童更多接受了四大儿童权利方面的教育。

表7-20　儿童对四大儿童权利的认知（1＝完全不知道，
5＝非常熟悉）（城市）

	N	最小值	最大值	平均数	标准差
C3-1 儿童有出生和生活的权利	994	1	5	3.983	1.197
C3-2 儿童有发展能力和知识的权利	992	1	5	4.067	1.124
C3-3 儿童有参加社会活动的权利	992	1	5	3.891	1.202
C3-4 儿童有受到社会保护的权利	994	1	5	4.288	1.059

表7-21　儿童对四大儿童权利的认知（1＝完全不知道，
5＝非常熟悉）（农村）

	N	最小值	最大值	平均数	标准差
C3-1 儿童有出生和生活的权利	1945	1	5	3.720	1.287
C3-2 儿童有发展能力和知识的权利	1941	1	5	3.970	1.182
C3-3 儿童有参加社会活动的权利	1944	1	5	3.655	1.303
C3-4 儿童有受到社会保护的权利	1948	1	5	4.129	1.197

七　儿童对相关法律法规的认知

儿童对相关法律法规的认知问题的得分由高到低依次如下（表7-22）：《中华人民共和国义务教育法》（平均数为3.52），《中华人民共和国未成年人保护法》（平均数为3.52），《中华人民共和国预防未成年人犯罪法》（平均数为3.50），《禁止使用童工的规定》（平均数为3.26），《联合国儿童权利公约》（平均数为2.55）。由得分平均数可以看出，儿童对于相关法律法规的认知明显差于对监护人义务职责的认知，也低于对儿童权利的认知，这说明我们对儿童缺乏相关法律法规的教育，很多与儿童相关的法律法规，儿童根本就没有听说过。

表 7 - 22 儿童对相关法律法规的认知 （1 = 完全不熟悉，5 = 非常熟悉）

	N	最小值	最大值	平均数	标准差
C4 - 1《联合国儿童权利公约》	3411	1	5	2.55	1.297
C4 - 2《中华人民共和国未成年人保护法》	3405	1	5	3.52	1.348
C4 - 3《中华人民共和国义务教育法》	3395	1	5	3.52	1.344
C4 - 4《禁止使用童工的规定》	3396	1	5	3.26	1.432
C4 - 5《中华人民共和国预防未成年人犯罪法》	3411	1	5	3.50	1.402

儿童对相关法律法规的认知是通过什么途径获得的呢？调查发现（表 7 - 23），首先还是学校（占比为 79.01%），依次由高到低的还有家庭（占比为 49.22%）、政府部门（占比为 31.20%）、公安或派出所（占比为 28.39%）、社区（占比为 20.22%）、儿童服务机构（占比为 18.69%）、法律机构（占比为 18.28%）、社会工作机构（占比为 9.76%）、其他（占比为 4.21%）。排在后面的是儿童服务机构、法律机构和社会工作机构，证明我们的社会组织尤其是服务儿童的社会组织和社会工作组织还需要提高自身的影响力，加强对儿童的服务和提高服务的可及性，加强对儿童进行相关法律法规的宣传。

表 7 - 23 儿童了解法律法规各途径的比例

	N	最小值	最大值	平均数（比例）	标准差
C5 - 1 政府部门	3135	0	1	0.3120	0.463
C5 - 2 学校	3135	0	1	0.7901	0.407
C5 - 3 公安、派出所	3135	0	1	0.2839	0.451
C5 - 4 社区	3135	0	1	0.2022	0.402
C5 - 5 社会工作机构	3135	0	1	0.0976	0.297
C5 - 6 儿童服务机构	3135	0	1	0.1869	0.390

	N	最小值	最大值	平均数（比例）	标准差
C5-7 法律机构	3135	0	1	0.1828	0.387
C5-8 家庭	3135	0	1	0.4922	0.500
C5-9 其他	3135	0	1	0.0421	0.201

八 儿童对相关法律法规认知的城乡差异

分城乡看，城市儿童对相关法律法规的认知得分由高到低依次如下（表7-24和表7-25）：《中华人民共和国义务教育法》（平均数为3.701），《中华人民共和国未成年人保护法》（平均数为3.684），《中华人民共和国预防未成年人犯罪法》（平均数为3.654），《禁止使用童工的规定》（平均数为3.388），《联合国儿童权利公约》（平均数为2.750）。农村儿童对各个问题的得分情况略有不同，由高到低依次如下：《中华人民共和国未成年人保护法》（平均数为3.474），《中华人民共和国义务教育法》（平均数为3.468），《中华人民共和国预防未成年人犯罪法》（平均数为3.438），《禁止使用童工的规定》（平均数为3.230），《联合国儿童权利公约》（平均数为2.450）。

从城乡比较来看，城市儿童与农村儿童对于相关法律法规的认知排序基本一样，但城市儿童分值明显高于农村儿童，说明城市儿童比农村儿童接受了更多法律法规方面的教育。

表7-24 儿童对法律法规的认知（1=完全不熟悉，
5=非常熟悉）（城市）

	N	最小值	最大值	平均数	标准差
C4-1《联合国儿童权利公约》	1000	1	5	2.750	1.301
C4-2《中华人民共和国未成年人保护法》	999	1	5	3.684	1.284

	N	最小值	最大值	平均数	标准差
C4-3《中华人民共和国义务教育法》	997	1	5	3.701	1.287
C4-4《禁止使用童工的规定》	996	1	5	3.388	1.373
C4-5《中华人民共和国预防未成年人犯罪法》	1000	1	5	3.654	1.332

表 7-25　儿童对法律法规的认知（1 = 完全不熟悉，
5 = 非常熟悉）（农村）

	N	最小值	最大值	平均数	标准差
C4-1《联合国儿童权利公约》	1944	1	5	2.450	1.282
C4-2《中华人民共和国未成年人保护法》	1942	1	5	3.474	1.355
C4-3《中华人民共和国义务教育法》	1936	1	5	3.468	1.356
C4-4《禁止使用童工的规定》	1937	1	5	3.230	1.439
C4-5《中华人民共和国预防未成年人犯罪法》	1945	1	5	3.438	1.413

儿童是如何了解法律法规的呢？调查数据显示（表 7-26、表 7-27），无论是城市还是农村，都有超过一半以上的儿童是通过学校了解到法律法规的，分别占比为 84.10% 和 77.50%。此外，在城市，由高到低依次是家庭（占比为 54.20%）、政府部门（占比为 38.20%）、公安或派出所（占比为 28.00%）、社区（占比为 25.20%）、儿童服务机构（占比为 19.90%）、法律机构（占比为 19.70%）、社会工作机构（占比为 12.10%）、其他（占比为 4.80%）；在农村，由高到低依次是家庭（占比为 46.2%）、公安或派出所（占比为 28.70%）、政府部门（占比为 28.10%）、儿童服务机构（占比为 18.00%）、法律机构（占比为 17.50%）、社区（占比为 16.60%）、社会工作机构（占比为 8.80%）、其他（占比为 4.10%）。

从城乡比较来看，城市与农村儿童对于了解法律法规途径的排序基本一样，但城市儿童了解途径的各项分值是高于农村的，说明城市儿童比农村儿童更好地接受了法律法规方面的教育。

表7-26 儿童了解法律法规各途径的比例（城市）

	N	最小值	最大值	平均数（比例）	标准差
C5-1 政府部门	919	0	1	0.382	0.486
C5-2 学校	919	0	1	0.841	0.366
C5-3 公安、派出所	919	0	1	0.280	0.449
C5-4 社区	919	0	1	0.252	0.435
C5-5 社会工作机构	919	0	1	0.121	0.326
C5-6 儿童服务机构	919	0	1	0.199	0.400
C5-7 法律机构	919	0	1	0.197	0.398
C5-8 家庭	919	0	1	0.542	0.499
C5-9 其他	919	0	1	0.048	0.214

表7-27 儿童了解法律法规各途径的比例（农村）

	N	最小值	最大值	平均数（比例）	标准差
C5-1 政府部门	1806	0	1	0.281	0.450
C5-2 学校	1806	0	1	0.775	0.418
C5-3 公安、派出所	1806	0	1	0.287	0.453
C5-4 社区	1806	0	1	0.166	0.372
C5-5 社会工作机构	1806	0	1	0.088	0.283
C5-6 儿童服务机构	1806	0	1	0.180	0.384
C5-7 法律机构	1806	0	1	0.175	0.380
C5-8 家庭	1806	0	1	0.462	0.499
C5-9 其他	1806	0	1	0.041	0.198

九 儿童对安全保护的认知

儿童对安全保护的认知得分由高到低依次如下（见表7 - 28）：在运动前应做充分准备活动（平均数为4.68）；购买玩具时，要选择有安全标识的玩具（平均数为4.61）；私家车对幼小儿童必须配备儿童安全座椅（平均数为4.60）；不能让未成年的孩子去河里或池塘里游泳（平均数为4.56）；进餐时不能逗乐或者责骂孩子（平均数为4.43）；遇有小面积烧烫伤时，立即用大量冷水冲洗15~30秒（平均数为3.88）；当孩子被鱼刺哽喉时，最好吞咽大块食物（此为反向陈述指标，平均数2.43）；孩子扭伤后，应该马上热敷或按摩，不应冷敷（此为反向陈述指标，平均数3.49）。后面三个问题得分明显较低，说明儿童对安全保护的知识尤其是对应急性安全保护的知识还很缺乏。我们对于儿童安全保护知识，尤其是应急性安全保护知识教育还需要加强。无论是家庭还是学校，监护人或教育工作者都应该加强对儿童安全保护知识的教育。

表7 - 28 儿童对安全保护的认知（1 = 完全不正确，5 = 完全正确）

	N	最小值	最大值	平均数	标准差
C6 - 1 购买玩具时，要选择有安全标识的玩具	3417	1	5	4.61	0.835
C6 - 2 遇有小面积烧烫伤时，立即用大量冷水冲洗15~30秒	3404	1	5	3.88	1.210
C6 - 3 进餐时不能逗乐或者责骂孩子	3405	1	5	4.43	0.973
C6 - 4 在运动前应做充分准备活动	3407	1	5	4.68	0.746
C6 - 5 孩子扭伤后，应该马上热敷或按摩，不应冷敷	**3371**	**1**	**5**	**3.49**	**1.406**

	N	最小值	最大值	平均数	标准差
C6－6 当孩子被鱼刺卡喉时，最好吞咽大块食物	**3366**	**1**	**5**	**2. 43**	**1. 474**
C6－7 不能让未成年的孩子去河里或池塘里游泳	3368	1	5	4. 56	1. 028
C6－8 私家车对幼小儿童必须配备儿童安全座椅	3378	1	5	4. 60	0. 882

注：表中加黑字体为"反向陈述指标"。

（一）儿童对安全保护认知的城乡差异

城乡儿童关于各个问题的赋值得分由高到低的次序基本一致，具体如下（见表7－29、表7－30）：在运动前应做充分准备活动（城乡的平均数分别为4.722和4.676）；购买玩具时，要选择有安全标识的玩具（城乡的平均数分别为4.653和4.589）；私家车对幼小儿童必须配备儿童安全座椅（城乡的平均数分别为4.601和4.605）；不能让未成年的孩子去河里或池塘里游泳（城乡的平均数分别为4.579和4.563）；进餐时不能逗乐或者责骂孩子（城乡的平均数分别为4.441和4.425）；遇有小面积烧烫伤时，立即用大量冷水冲洗15～30秒（城乡的平均数分别为4.067和3.813）；孩子扭伤后，应该马上热敷或按摩，不应冷敷（此为反向陈述指标，城乡的平均数分别为3.397和3.520）；当孩子被鱼刺卡喉时，最好吞咽大块食物（此为反向陈述指标，城乡的平均数分别为2.537和2.376）。

从城乡比较来看，城市儿童与农村儿童对于各种安全保护认知问题排序基本一样，虽然城市儿童的安全保护认知问题各项分值是高于农村的，但这些分值差距并不明显，说明城市儿童与农村儿童在此方面接受了大致同样的教育。

表 7 – 29   儿童对安全保护的认知（1 = 完全不正确，
5 = 完全正确）（城市）

	N	最小值	最大值	平均数	标准差
C6 – 1 购买玩具时，要选择有安全标识的玩具	996	1	5	4.653	0.791
C6 – 2 遇有小面积烧烫伤时，立即用大量冷水冲洗 15 – 30 秒	995	1	5	4.067	1.149
C6 – 3 进餐时不能逗乐或者责骂孩子	990	1	5	4.441	0.938
C6 – 4 在运动前应做充分准备活动	992	1	5	4.722	0.667
C6 – 5 孩子扭伤后，应该马上热敷或按摩，不应冷敷	**981**	**1**	**5**	**3.397**	**1.457**
C6 – 6 当孩子被鱼刺卡喉时，最好吞咽大块食物	**980**	**1**	**5**	**2.537**	**1.498**
C6 – 7 不能让未成年的孩子去河里或池塘里游泳	982	1	5	4.579	0.976
C6 – 8 私家车对幼小儿童必须配备儿童安全座椅	983	1	5	4.601	0.861

注：表中加黑色字体为"反向陈述指标"。

表 7 – 30   儿童对安全保护的认知（1 = 完全不正确，
5 = 完全正确）（农村）

	N	最小值	最大值	平均数	标准差
C6 – 1 购买玩具时，要选择有安全标识的玩具	1951	1	5	4.589	0.838
C6 – 2 遇有小面积烧烫伤时，立即用大量冷水冲洗 15 – 30 秒	1944	1	5	3.813	1.206
C6 – 3 进餐时不能逗乐或者责骂孩子	1946	1	5	4.425	0.977
C6 – 4 在运动前应做充分准备活动	1947	1	5	4.676	0.740
C6 – 5 孩子扭伤后，应该马上热敷或按摩，不应冷敷	**1924**	**1**	**5**	**3.520**	**1.374**

	N	最小值	最大值	平均数	标准差
C6－6 当孩子被鱼刺卡喉时，最好吞咽大块食物	**1922**	**1**	**5**	**2. 376**	**1. 454**
C6－7 不能让未成年的孩子去河里或池塘里游泳	1921	1	5	4. 563	1. 040
C6－8 私家车对幼小儿童必须配备儿童安全座椅	1929	1	5	4. 605	0. 883

注：表中加黑色字体为"反向陈述指标"。

（二）儿童对儿童保护工作者（包括机构）的认知

儿童对儿童保护工作者的认知得分由高到低依次如下（见表 7－31）：救助站流浪未成年人救助保护中心（平均数为 3.00）、共青团（平均数为 2.87）、社会工作者（平均数为 2.79）、当地民间儿童保护公益组织（平均数为 2.78）、关心下一代工作委员会（平均数为 2.63）、社会工作专业服务组织（平均数为 2.61）、妇女联合会（平均数为 2.56）、妇女儿童工作委员会（平均数为 2.55）。总体而言，对于儿童保护工作者（包括机构）的认知得分相对较低，很多平均数刚刚一半，这说明儿童很多都不知道这些儿童保护工作者或机构，也从侧面反映这些儿童保护机构对儿童的服务还太少，证明我们这些工作机构工作还没有很好地得到儿童的知晓和认可。

表 7－31　对儿童保护组织或工作者的熟悉程度
（1 = 很不熟悉，5 = 非常熟悉）

	N	最小值	最大值	平均数	标准差
C7－1 共青团	3376	1	5	2. 870	1. 388
C7－2 妇女联合会	3368	1	5	2. 560	1. 270
C7－3 妇女儿童工作委员会	3342	1	5	2. 550	1. 283
C7－4 关心下一代工作委员会	3341	1	5	2. 630	1. 323

	N	最小值	最大值	平均数	标准差
C7-5 救助站流浪未成年人救助保护中心	3355	1	5	3.000	1.369
C7-6 当地民间儿童保护公益组织	3358	1	5	2.780	1.380
C7-7 社会工作专业服务组织	3361	1	5	2.610	1.323
C7-8 社会工作者	3368	1	5	2.790	1.359

（三）儿童对儿童保护工作者（包括机构）认知的城乡差异

表7-32显示城市儿童关于各个问题的赋值得分由高到低依次如下：救助站流浪未成年人救助保护中心（平均数为3.222）、共青团（平均数分别为3.159）、当地民间儿童保护公益组织（平均数分别为3.002）、社会工作者（平均数为2.994）、妇女联合会（平均数为2.829）、社会工作专业服务组织（平均数为2.825）、关心下一代工作委员会（平均数为2.804）、妇女儿童工作委员会（平均数为2.791）。表7-33显示，农村儿童关于各个问题的赋值得分由高到低依次如下：救助站流浪未成年人救助保护中心（平均数为2.876）、共青团（平均数分别为2.734）、社会工作者（平均数为2.712）、当地民间儿童保护公益组织（平均数分别为2.673）、关心下一代工作委员会（平均数为2.540）、社会工作专业服务组织（平均数为2.498）、妇女儿童工作委员会（平均数为2.439）、妇女联合会（平均数为2.423）。

从城乡比较来看，城市儿童与农村儿童对于各个儿童保护组织或工作者熟悉程度排序基本一样，虽然城市儿童的安全保护认知问题各项分值是高于农村的，但这些分值差距并不明显，说明城市儿童与农村儿童在此方面接受了大致同样的教育。

表 7 - 32 对儿童保护组织或工作者的熟悉程度（1 = 很不熟悉，
5 = 非常熟悉）（城市）

	N	最小值	最大值	平均数	标准差
C7 - 1 共青团	985	1	5	3.159	1.376
C7 - 2 妇女联合会	985	1	5	2.829	1.316
C7 - 3 妇女儿童工作委员会	977	1	5	2.791	1.312
C7 - 4 关心下一代工作委员会	982	1	5	2.804	1.324
C7 - 5 救助站流浪未成年人救助保护中心	978	1	5	3.222	1.316
C7 - 6 当地民间儿童保护公益组织	984	1	5	3.002	1.359
C7 - 7 社会工作专业服务组织	984	1	5	2.825	1.306
C7 - 8 社会工作者	986	1	5	2.994	1.350

表 7 - 33 对儿童保护组织或工作者的熟悉程度（1 = 很不熟悉，
5 = 非常熟悉）（农村）

	N	最小值	最大值	平均数	标准差
C7 - 1 共青团	1924	1	5	2.734	1.366
C7 - 2 妇女联合会	1919	1	5	2.423	1.221
C7 - 3 妇女儿童工作委员会	1906	1	5	2.439	1.246
C7 - 4 关心下一代工作委员会	1901	1	5	2.540	1.319
C7 - 5 救助站流浪未成年人救助保护中心	1913	1	5	2.876	1.393
C7 - 6 当地民间儿童保护公益组织	1907	1	5	2.673	1.388
C7 - 7 社会工作专业服务组织	1913	1	5	2.498	1.326
C7 - 8 社会工作者	1916	1	5	2.712	1.364

（四）对外部环境安全性和相关责任者保护责任的认知

图 7 - 7 显示，对于"孩子在外面活动是否安全?"有
37.95% 的被调查儿童认为比较安全，有 12.32% 认为非常安
全，二者合计 50.27%，而有 29.33% 认为一般，有 16.30% 认
为不太安全，有 4.10% 认为非常不安全。认为不太安全和非常

不安全的合计 20.4%，这说明只有一半儿童认为外部环境是安全的，还有五分之一的儿童对外部环境害怕、不满意，或者这部分儿童就生活在这种不安全的环境中。这是我们应该重视的严重问题，如果儿童都否认外部环境的安全性，那么说明问题已经很严重了，因为儿童本身就很单纯，没有掩饰和虚假，他们的认知能力与成年人相比显然是要差一些的。如果有 50% 的儿童认为外部环境不安全，那么这些儿童在外活动的结果就可想而知了。

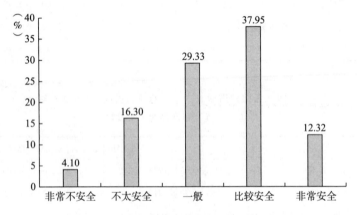

图 7–7　孩子在外面活动是否安全（N = 3368）

　　儿童是如何认识政府的责任，政府是否有责任保护儿童呢？图 7–8 显示，有 54.96% 完全同意此问题，有 33.82% 同意此问题，二者合计 88.78%。可见，对此问题，儿童的认识是清楚的，也是对政府有期待的。

　　政府有没有尽到保护儿童权利不受侵害的责任？儿童们是如何看待此问题呢？调查发现（见图 7–9），有 42.05% 的儿童认为政府尽到了大部分责任，有 29.72% 的儿童认为政府尽到了一半的责任，有 15.37% 的儿童认为只是尽到少部分责任，有 5.08% 儿童认为政府几乎都没有尽到责任，还有 7.78% 的儿童不知道如何回答此问题。很显然，儿童对于他们的权益保护不是很

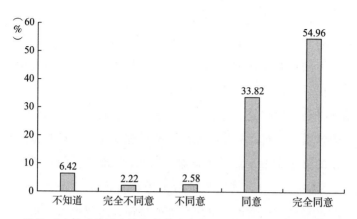

图7-8 政府是否有责任保护儿童权利不受侵害？（*N* =3335）

满意，多数儿童认为政府在保护儿童方面没有完全尽到责任。虽然儿童对于政府在保护儿童的责任认识上可能不是完全正确，但也可以说明一些问题，就是我们全社会尤其是政府对儿童保护与发展的关注还不够，我们还有很多工作需要去做，还有很多改进工作的空间。

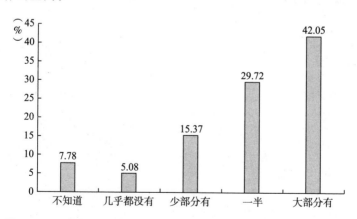

图7-9 政府有没有尽到保护儿童权利不受侵害的责任？（*N* =3344）

儿童们又是如何看待他们的父母的责任呢？对于"是不是每个父母都做到了照顾好自己的子女"这个问题，图7-10显示有52.84%的儿童认为父母尽到了大部分责任，有29.44%的儿童认为父母尽到了一半的责任，有11.30%的儿童认为只是尽到少部分责任，有 1.90% 的儿童认为父母几乎都没有尽到责任，还有 4.52% 的儿童不知道如何回答此问题。很明显，儿童对于其父母也是不太满意的，有 42.64% 的儿童认为父母至少尽到一半责任或者少部分责任或者没有尽到责任。也就是在儿童们的眼里，他们的父母是不称职的，这是一个非常严重的问题，它的危害性必然会影响到儿童与其父母的关系。按常理来说，父母都是爱自己的孩子的（少数不正常的父母除外），只要孩子感受到了父母对他们的爱，一般会对其父母的行为进行肯定，但从调查数据来看，父母对孩子的爱没有得到对等的反馈，这只能说明仍有很多父母做得不够好。在一个经济高速发展的时代，一些人错误地受金钱至上的影响，忙着追求金钱和物欲的满足，忽视了自己监护人的责任，忽视了自己作为监护人对其子女的责任，他们没有时间去陪伴自己的孩子，没有时间去关注孩子的成长，甚至没有时间去保护照顾孩子，他们把赚钱看得比什么都重要，这就是那些不称职父母亲的写照。

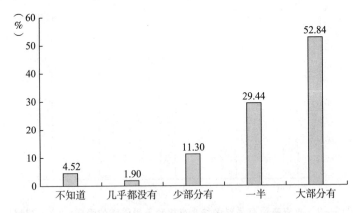

图 7-10　是不是每个父母都做到了照顾好自己的子女（N=3363）

儿童们又是如何对我国儿童保护现状进行总体评价呢？图 7-11 显示，有 36.61% 的儿童认为儿童保护现状总体比较好，有 18.02% 的儿童认为儿童保护现状总体很好，二者之和为 54.63%，也就是半数以上儿童对其保护现状总体还是满意的，但有 32.53% 的儿童认为是一般，还有 9.77% 认为总体不是很好，有 3.07% 认为总体很不好。很明显，还有相当多的儿童对于他们的保护现状总体评价不高，甚至部分儿童是相当不满意的，这也反映了我们的儿童保护还有很多工作要去做。

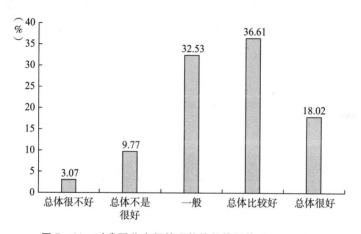

图 7 - 11　对我国儿童保护现状的总体评价（*N* = 3357）

儿童们认为我国儿童保护最需要做什么工作呢？表 7 - 34 显示，由高到低分别排名如下（多选题）：有 67.54% 的儿童选择了"加强儿童的学校保护"，有 62.13% 的儿童选择了"加强家长对儿童的保护意识"，有 60.76% 的儿童选择了"加强儿童自身的保护意识"，有 58.91% 的儿童选择了"加强儿童保护的宣传与认识"，有 57.59% 的儿童选择了"完善相关儿童保护法规与加强儿童司法保护"，有 57.02% 的儿童选择了"加强儿童的家庭保护"，有 55.26% 的儿童选择了"加强全社会对儿童的保护"，有 44.35% 的儿童选择了"明确儿童保护的政府机构及其职能"，有 38.82% 的儿童选择了"促进民间公益组织参与儿童保护"。

表 7 – 34　各种类型的儿童保护工作被选择的比例

	N	最小值	最大值	平均数（比例）	标准差
C13 – 1 完善相关儿童保护法规与加强儿童司法保护	3346	0	1	0.5759	0.494
C13 – 2 明确儿童保护的政府机构及其职能	3346	0	1	0.4435	0.497
C13 – 3 加强儿童保护的宣传与认识	3346	0	1	0.5891	0.492
C13 – 4 加强儿童的学校保护	3346	0	1	0.6754	0.468
C13 – 5 加强儿童的家庭保护	3346	0	1	0.5702	0.495
C13 – 6 加强全社会对儿童的保护	3346	0	1	0.5526	0.497
C13 – 7 加强儿童自身的保护意识	3346	0	1	0.6076	0.488
C13 – 8 加强家长对儿童的保护意识	3346	0	1	0.6213	0.485
C13 – 9 促进民间公益组织参与儿童保护	3346	0	1	0.3882	0.487

（五）儿童对外部环境安全性和相关责任者保护责任的认知的城乡差异

表 7 – 35 显示，城乡儿童对于"孩子在外面活动是否安全"这一问题的认知情况具体如下：在城市地区，有 43.50% 的被调查儿童认为比较安全，有 14.23% 认为非常安全，二者合计 57.73%，而有 25.81% 认为一般，有 14.02% 认为不太安全，有 2.44% 认为非常不安全；在农村地区，有 35.23% 的被调查儿童认为比较安全，有 10.94% 认为非常安全，二者合计 46.17%，而有 30.95% 认为一般，有 17.93% 认为不太安全，有 4.95% 认为非常不安全。

从城乡比较来看，城市儿童与农村儿童对于孩子在外面活动是否安全问题的测量比较，城市儿童认为比较安全（43.50%）和非常安全（14.23%）的显著高于农村儿童（分别是 35.23% 和 10.94%），而认为不太安全、非常不安全、一般的，农村（分别是 17.93%、4.95%、30.95%）显然高于城市（分别是 14.02%、2.44%、14.02%）的，这可能说明农村比城市的外部环境更不安全。

表 7 - 35 孩子在外面活动是否安全的城乡对比

单位：%

	城市	农村	总样本
非常不安全	2.44	4.95	4.10
不太安全	14.02	17.93	16.60
一般	25.81	30.95	29.21
比较安全	43.50	35.23	38.03
非常安全	14.23	10.94	12.06

政府是否有责任保护儿童呢？表 7 - 36 显示，在城市地区，有 62.91% 完全同意此问题，29.41% 同意此问题，二者共计 92.32%；在农村地区，有 51.81% 完全同意此问题，有 36.19% 同意此问题，二者共计 88%。这说明无论是城市还是农村的儿童对于政府负有责任的认识都是清楚的，并都对政府有所期待。

表 7 - 36 政府是否有责任保护儿童权利不受侵害城乡对比

单位：%

	城市	农村	总样本
不知道	4.51	6.68	5.94
完全不同意	1.23	2.52	2.09
不同意	1.95	2.79	2.50
同意	29.41	36.19	33.89
完全同意	62.91	51.81	55.58

关于"政府有没有尽到保护儿童权利不受侵害的责任？"这一问题，表 7 - 37 显示，在城市地区，有 45.56% 的儿童认为政

府尽到了大部分责任，有 30.85% 的儿童认为政府尽到了一半的责任，有 13.38% 的儿童认为只是尽到少部分责任，有 5.52% 的儿童不知道如何回答此问题，有 4.70% 的儿童认为政府几乎都没有尽到责任。在农村地区，有 39.78% 的儿童认为政府尽到了大部分责任，有 29.69% 的儿童认为政府尽到了一半的责任，有 17.08% 的儿童认为只是尽到少部分责任，有 8.25% 的儿童不知道如何回答此问题，有 5.20% 的儿童认为政府几乎都没有尽到责任。

从城乡比较来看，问题排序差别不大，分值差别也不明显，说明在此方面城乡差距较小。

表 7 - 37　政府有没有尽到保护儿童权利不受侵害责任的城乡对比

单位：%

	城市	农村	总样本
不知道	5.52	8.25	7.32
几乎都没有	4.70	5.20	5.03
少部分有	13.38	17.08	15.82
一半	30.85	29.69	30.08
大部分有	45.56	39.78	41.74

对于"是不是每个父母都做到了照顾好自己的子女"这个问题，表 7 - 38 显示，在城市地区，有 55.31% 的儿童认为父母尽到了大部分责任，有 31.22% 的儿童认为父母尽到了一半的责任，有 8.16% 的儿童认为只是尽到少部分责任，有 1.22% 儿童认为父母几乎都没有尽到责任，还有 4.08% 的儿童不知道如何回答此问题。在农村地区，有 51.35% 的儿童认为父母尽到了大部分责任，有 29.38% 的儿童认为父母尽到了一半的责任，有 12.19% 的儿童认为只是尽到少部分责任，有 2.50% 儿童认为父母几乎都没有尽到责任，还有 4.58% 的儿童不知道如何回答此问题。

表 7 – 38　是不是每个父母都做到了照顾好自己的子女城乡对比

单位：%

	城市	农村	总样本
不知道	4.08	4.58	4.41
几乎都没有	1.22	2.50	2.07
少部分有	8.16	12.19	10.83
一半	31.22	29.38	30.00
大部分有	55.31	51.35	52.69

儿童们是如何评价我国儿童保护现状的呢？表 7 – 39 显示，在城市地区，有 38.43% 的儿童认为儿童保护现状总体比较好，有 28.54% 的儿童认为儿童保护现状总体一般，有 18.55% 的儿童认为儿童保护现状总体很好，有 10.60% 的儿童认为总体不是很好，还有 3.87% 的儿童认为总体很不好。在农村地区，有 35.37% 的儿童认为儿童保护现状总体比较好，有 34.75% 的儿童认为儿童保护现状总体一般，有 17.90% 的儿童认为儿童保护现状总体很好，有 9.31% 的儿童认为总体不是很好，还有 2.67% 的儿童认为总体很不好。

对城市儿童与农村儿童对于我国儿童保护现状的总体评价进行比较，可以看出城市儿童认为总体很好（18.55%）和总体比较好（38.43%）的高于农村儿童（分别是 17.90% 和 35.37%），而更多农村儿童选择了一般，这说明城市儿童比农村儿童更加满意儿童保护现状。

表 7 – 39　对我国儿童保护现状的总体评价城乡对比

单位：%

	城市	农村	总样本
总体很不好	3.87	2.67	3.08
总体不是很好	10.60	9.31	9.75
一般	28.54	34.75	32.64

	城市	农村	总样本
总体比较好	38.43	35.37	36.41
总体很好	18.55	17.90	18.12

关于"我国儿童保护最需要做的工作"这一问题（见表7-40），城市地区儿童的选择比例由高到低分别排名如下（多选题）：有69.40%的儿童选择了"加强儿童的学校保护"，有68.50%的儿童选择了"加强家长对儿童的保护意识"，有66.80%的儿童选择了"加强儿童自身的保护意识"，有63.90%的儿童选择了"加强全社会对儿童的保护"，有63.70%的儿童选择了"完善相关儿童保护法规与加强儿童司法保护"，有63.40%的儿童选择了"加强儿童的家庭保护"，有61.20%的儿童选择了"加强儿童保护的宣传与认识"，有50%的儿童选择了"明确儿童保护的政府机构及其职能"，有46.10%的儿童选择了"促进民间公益组织参与儿童保护"。农村地区儿童的选择比例由高到低分别排名如下（多选题）：有66.80%的儿童选择了"加强儿童的学校保护"，有58.90%的儿童选择了"加强家长对儿童的保护意识"，有57.90%的儿童选择了"加强儿童自身的保护意识"，有57.70%的儿童选择了"加强儿童保护的宣传与认识"，有55.00%的儿童选择了"加强儿童的家庭保护"，有54.40%的儿童选择了"完善相关儿童保护法规与加强儿童司法保护"，有52.00%的儿童选择了"加强全社会对儿童的保护"，有41.90%的儿童选择了"明确儿童保护的政府机构及其职能"，有35.40%的儿童选择了"促进民间公益组织参与儿童保护"。

从城乡比较来看，城市儿童与农村儿童对于我国儿童保护最需要做的工作的问题排序基本一样，但城市儿童关于我国儿童保护最需要做的工作的问题各项分值是高于农村儿童的，而且有些分值差距还是比较明显的，说明城市儿童比农村儿童更关心公共服务或儿童未来发展。

表 7 - 40　我国儿童保护最需要做的工作城乡对比

单位：%

	城市	农村	总样本
C13 - 1 完善相关儿童保护法规与加强儿童司法保护	0.637	0.544	0.576
C13 - 2 明确儿童保护的政府机构及其职能	0.500	0.419	0.444
C13 - 3 加强儿童保护的宣传与认识	0.612	0.577	0.589
C13 - 4 加强儿童的学校保护	0.694	0.668	0.675
C13 - 5 加强儿童的家庭保护	0.634	0.550	0.570
C13 - 6 加强全社会对儿童的保护	0.639	0.520	0.553
C13 - 7 加强儿童自身的保护意识	0.668	0.579	0.608
C13 - 8 加强家长对儿童的保护意识	0.685	0.589	0.621
C13 - 9 促进民间公益组织参与儿童保护	0.461	0.354	0.388

第三节　本章小结

一　本章结论

第一，儿童对于其自然权利的认知是比较好的，普遍得分较高。从城乡比较来看，城市与农村的儿童对自然权利认知没有显著差异，而且排序都差不多一样，这也说明我们对于儿童关于儿童自然权利的教育是比较有效的。

第二，儿童对于监护人承担的义务职责的认知还是比较好的，但儿童对一些具体法规如《中华人民共和国未成年人保护法》中的内容还是比较陌生。从城乡比较来看，城市与农村的儿童在监护人义务认知方面没有明显差异，而且排序都基本一致，这也说明我们对儿童开展的关于监护人义务的教育是有效的。

第三，儿童对于其权利的认知得分不高，缺乏对儿童生存权、发展权、受保护权、参与权的正确认知。从城乡比较来看，城市与农村儿童对于四大儿童权利的认知排序都一样，但明显的，城市儿童分值是高于农村儿童的，说明城市儿童比农村儿童更多地接受了四大儿童权利教育。

第四，儿童对于相关法律法规的认知得分也比较低，说明我们对儿童缺乏相关法律法规的教育。从城乡比较来看，城市儿童与农村儿童对于儿童权利法律法规的认知排序基本一样，但很明显，城市儿童的分值高于农村儿童，说明城市儿童比农村儿童更多接受了相关法律法规的教育。

第五，儿童获得法律法规的认知途径主要是通过学校（占比为79.01%）、家庭（占比为49.22%）、政府部门宣传（占比为31.20%）得到的。从城乡比较来看，城市儿童与农村儿童对于了解儿童法规政策的途径排序基本一样，但城市儿童了解儿童法规政策的途径的各项分值是高于农村的，说明城市儿童比农村儿童更好地接受了儿童法规政策方面的教育。

第六，儿童对于安全保护知识尤其是应急性安全保护知识的得分较低，说明儿童的安全保护知识尤其是应急性安全保护知识还比较缺乏。从城乡比较来看，城市儿童与农村儿童对于儿童安全保护认知问题排序基本一样，虽然城市儿童的安全保护认知问题各项分值是高于农村儿童的，但这些分值差距并不明显，说明城市儿童与农村儿童在此方面接受了大致相同的教育。也有研究表明，县城留守儿童的伤害认知得分及格率高于乡镇和乡村，这可能与县城的学校有关教育落实的好有关（马自芳等，2018）。

第七，儿童对于儿童保护工作者（包括机构）的认知普遍较差，得分相对较低，很多平均数刚刚一半，这说明很多儿童都不知道这些儿童保护工作者或机构。从城乡比较来看，城市儿童与农村儿童对于各个儿童保护组织或工作者熟悉程度问题排序基本一样，虽然城市儿童的安全保护认知问题各项分值是高于农村儿童的，但这些分值差距并不明显，说明城市儿童与农村儿童在此方面接受了大致相同的教育。

第八，只有一半儿童认为外部环境是安全的，还有五分之一的儿童对外部环境害怕、不满意，或者这部分儿童就生活在这种不安全的环境中。这是我们应该重视的严重问题，如果儿童都否认环境的安全性，那么说明问题很严重了，因为儿童本身就很单纯，没有掩饰和虚假，他们的认知能力与成年人相比是显然要差一些的。如果有50%的儿童认为外部环境不安全，那么这些儿童在外活动的结果就可想而知了。从城乡比较来看，城市儿童与农村儿童对于孩子在外面活动是否安全问题的测量比较，城市儿童认为比较安全（43.50%）和非常安全（14.23%）的显著地高于农村儿童（分别是35.23%和10.94%），这可能说明城市环境安全比农村更好。

第九，从儿童对我国儿童保护现状的评价来看，有超过一半的儿童认为儿童保护现状总体比较好或者很好；但还有12.84%的儿童认为总体不是很好或者很不好。从城乡比较来看，对城市儿童与农村儿童对于我国儿童保护现状的总体评价进行比较，城市儿童认为总体很好（18.55%）和总体比较好（38.43%）的显著地高于农村儿童（分别是17.90%和35.37%），而农村儿童更多选择了"一般"（34.75%），这说明城市儿童比农村儿童更加满意儿童保护现状。

二 本章讨论

第一，有必要加强对儿童权益和儿童保护的宣传，提高社会公众对儿童保护重要性的认识。从前文分析中我们知道，超过三分之一的儿童对"棒打出孝子"的观念比较模糊，认为这种观念是正确的，这种状况肯定受到中国传统教育思想观念的影响，但另一方面说明我们监护人也有这样的认知，他们影响自己的下一代形成了这样的认识。同时，儿童对《联合国儿童权利公约》的认知普遍较差，超过一半以上的儿童不熟悉《联合国儿童权利公约》，这些都说明儿童及其监护人缺乏对儿童权益的正确认识。因此，政府有必要通过相应的措施，促进公众对儿童保护重要性的认识，提高社会公众对儿童权益、儿童保护知识的积累，让全社会来关心儿童、保护儿童。

第二，在家庭层面上，加强监护人监护职责和保护儿童的意识，提高监护人对儿童保护知识的掌握，进一步防范儿童受到伤害。有研究显示，监护人对于孩子不可以直接吃圆形瓜子、对心肺复苏以及家中需要常备基本外用急救药品等知识了解较少；但同时对于一些基本的常识有着深刻的了解，如制止孩子吃饭时说笑、打闹，孩子不可以在马路上玩，等等（王敏，2012）；85%的儿童家长缺乏安全教育机会和知识，家长对儿童伤害的认知程度与伤害的发生率呈负相关，家长对儿童日常防护能力与伤害的发生率呈负相关，家长对儿童伤害的认知程度与其对日常儿童安全防护能力呈正相关（刘美玲等，2010）。从我们的调查数据可以看出，监护人的监护职责、儿童保护意识还不是很强，尤其缺乏儿童权利意识，缺乏儿童安全应急知识，有必要对监护人加强这方面的培训与教育。随着家庭规模的缩小，家庭教育的功能逐渐增强，2021年《中华人民共和国家庭教育促进法》的颁布，为促进家庭教育提供了法律保障，有必要尽快落实该法律，国家和社会为家庭教育提供指导、支持和服务。

让监护人知晓这些法律规范，比较可行的操作方法：一是在基层广泛建立业余家长学校，培训儿童保护的相关知识和监护人应该具备的职责。这种业余家长学校可以由公益社会组织来举办，政府可以采用购买服务的方式给予支持与提倡。二是由社会工作者深入社区广泛进行宣传与教育。儿童社会工作者应该到社区、学校专门开展儿童权利保护工作，加强儿童权利保护的宣传教育力度，这也是很重要的社会工作。三是学校应在合理范围内开展相关知识的宣讲。学校有职责让家长、教师、学生学习儿童权利的相关内涵以及意义，使他们充分了解儿童的权利、如何保护权利，给儿童培育一个健康快乐的成长环境，使得儿童权利保护从制度上、意识上甚至是思维上形成一个有序的良性运行的惯性，使整个社会了解且重视儿童的四大权利。

第三，在社会层面上，动员社会力量参与儿童保护事业，提高社会公众保护儿童的积极性，广泛开展多样化儿童保护教育，弥补儿童保护教育的不足。做好儿童权益的保护工作仅仅靠国家和政府是远远不够的，还必须充分调动社会各方面的力量，充分挖掘社会潜能，加强动员儿童保护机构组织力量进入儿童保护领域，探索社会各方合作保护儿童的模式。以社区与学校为服务载体，形成平台为横过程为纵，纵横交叉，融合成网的服务体系，以促进未成年人的生命权、发展权、受保护权以及参与权得到维护（朱帅，2015）。引导社会组织参与儿童社会保护，首先要积极引导社会组织监督儿童社会保护政策和项目的实施，避免政府失灵。政府部门还应在已有儿童社会保护政策和项目的实施过程中鼓励多元参与，积极引导社会组织提供服务，探索建构社会组织协同政府进行儿童社会保护的机制（李迎生、袁小平，2014）。积极引导并支持专业社会工作服务机构、慈善组织、志愿服务组织和社会工作者等专业人员和志愿者参与儿童保护和服务工作。通过政府购买服务等方式支持其深入城乡社区、学校和家庭，开展困境儿童监护指导、心理疏导、行为矫治、法律援助、课业辅导、困难帮扶、社会融入和家庭关系调适等专业服务，构建社区、社会组织、社会工作专业人才"三社"联动的社区儿童工作服务模式（贺连辉、陈涛，2018）。

基于国情，目前我国儿童成长过程中，对儿童保护组织或工作者职责的教育是缺失的；从另一方面来讲，儿童保护组织或工作者对于儿童所开展的活动和工作是不够的，儿童保护组织和工作者工作的渗透度还不够，他们的工作还没有得到儿童的认可。

因此，提高儿童保护组织和工作者从事儿童保护工作的参与程度就成为一项重要措施。首先，社会公众要提高对儿童保护重要性的认识，普及儿童保护的相关知识，让社会组织广泛宣传儿童保护的重要性和儿童保护的知识。其次，动员社会组织与政府相关部门联合行动保护儿童。例如，儿童保护组织可以联合公安机关走进校园，为儿童灌输防拐、防骗等安全知识，联合交警部门为儿童开展马路安全知识学习的活动，联合消防部门为儿童开展防火应急安全知识教育等类似的安全教育活动。

对于儿童受虐，监护人被剥夺监护权的案件，儿童保护组织应该做好"间接监护人"的作用，以弥补我国替代性监护制度的缺失。对于监护人不能良好地起到监护作用的情况，儿童保护组织应及时介入以纠正监护人的错误行为。社会儿童保护组织也应该联合居委会、村委会对辖区内的儿童监护人进行培训，一是为监护人灌输正确的儿童保护观念（如避免关禁闭、体罚、打骂孩子等错误的教育理念），二是增强监护人对儿童保护的自我认知观念，因为监护人良好的儿童保护自我认知观念会直接影响儿童对儿童保护的自我认知观念的形成。

根据最新颁布的《中华人民共和国家庭教育促进法》规定，"工会、共产主义青年团、残疾人联合会、科学技术协会、关心下一代工作委员会以及居民委员会、村民委员会等应当结合自身工作，积极开展家庭教育工作，为家庭教育提供社会支持"[①]。应该尽快落实该法律，促进相关部门积极开展家庭教育工作。

所以，社会儿童保护组织应该明确自我职责和目标，做好学校教育和家庭教育的监督作用，配合学校教育和家庭教育在儿童保护方面的相关教育工作，也能在学校和家庭之外起到弥补作用。

[①] 《中华人民共和国家庭教育促进法》，中华人民共和国教育部官网，http://www.moe.gov.cn/jyb_sjzl/sjzl_zcfg/zcfg_qtxgfl/202110/t20211025_574749.html，最后访问日期：2021年12月26日。

第八章 监护人基本情况及其对儿童 保护认知的描述性分析[*]

本章针对成年人问卷获得的监护人的基本情况及其儿童保护认知状况进行数据分析，包括对监护人的家庭生活状况、对儿童保护的情况、对于儿童保护的认知情况的分析。

第一节 监护人的家庭生活状况

一 关于监护人的性别、年龄与民族构成

监护人共 1067 人，其中男性占比为 43.84%，女性占比为 56.16%；监护人平均年龄 36.79 岁；监护人民族构成，汉族占比为 96.75%，回族占比为 0.67%，蒙古族占比为 0.38%，其他民族占比为 2.20%，见表 8–1、图 8–1 和图 8–2。

---

* 本章的数据处理由西南财经大学社会发展研究院胡康副教授完成。感谢他的辛勤工作！

表 8 - 1 监护人家庭基本情况统计资料

	N	平均数	中位数	众数	标准差	最小值	最大值
A1 性别	1056	1.56	2	2	0.496	1	2
A2 年龄	1048	36.79	35	35	9.341	20	80
A3 民族	1047	1.11	1	1	0.635	1	5
A4-1 家庭共住人数	1050	4.24	4	3	1.407	1	13
A4-2 家庭未成年人人数	1039	1.44	1	1	0.636	1	5
A4-3 与孩子的关系	1066	1.36	1	1	1.032	1	6
A5 婚姻状况	1065	2.99	3	3	0.608	1	6
A6 教育程度	1067	4.46	4	3	1.736	1	7
A7 爱人的教育程度	1011	4.35	4	3	1.736	1	7
A8 居住时间（年）	1044	18.12	12	10	15.412	1	81
A9 工作状态	1048	3.29	2	1	2.415	1	8
A10 职业类型	783	5.05	5	9	2.771	1	9
A11 家庭年总支出（元）	1005	62826.38	40000	30000	167826.209	2000	5000000
A12 家庭年总收入（元）	1000	161798.67	65000	100000	832374.223	3000	20000000
A13 家庭经济档次	1059	2.74	3	3	0.676	1	5

续表

	N	平均数	中位数	众数	标准差	最小值	最大值
A14 家庭社会经济地位层次	1050	3.47	3	3	0.770	1	5
A15 居住面积	971	119.14	110	120	65.589	10	700
A16 宗教信仰	984	6.99	8	8	2.270	1	8
最大未成年孩子信息							
A17 性别	1009	1.48	1	1	0.500	1	2
A18 年龄	1062	9.38	10	10	4.667	1	18
A19 健康状况	1059	4.49	5	5	0.713	1	5
A20 上学情况	1068	3.18	3	3	1.247	1	7

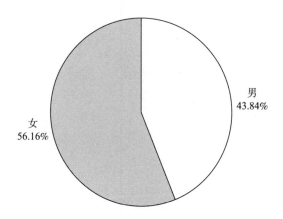

图 8-1 性别构成

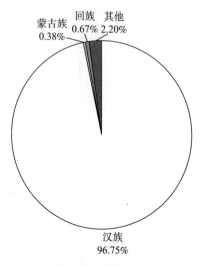

图 8-2 民族构成

二 监护人的家庭构成

家庭共住人口平均数是 4.24 人，依据占比从高到低，3 人家庭占比为 33.24%，4 人家庭占比为 28.48%，5 人家庭占比为 20.57%，6 人家庭占比为 9.33%，7 人家庭占比为 3.33%，8 人

及以上的家庭占比为 2.67%，3 人以下的家庭占比为 2.38%，见
图 8-3。有 1 个未成年人的家庭占比为 62.50%，有 2 个未成年人
的家庭占比为 32.02%，有 3 个未成年人的家庭占比为 4.71%，
有 4 个未成年人的家庭占比为 0.77%，见图 8-4。监护人与未成
年人的关系，84.05% 是父亲或母亲，7.88% 是爷爷或奶奶，
2.35% 是其他，2.25% 是叔伯或姑姑，1.88% 是外公或外婆，
1.59% 是舅舅或姨姨，见图 8-5。

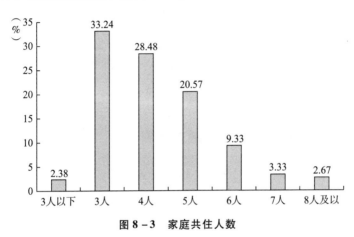

图 8-3 家庭共住人数

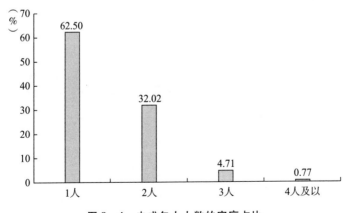

图 8-4 未成年人人数的家庭占比

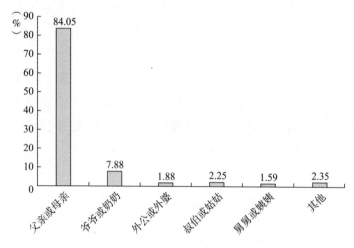

图 8 – 5 监护人与孩子的关系

三 监护人的婚姻与教育状况

从监护人婚姻状况来看，已经结婚的占比为 90.52%，未婚的占比为 4.51%，再婚的占比为 1.88%，离婚的占比为 1.41%，丧偶的占比为 1.22%，同居占比为 0.47%。详见图 8 – 6。从监护人的受教育程度来看，初中文化程度最多，占比为 28.58%；次之是大专，占比为 18.46%；第三是大学本科与研究生，占比为 17.99%；第四是普通高中，占比为 16.31%；后面依次是小学（占比为 10.31%）、中专（占比为 7.31%）、没有受过任何教育（占比为 1.03%）（见图 8 – 7）。从监护人爱人（配偶）的教育程度来看，仍然是初中最多，占比为 29.38%；第二仍然是大专，占比为 16.72%；第三是大学本科与研究生，占比为 16.42%；第四是普通高中，占比为 15.83%；第五是小学，占比为 10.88%；第六是中专，占比为 8.90%；最后是没有受过任何教育的，占比为 1.88%，详见图 8 – 8。

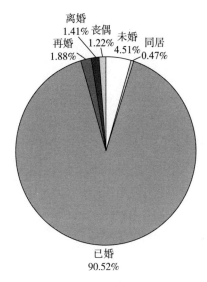

图 8 - 6 婚姻状况

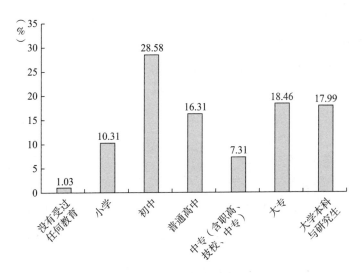

图 8 - 7 受教育程度

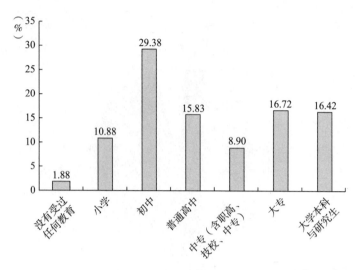

图 8 - 8　配偶的受教育程度

四　监护人的居住时间、工作与职业构成

从监护人在现居住地的居住时间来看，居住 1 ~ 5 年的占 25.10%，居住 6 ~ 10 年的占比为 22.70%，居住 30 年以上的占比为 22.22%，居住 11 ~ 15 年的占比为 9.67%，居住 26 ~ 30 年的占比为 8.33%，居住 21 ~ 25 年的占比为 4.21%，见图 8 - 9。

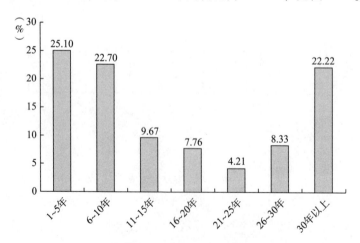

图 8 - 9　现居住地居住年数

从监护人工作情况来看，有正式工作的占比为 34.54%，灵活就业的占比为 17.75%，务农的占比为 15.46%，个体私营的占比为 14.60%，在家做家务的占比为 10.40%，其他占比为 3.34%，退休在家的占比为 2.19%，在找工作的占比为 1.72%，见图 8 – 10。

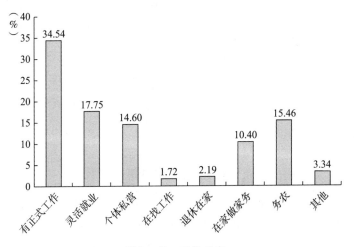

图 8 – 10　工作状态

从职业类型来看，其他的最多，占比为 23.75%；其次是专业技术人员，占比为 16.09%；第三是服务性工作人员，占比为 14.56%；第四是商业工作人员，占比为 11.75%；第五是国家机关、党群组织、企业、事业单位负责人，占比为 9.58%；第六是办事人员，占比为 8.30%；第七是农、林、牧、渔、水利业生产人员和生产工作、运输工作及有关人员，二者分别各占比为 7.66%；最后是警察及军人，占比为 0.64%，见图 8 – 11。

五　监护人的收入与支出状况

从监护人年总收入情况来看，排名第一位的是收入在 100000 元以上的，占比为 23.10%；排名第二位的是收入在 40001～60000 元，占比为 22.30%；第三位的是收入在 20001～40000 元，占比

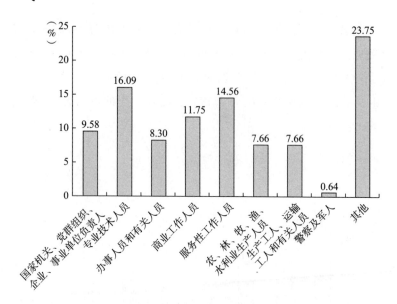

图 8-11　职业类型

为 17.20% ；第四位的是年收入在 60001 ~ 80000 元，占比为
14.70% ；第五位的是年收入在 80001 ~ 100000 元，占比为
13.20% ；第六位是年收入在 20000 元及以下的，占比为 9.50% ，
见图 8-12。

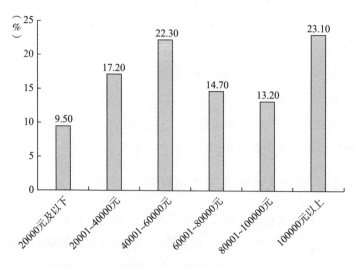

图 8-12　年总收入

从监护人支出情况来看，排名第一的，是年支出在 20001 ~ 40000 元，占比为 34.13%；排名第二的，是年支出在 40001 ~ 60000 元，占比为 20.60%；排名第三的，是年支出在 20000 元及以下，占比为 16.52%；排名第四的，是年支出在 60001 ~ 80000 元，占比为 11.74%；排名第五的，是年支出在 80001 ~ 100000 元，占比为 9.05%；排名最后的是年支出在 100000 元以上，占比为 7.96%，见图 8 - 13。

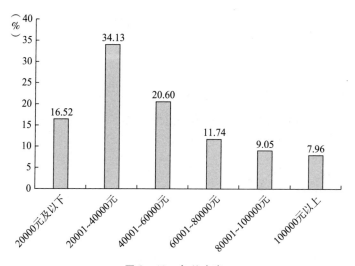

图 8 - 13　年总支出

从监护人自己判断其家庭经济档次来看，认为自己是平均水平的最多，占比为 62.04%；其次是低于平均水平，占比为 26.53%；第三是高于平均水平，占比为 6.52%；第四是远低于平均水平，占比为 4.06%；最后是远高于平均水平，占比为 0.85%，见图 8 - 14。

六　监护人对自己家庭的社会经济地位的主观判断

从监护人自己判断其家庭社会经济地位来看，认为自己是中

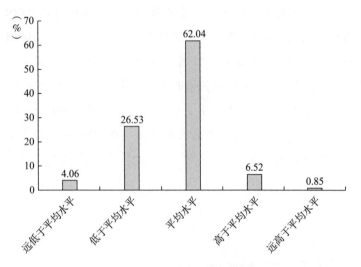

图 8 - 14 自评家庭经济档次

层的最多，占比为 49.14%；其次是中下层，占比为 34.86%；第三是下层，占比为 9.43%；第四是中上层，占比为 6.00%；最后是上层，占比为 0.57%，见图 8 - 15。

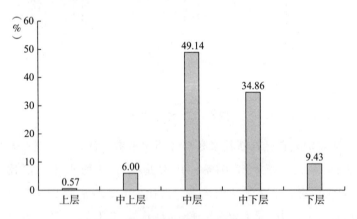

图 8 - 15 家庭社会经济地位层次

七 监护人的居住状况

从监护人家庭居住面积来看，平均居住面积为 119.14 平方米，中位数是 110.00 平方米，居住面积为 120 平方米的是最多者，最小居住面积只有 10 平方米，最大居住面积有 700 平方米，见图 8 - 16。

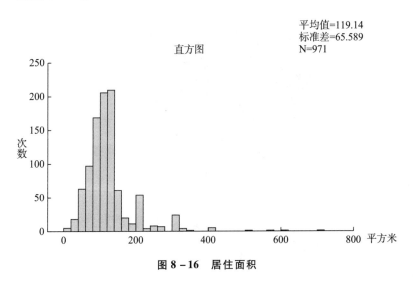

图 8 - 16　居住面积

八　监护人的宗教信仰构成

从监护人宗教信仰来看，无宗教信仰的最多，占比为 79.98%；第二是信仰佛教的，占比为 10.26%；第三是信仰基督教的，占比为 3.25%；第四是信仰拜神教的，占比为 2.95%；第五是信仰伊斯兰教的，占比为 1.93%；还有很少其他信仰的，信仰道教的占比为 0.91%，信仰其他宗教的占比为 0.41%，信仰天主教的占比为 0.30%，详见图 8 - 17。

九　监护人最大孩子的基本状况

从最大未成年孩子的性别来看，男性占比为 52.23%，女性占比为 47.67%，见图 8 - 18。从最大未成年孩子的年龄来看，平均年龄是 9.38 岁，频次最多的是 10 岁的孩子，见图 8 - 19。

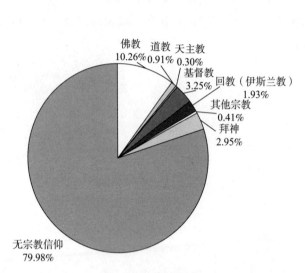

图 8 – 17　宗教信仰

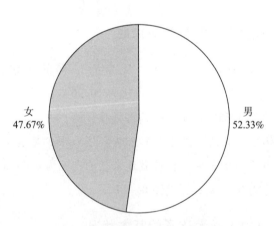

图 8 – 18　最大未成年孩子的性别

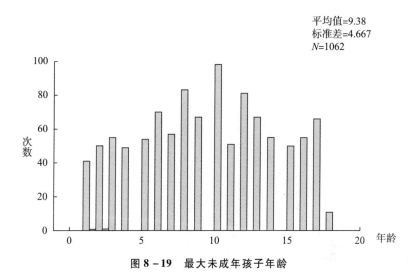

平均值=9.38
标准差=4.667
N=1062

图 8 - 19 最大未成年孩子年龄

从最大未成年孩子的健康状况来看，很健康的占比为
59.21%，比较健康的占比为32.01%，一般的占比为7.55%，比
较不健康的占比为0.66%，很不健康的占比为0.57%，见图
8 - 20。

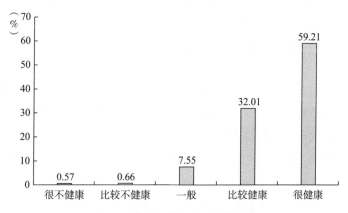

图 8 - 20 最大未成年孩子的健康状况

从最大未成年孩子上学情况来看，排名第一的是在读小学，
占比为40.92%；排名第二的是在读初中，占比为18.26%；排名
第三的是在读幼儿园，占比为16.20%；排名第四的是在读高中、

职高或中专，占比为 11.42% ；排名第五的是岁数太小还没有读幼儿园，占比为 9.55% ，见图 8 - 21。

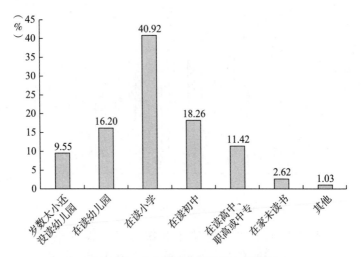

图 8 - 21　最大未成年孩子的上学情况

第二节　监护人对儿童保护的情况

一　亲子互动与关系情况

表 8 - 2 显示，多数监护人能够给孩子解释为什么要求做这些事情（均值 3.55）；多数监护人会鼓励孩子努力做事情，不讽刺和挖苦孩子（均值 3.67）；多数监护人会表达对孩子的爱（均值 3.75）；多数监护人会协调好家庭关系与气氛，为家庭和谐创造氛围（均值 3.82）；只有少数监护人不辅导孩子的学习（此为反向陈述指标，平均数 2.65）；多数监护人会教孩子如何保护自己（均值 4.03）；多数监护人会在孩子遇到困难时候，及时提出建议（均值 3.97）；多数监护人会尊重孩子选择朋友和活动的权利（均值 4.00）；绝大多数监护人会预防和制止孩子吸烟、酗酒、聚赌、吸毒、卖淫等行为（均值 4.59）；绝大多数监护人会预防

和制止孩子接触暴力、色情、淫秽等书籍、游戏和其他音像产品（均值 4.56）。但监护人与孩子一起游戏玩耍的太少（均值 3.51）；还有近 50% 的监护人打骂孩子（此为反向陈述指标，均值 2.34），这个比例还是比较高的。

表 8-2 亲子关系方面的行为情况（1＝从不，5＝总是）

	N	最小值	最大值	均值	标准差
B1-1 当您要求孩子做什么事，您是否解释为什么要这样做	1058	1	5	3.55	0.939
B1-2 您鼓励孩子努力去做事，不讽刺和挖苦孩子	1068	1	5	3.67	1.171
B1-3 您会表达对孩子的爱	1066	1	5	3.75	1.019
B1-4 您会协调好家庭关系与气氛，为家庭和谐创造氛围	1066	1	5	3.82	0.968
B1-5 您不辅导孩子的学习	**1064**	**1**	**5**	**2.65**	**1.236**
B1-6 您会和孩子一起游戏玩耍	1068	1	5	3.51	1.053
B1-7 您会教孩子如何保护自己	1067	1	5	4.03	0.870
B1-8 您会在孩子遇到困难时，及时提出建议	1068	1	5	3.97	0.907
B1-9 您会尊重孩子选择朋友和活动的权利	1068	1	5	4.00	0.897
B1-10 您会预防和制止孩子吸烟、酗酒、聚赌、吸毒、卖淫等行为	1064	1	5	4.59	0.827
B1-11 您会预防和制止孩子接触暴力、色情、淫秽等书籍、游戏和其他音像产品么	1060	1	5	4.56	0.842
B1-12 您会打骂孩子	**1067**	**1**	**5**	**2.34**	**0.936**

注：表中加黑字体为"反向陈述指标"。

二 监护人家庭环境安全保护情况

从监护人（主要是父母）对儿童的保护措施情况来看（表8-3），绝大多数监护人能够将热水、热汤锅、热水壶等放到孩子拿不到的地方（均值4.44）；绝大多数监护人能够做到将电源插座等做保护性处理或有漏电保护装置，防止孩子触电（均值4.35）；绝大多数监护人能够将刀子、剪子、叉子等锐器物品放到孩子拿不到的地方（均值为4.34）；绝大多数监护人能够将药物、药箱、化学品存放在孩子不能拿到的地方（均值为4.26）；多数监护人会在卫生间的地面防滑或铺有防滑垫（均值为3.80），多数监护人会将有棱角家具的边、角加上护套，防止孩子受伤（均值3.39），但后面这两项措施实施程度并不是很高，还有待提高普及程度。

表8-3 家庭环境安全保护情况（1=没有想过，5=完全做得到）

	N	最小值	最大值	均值	标准差
B2-1 将热水、热汤锅、热水壶等放到孩子拿不到的地方	1068	1	5	4.44	0.927
B2-2 将电源插座等做保护性处理或有漏电保护装置，防止孩子触电	1069	1	5	4.35	1.065
B2-3 将刀子、剪子、叉子等锐器物品放到孩子拿不到的地方	1070	1	5	4.34	0.981
B2-4 将药物、药箱、化学品存放在孩子不能拿到的地方	1064	1	5	4.26	1.133
B2-5 卫生间的地面防滑或铺有防滑垫	1066	1	5	3.80	1.429
B2-6 将有棱角家具的边、角加上护套，防止孩子受伤	1069	1	5	3.39	1.509

表8-4显示最大未成年孩子过去一年没有任何负面行为的

比例还是比较高的，占 84.32%，而负面行为发生的频率与儿童问卷相比，绝对数量和比例都要低一些，最多的是打架斗殴行为，占 7.32%；第二位是孩子有故意毁坏财物行为，占 4.60%；第三位是多种原因辍学，占 2.16%；第四位是孩子不满 16 周岁，但脱离监护人单独居住，占 1.88%；第五位是整夜不归宿行为，占 1.31%；第六位是孩子有离家出走行为，占 1.13%；后面参与赌博或者变相赌博的行为，有吸毒行为等不良行为都还有一定比例，虽然占比不高，但明显比儿童告知的要低很多，说明有些儿童受到伤害的情况监护人是不知道的，但仍然是我们急需要关注的问题。

表 8-4 最大未成年孩子过去一年发生负面行为的比例

	N	最小值	最大值	平均数（比例）	标准差
B3-1 孩子因为多种原因辍学	1065	0	1	0.0216	0.145
B3-2 孩子有离家出走行为	1065	0	1	0.0113	0.106
B3-3 孩子有整夜不归宿行为	1065	0	1	0.0131	0.114
B3-4 孩子不满 16 周岁，但脱离监护人单独居住	1065	0	1	0.0188	0.136
B3-5 孩子有参与赌博或者变相赌博的行为	1064	0	1	0.0047	0.068
B3-6 孩子有吸毒行为	1065	0	1	0.0009	0.031
B3-7 孩子有打架斗殴行为	1065	0	1	0.0732	0.261
B3-8 孩子有偷窃行为	1065	0	1	0.0103	0.101
B3-9 孩子有故意毁坏财物行为	1065	0	1	0.0460	0.210
B3-10 孩子有强行向他人索要财物的行为	1065	0	1	0.0056	0.075
B3-11 其他行为	1065	0	1	0.0122	0.086
B3-12 以上行为都没有	1065	0	1	0.8432	0.364

监护人是否对于邻居家孩子越轨情况比较清楚呢？因此，笔者也调查了监护人对邻居家孩子越轨行为的了解情况。表 8 - 5 显示，大约一半的监护人不知道其邻居家的孩子受到过伤害或者侵害的事情，占比为 46.53%；排在第二位的，是各种越轨行为都没有，占比为 31.24%；第三位，孩子有打架斗殴行为，占比为 12.57%；第四位，是孩子因为各种原因辍学，占比为 7.41%；第五位，故意毁坏财物行为，占比为 5.44%；第六位，孩子有离家出走行为，占比为 5.35%；第七位，偷窃行为，占比为 3.38%；后面依次是不满 16 周岁但脱离监护人单独居住（占比为 2.91%），孩子有整夜不归宿行为（占比为 2.91%），参与赌博或者变相赌博的行为（占比为 1.78%），孩子有强行向他人索要财物的行为（占比为 1.97%），其他行为（占比为 1.41%），吸毒行为（占比为 0.38%）。其中，虽然吸毒行为排名靠后，绝对比例并不是很大，但相对比较，这个数字还是很高的，这是应该引起我们重视的问题。

表 8 - 5   邻家孩子过去一年越轨事件发生情况的比例

	N	最小值	最大值	平均数（比例）	标准差
B4 - 1 孩子因为多种原因辍学	1066	0	1	0.0741	0.262
B4 - 2 孩子有离家出走行为	1066	0	1	0.0535	0.225
B4 - 3 孩子有整夜不归宿行为	1065	0	1	0.0291	0.168
B4 - 4 孩子不满 16 周岁，但脱离监护人单独居住	1066	0	1	0.0291	0.168
B4 - 5 孩子有参与赌博或者变相赌博的行为	1065	0	1	0.0178	0.132
B4 - 6 孩子有吸毒行为	1066	0	1	0.0038	0.061
B4 - 7 孩子有打架斗殴行为	1066	0	1	0.1257	0.332
B4 - 8 孩子有偷窃行为	1065	0	1	0.0338	0.181
B4 - 9 孩子有故意毁坏财物行为	1066	0	1	0.0544	0.227

	N	最小值	最大值	平均数 （比例）	标准差
B4－10 孩子有强行向他人索要财物的行为	1066	0	1	0.0197	0.139
B4－11 其他行为	1066	0	1	0.0141	0.061
B4－12 以上行为都没有	1066	0	1	0.3124	0.464
B4－13 不知道	1066	0	1	0.4653	0.499

三　孩子受伤害的情况

为便于监护人回忆，笔者以过去一年孩子受伤害情况来进行调查，调查发现，在过去一年中，有 20.77% 的儿童受到过伤害，见图 8－22。这个比例与儿童问卷相比是比较低的，儿童问卷有超过一半的儿童受到过伤害。为什么监护人与儿童在对伤害认定问题上差异那么大呢？笔者认为这主要取决于三个因素，一个是儿童对伤害的感知度要高一些；二是有些儿童受到伤害不敢告知监护人；三是监护人因为工作与家务事情较忙，对儿童受到的伤害忽视了。这些伤害是哪些类型呢？表 8－6 显示，排在第一位的，是在家中被意外伤害（如跌伤、碰伤、烧伤等），占比为 49.56%；第二位，是在外面被意外伤害（如跌伤、碰伤、烧伤、落水等），占比为 30.97%；第三位，是在学校被其他同学打，占比为 17.70%；第四位，三种情况并列：孩子被人欺骗过，占比为 7.52%；孩子在家中被家长打，占比为 7.52%；因为交通事故而受到伤害，占比为 7.52%；排在后面的依次是在家庭或学校外面被人打伤（占比为 3.98%），在学校被老师打（占比为 3.54%），其他（占比为 3.54%），被凌辱过或被歧视过（占比为 1.33%），被遗弃过（占比为 0.44%），被拐卖过（占比为 0.00%）。其中，监护人对于孩子被拐卖过的回答为零，说明对此问题的认知，监护人与儿童是

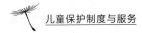

有明显的差距，因为在儿童问卷中有大约2%儿童选择遇到过。

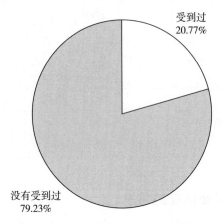

图 8 – 22　最大未成年孩子过去一年是否受过伤害（N = 1045）

表 8 – 6　各类伤害或侵害事件的发生比例（以受过伤害者为参照）

	N	最小值	最大值	平均数（比例）	标准差
B6 – 1 在家中被意外伤害（如跌伤、碰伤、烧伤等）	226	0	1	0.4956	0.501
B6 – 2 在外面被意外伤害（如跌伤、碰伤、烧伤、落水等）	226	0	1	0.3097	0.463
B6 – 3 因为交通事故而受到伤害	226	0	1	0.0752	0.264
B6 – 4 在家中被家长打	226	0	1	0.0752	0.264
B6 – 5 在学校被其他同学打	226	0	1	0.1770	0.383
B6 – 6 在学校被老师打	226	0	1	0.0354	0.185
B6 – 7 在家庭或学校外面被人打伤	226	0	1	0.0398	0.196
B6 – 8 孩子被人欺骗过	226	0	1	0.0752	0.264
B6 – 9 孩子被凌辱过或被歧视过	226	0	1	0.0133	0.115
B6 – 10 被遗弃过	226	0	1	0.0044	0.067
B6 – 11 被拐卖过	226	0	0	0.0000	0.000
B6 – 12 其他	226	0	1	0.0354	0.185

　　监护人面对儿童的各种伤害，他应该如何选择呢？他们如何寻求帮助？找谁帮助？调查发现（见表8-7），排在第一位的，是监护人仍然与儿童一样，找亲戚帮助，占比为40.93%，这个比例比儿童问卷还要高（儿童问卷只有38.44%）；第二位是找学校寻求帮助，占比为34.88%。儿童问卷中找学校寻求帮助的明显要低一些，只有24.41%，这说明监护人比儿童更信任学校；第三位是找邻居寻求帮助，占比为34.42%；第四位是找公安局寻求帮助，占比为13.02%；第五位是沉默，没有寻求任何帮助，占比为12.50%；后面依次选择了找社区（村）委员会寻求帮助（占比为8.84%）、其他选择（占比为4.19%）、找相关公益社会组织寻求帮助（占比为3.72%）、找当地关心下一代工作委员会寻求帮助（占比为1.87%）、找当地共青团寻求帮助（占比为1.40%）、找当地妇女儿童工作委员会寻求帮助（占比为2.79%）、找当地妇女联合会寻求帮助（占比为1.40%）。从对此问题的回答来看，成人比儿童更不信赖公共服务资源，更是靠私人资源去寻求解决问题，这再次说明多数中国人缺乏公共意识，缺乏法治观念和用法治思维解决问题的能力；同时也说明我们的公共服务尤其对儿童的公共服务还没有完全满足人民的需要，还有很多值得改进的方面。

表8-7　受伤害或侵害时各帮助方案的选择比例

	N	最小值	最大值	平均数（比例）	标准差
B7-1 找亲戚帮助	215	0	1	0.4093	0.493
B7-2 找学校寻求帮助	215	0	1	0.3488	0.478
B7-3 找邻居寻求帮助	215	0	1	0.3442	0.476
B7-4 找社区（村）委员会寻求帮助	215	0	1	0.0884	0.284
B7-5 找当地共青团寻求帮助	215	0	1	0.0140	0.118

	N	最小值	最大值	平均数（比例）	标准差
B7-6 找当地妇女联合会寻求帮助	215	0	1	0.0140	0.118
B7-7 找当地妇女儿童工作委员会寻求帮助	215	0	1	0.0279	0.165
B7-8 找当地关心下一代工作委员会寻求帮助	214	0	1	0.0187	0.136
B7-9 找公安局寻求帮助	215	0	1	0.1302	0.337
B7-10 找相关公益社会组织寻求帮助	215	0	1	0.0372	0.190
B7-11 其他	215	0	1	0.0419	0.201
B7-12 沉默，没有寻求任何帮助	216	0	1	0.1250	0.331

四 监护人对邻居家孩子受伤害的知悉情况

笔者也调查了监护人对于邻居家孩子受伤害的知悉情况。表8-8显示，有超过一半多的监护人不知道邻居家孩子受到过伤害或者侵害的事情，占比为69.11%；这也比较正常，别人家孩子与自己有什么关系呢？另一方面，还是可以说明监护人关心邻居家孩子是不够的，过去那种熟人社会可能正在瓦解。排在第二位的，是在家中被意外伤害（如跌伤、碰伤、烧伤等），占比为12.55%；第三位，是在外面被意外伤害（如跌伤、碰伤、烧伤、落水等），占比为10.14%；第四位，是在学校被其他同学打，占比为7.14%；第五位，是在家庭、学校外面被人打伤，占比为4.83%；第六位，是在家中被家长打，占比为4.34%；第七位，是因为交通事故而受到伤害，占比为4.15%；第八位，被人欺骗过，占比为2.99%；排在后面的依次是其他（占比为1.64%），在学校被老师打（占比为1.06%），被凌辱过或被歧视过（占比为0.77%），被拐卖过（占比为0.29%），被遗弃过（占比为0.00%）。这些数据总体比儿童问卷得到的数据要低一些，说明儿童更了解情况，也最诚实反映问题，监护人由于社会角色问题或者社会焦虑、社会信任等问题，有很多问题知道事实也不愿或者不方便反映出来。即使这样，这些数据也暴露了我们儿童保护方面的问题还很多，必须引起我们高度关注。

表 8-8　邻居家孩子过去一年各伤害类型发生比例

	N	最小值	最大值	平均数（比例）	标准差
B8-1 在家中被意外伤害（如跌伤、碰伤、烧伤等）	1036	0	1	0.1255	0.331
B8-2 在外面被意外伤害（如跌伤、碰伤、烧伤、落水等）	1036	0	1	0.1014	0.302
B8-3 因为交通事故而受到伤害	1036	0	1	0.0415	0.200
B8-4 在家中被家长打	1036	0	1	0.0434	0.204
B8-5 在学校被其他同学打	1036	0	1	0.0714	0.258
B8-6 在学校被老师打	1036	0	1	0.0106	0.103
B8-7 在家庭或学校外面被人打伤	1036	0	1	0.0483	0.214
B8-8 孩子被人欺骗过	1036	0	1	0.0299	0.170
B8-9 孩子被凌辱过或被歧视过	1036	0	1	0.0077	0.088
B8-10 被遗弃过	1036	0	0	0.0000	0.000
B8-11 被拐卖过	1036	0	1	0.0029	0.054
B8-12 其他	1036	0	1	0.0164	0.120
B8-13 不知道	1036	0	1	0.6911	0.462

笔者想知道孩子生病后主要是谁负责照顾孩子，调查数据显示，第一照顾者，监护人选择母亲的最多，占比为 72.13%；第二照顾者，选择最多的是父亲，占比为 51.74%；第三照顾者，选择最多的是爷爷奶奶，占比为 43.32%。见图 8-23、图 8-24、图 8-25。

笔者还想知道是什么因素影响监护人对孩子的打骂行为，调查数据显示，让监护人选择被其打骂的第一位原因，62.17% 的监护人选择了是因为孩子做了错事；第二位原因，首选的是因为

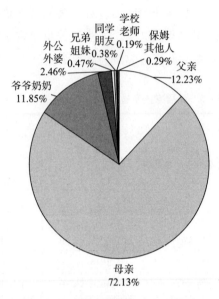

图 8 - 23　第一照顾者（N = 1055）

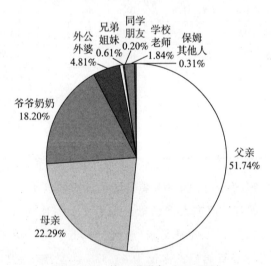

图 8 - 24　第二照顾者（N = 978）

孩子学习方面的问题，占比为 45. 34% ；第三位原因，首选的是家务劳动方面的问题，占比为 43. 70% 。详见图 8 - 26、图 8 - 27、图 8 - 28。

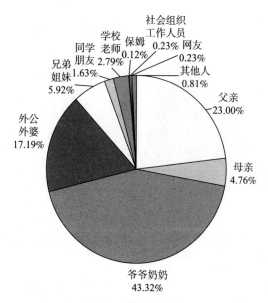

图 8 – 25 第三照顾者 （N = 861）

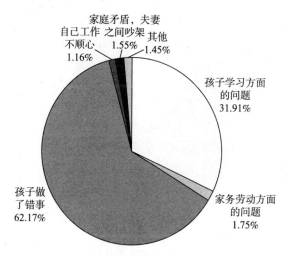

图 8 – 26 打骂孩子的第一原因 （N = 1031）

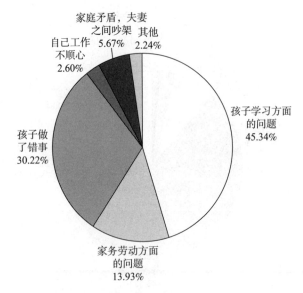

图 8 - 27　打骂孩子的第二原因 （*N* = 847）

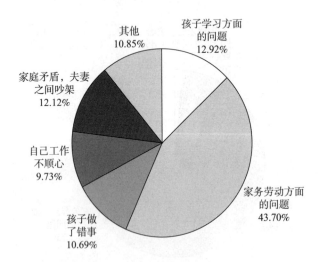

图 8 - 28　打骂孩子的第三原因 （*N* = 627）

第三节　监护人对儿童保护的认知

一　对于儿童生存与发展权利的认知

笔者对于调查的问题进行赋值处理，最小值1分，最大值5分，表8-9显示，各个问题的赋值如下：生男生女都一样，女孩子应该与男孩子一样具有幸福生活的权利（平均数4.75）；孩子如果生病，我们即使倾家荡产也要治疗他（平均数4.80）；严重残疾的儿童可以让他们自然死亡（此为反向陈述指标，平均数1.84）；儿童出生时无论是否有病或者残疾，都有生命的权利（平均数4.67）；宁可家长挨饿，也不能让孩子挨饿（平均数4.65）；可以将幼儿独自留在家中（此为反向陈述指标，平均数1.59）；家长不能忙着工作赚钱，而影响孩子的生活与成长（平均数4.28）；家长有责任监管未成年孩子（平均数4.80）；女孩子应该与男孩子一样上学（平均数4.83）；无论是什么民族、什么地位的儿童，我们都应该尊重他的文化、语言、价值观（平均数4.82）；儿童有表达自己意愿的权利（平均数4.69）；棒打出孝子，父母有权力打自己的孩子（此为反向陈述指标，平均数2.47）。从这些问题的得分看，监护人对于儿童自然权利的认知是比较好的，普遍得分较高；其中，只有"棒打出孝子，父母有权力打自己的孩子"这个问题的得分不高，这与中国传统文化将儿童看成家庭集体一员，缺乏儿童权利的认知有关系。

表8-9　监护人对儿童生存与发展权利的认知
（1=完全不正确，5=完全正确）

	N	最小值	最大值	平均数	标准差
C1-1 生男生女都一样，女孩子应该与男孩子一样具有幸福生活的权利	1064	1	5	4.75	0.655

	N	最小值	最大值	平均数	标准差
C1-2 孩子如果生病，我们即使倾家荡产也要治疗他	1062	1	5	4.80	0.534
C1-3 严重残疾的儿童可以让他们自然死亡	**1054**	**1**	**5**	**1.84**	**1.243**
C1-4 儿童出生时无论是否有病或者残疾，都有生命的权利	1061	1	5	4.67	0.801
C1-5 宁可家长挨饿，也不能让孩子挨饿	1061	1	5	4.65	0.789
C1-6 可以将幼儿独自留在家中	**1060**	**1**	**5**	**1.59**	**1.072**
C1-7 家长不能忙着工作赚钱，而影响孩子的生活与成长	1063	1	5	4.28	1.048
C1-8 家长有责任监管未成年孩子	1063	1	5	4.80	0.479
C1-9 女孩子应该与男孩子一样上学	1061	1	5	4.83	0.550
C1-10 无论是什么民族、什么地位的儿童，我们都应该尊重他的文化、语言、价值观	1061	1	5	4.82	0.515
C1-11 儿童有表达自己意愿的权利	1061	1	5	4.69	0.659
C1-12 棒打出孝子，父母有权力打自己的孩子	**1063**	**1**	**5**	**2.47**	**1.212**

注：表中加黑字体为"反向陈述指标"。

二 监护人对自身职责与义务的认知

表8-10显示，各个问题的得分如下：监护人不得虐待、遗弃未成年人（平均数4.83）；监护人必须使适龄未成年人按照规定接受并完成规定年限的义务教育（平均数4.79）；监护人应当预防和制止未成年吸烟、酗酒、流浪以及聚赌、吸毒、卖淫等行为（平均数4.85），监护人不得允许或者使未成年人

结婚，不得为未成年人订立婚约（平均数4.63），监护人允许未满16周岁的未成年人做童工（此为反向陈述指标，平均数2.14）；监护人在未成年人对国家、集体或他人造成损害时，有赔偿经济损失的义务（平均数4.43）；监护人对10岁以上的未成年人的信件不得随意拆开（平均数3.97）；监护人除为被监护人的利益外，不得处理被监护人的财产（钱、物、房产等）（平均数4.06），监护人在未成年人的合法权益受到侵害时，没有权力要求有关主管部门处理，或者依法向人民法院提起诉讼（此为反向陈述指标，平均数2.03）；监护人对未成年人不履行监护职责或者侵害其合法权益的，应当依法承担责任（平均数4.60）。总体来讲，这些问题得分都还比较高，绝大多数是在4分以上，说明监护人对于自身承担的义务职责的认知还是比较好的，得分较低的是二个反向陈述问题，监护人允许未满16周岁的未成年人做童工；监护人在未成年人的合法权益受到侵害时，没有权力要求有关主管部门处理，或者依法向人民法院提起诉讼。

表8-10　监护人对自身职责与义务认知各指标的描述性统计资料
（1＝完全不正确，5＝完全正确）

	N	最小值	最大值	平均数	标准差
C2-1 监护人不得虐待、遗弃未成年人	1067	1	5	4.83	0.573
C2-2 监护人必须使适龄未成年人按照规定接受并完成规定年限的义务教育	1065	2	5	4.79	0.522
C2-3 监护人应当预防和制止未成年吸烟、酗酒、流浪以及聚赌、吸毒、卖淫等行为	1065	1	5	4.85	0.527
C2-4 监护人不得允许或者使未成年人结婚，不得为未成年人订立婚约	1064	1	5	4.63	0.830

续表

	N	最小值	最大值	平均数	标准差
C2－5 监护人允许未满 16 周岁的未成年人做童工	**1063**	**1**	**5**	**2.14**	**1.553**
C2－6 监护人在未成年人对国家、集体或他人造成损害时，有赔偿经济损失的义务	1064	1	5	4.43	0.919
C2－7 监护人对 10 岁以上的未成年人的信件不得随意拆开	1063	1	5	3.97	1.172
C2－8 监护人除为被监护人的利益外，不得处理被监护人的财产（钱、物、房产等）	1057	1	5	4.06	1.152
C2－9 监护人在未成年人的合法权益受到侵害时，没有权力要求有关主管部门处理，或者依法向人民法院提起诉讼	**1062**	**1**	**5**	**2.03**	**1.522**
C2－10 监护人对未成年人不履行监护职责或者侵害其合法权益的，应当依法承担责任	1064	1	5	4.60	0.796

注：表中加黑字体为"反向陈述指标"。

三　监护人对儿童权利的认知

对监护人关于儿童权利的认知，各个问题的得分由高到低依次如下（见表 8－11）：儿童有受到社会保护的权利（平均数为 4.09，此数据比儿童问卷低，儿童问卷数据为 4.16），儿童有出生和生活的权利（平均数为 3.84，此数据比儿童问卷高一点，儿童问卷数据为 3.78），儿童有发展能力和知识的权利（平均数为 3.73，此数据比儿童问卷低，儿童问卷数据为 3.98），儿童有参加社会活动的权利（平均数为 3.65，此数据比儿童问卷低，儿童问卷数据为 3.72）。监护人对于儿童权利的认知明显差于对监护人职责义务的认知，这说明监护人缺乏对儿童权利的认知教育。

表 8 - 11　监护人对儿童四大权利的认知（1 = 完全不知道，5 = 非常熟悉）

	N	最小值	最大值	平均数	标准差
C3 - 1 儿童有出生和生活的权利	1067	1	5	3.84	1.127
C3 - 2 儿童有发展能力和知识的权利	1065	1	5	3.73	1.117
C3 - 3 儿童有参加社会活动的权利	1066	1	5	3.65	1.153
C3 - 4 儿童有受到社会保护的权利	1067	1	5	4.09	1.021

四　监护人对儿童相关法律法规的认知

对监护人关于儿童相关法律法规的认知得分由高到低依次如下（见表 8 - 12）：《中华人民共和国义务教育法》（平均数为3.60），《中华人民共和国未成年人保护法》（平均数为 3.37），《禁止使用童工的规定》（平均数为 3.33），《中华人民共和国预防未成年人犯罪法》（平均数为 3.14），《联合国儿童权利公约》（平均数为 2.33）。由得分平均数看出，监护人对于相关法律法规的认知明显差于对监护人职责义务的认知，也低于儿童权利的认知，这说明我们对监护人缺乏相关儿童的法律法规的教育。

表 8 - 12　监护人对儿童相关法律法规认知各指标的描述性统计资料
（1 = 完全不熟悉，5 = 非常熟悉）

	N	最小值	最大值	平均数	标准差
C4 - 1《联合国儿童权利公约》	1064	1	5	2.33	1.198
C4 - 2《中华人民共和国未成年人保护法》	1065	1	5	3.37	1.191
C4 - 3《中华人民共和国义务教育法》	1062	1	5	3.60	1.172
C4 - 4《禁止使用童工的规定》	1064	1	5	3.33	1.224
C4 - 5《中华人民共和国预防未成年人犯罪法》	1065	1	5	3.14	1.252

监护人对于儿童相关法律法规的认知是通过什么途径获得的呢？表 8 - 13 显示，首先还是学校（占比为 61.48%），依次由高

到低还有政府部门（占比为 59.86%）、社区（占比为 28.66%）、家庭（占比为 21.14%）、公安或派出所（占比为 18.50%）、社会工作机构（占比为 15.24%）、其他（占比为 14.33%）、法律机构（占比为 14.23%）、儿童服务机构（占比为 9.36%）。排在后面的仍然是儿童服务机构、法律机构和社会工作机构，说明社会组织尤其是服务儿童的社会组织和社会工作组织还需要提高自身的影响力，加强对儿童相关法律法规的宣传。

表 8 – 13　监护人了解儿童法规政策各途径的比例

	N	最小值	最大值	平均数（比例）	标准差
C5 – 1 政府部门	984	0	1	0.5986	0.490
C5 – 2 学校	984	0	1	0.6148	0.487
C5 – 3 公安或派出所	984	0	1	0.1850	0.388
C5 – 4 社区	984	0	1	0.2866	0.452
C5 – 5 社会工作机构	984	0	1	0.1524	0.360
C5 – 6 儿童服务机构	983	0	1	0.0936	0.291
C5 – 7 法律机构	984	0	1	0.1423	0.350
C5 – 8 家庭	984	0	1	0.2114	0.408
C5 – 9 其他	984	0	1	0.1433	0.351

五　监护人对儿童安全保护的认知

监护人关于儿童安全保护的认知得分由高到低如下（见表 8 – 14）：不能让未成年的孩子去河里或池塘里游泳（平均数 4.69，此数据高于儿童问卷，儿童问卷数据为 4.56）；购买玩具时，要选择有安全标识的玩具（平均数为 4.55，此数据低于儿童问卷，儿童问卷数据为 4.61）；自己的私家车，对幼小儿童必须配备儿童安全座椅（平均数 4.55，此数据低于儿童问卷，儿童问卷数据为4.60）；在运动前应做充分准备活动（平均数为4.51，此数据低于儿童问卷，儿童问卷数据为4.68）；进餐时不能逗乐或者责骂孩子（平均数为4.46.此数据高于儿童问卷，儿童问卷数据为4.43）；遇有小面积烧烫伤时，立即用大量冷水冲洗15～30秒（平均数为3.83，此数据低于儿童问卷，儿童问卷数据为3.88）；当孩子被鱼刺卡喉时，最好吞咽大块食物（此为反向陈述指标，平均数为2.37，此数据好于儿童问卷，儿童问卷数据为2.43）；孩子扭伤后，应该马上热敷或按摩，不应冷敷（此为反向陈述指标，平均数3.06，此数据也好于儿童问卷，儿童问卷数据为3.49）。

表8-14 监护人对儿童安全保护的认知（1=完全不正确，5=完全正确）

	N	最小值	最大值	平均数	标准差
C6-1 给孩子购买玩具时，要选择有安全标识的玩具	1068	1	5	4.55	0.735
C6-2 遇有小面积烧烫伤时，立即用大量冷水冲洗15～30秒	1066	1	5	3.83	1.220
C6-3 进餐时不能逗乐或者责骂孩子	1068	1	5	4.46	0.789
C6-4 在运动前应做充分准备活动	1063	1	5	4.51	0.785
C6-5 孩子扭伤后，应该马上热敷或按摩，不应冷敷	**1062**	**1**	**5**	**3.06**	**1.452**
C6-6 当孩子被鱼刺卡喉时，最好吞咽大块食物	**1061**	**1**	**5**	**2.37**	**1.406**
C6-7 不能让未成年的孩子去河里或池塘里游泳	1063	1	5	4.69	0.832
C6-8 自己的私家车，对幼小儿童必须配备儿童安全座椅	1066	1	5	4.55	0.801

注：表中加黑字体为"反向陈述指标"。

六 监护人对儿童保护工作者（包括机构）的认知

监护人对儿童保护工作者的认知得分由高到低依次如下（见表 8 - 15）：妇女联合会（平均数为 3.12，此数据高于儿童问卷，儿童问卷数据为 2.56）、共青团（平均数为 3.06，此数据高于儿童问卷，儿童问卷数据为 2.87）、救助站流浪未成年人救助保护中心（平均数为 2.89，此数据低于儿童问卷，儿童问卷数据为 3.00）、妇女儿童工作委员会（平均数为 2.80，此数据高于儿童问卷，儿童问卷数据为 2.55）、社会工作专业服务组织（平均数为 2.48，此数据低于儿童问卷，儿童问卷数据为 2.61）、社会工作者（平均数为 2.65，此数据低于儿童问卷，儿童问卷数据为 2.79）、关心下一代工作委员会（平均数为 2.61，此数据低于儿童问卷，儿童问卷数据为 2.63）、当地民间儿童保护公益组织（平均数为 2.46，此数据低于儿童问卷，儿童问卷数据为 2.78）。总体而言，对于儿童保护工作者（包括机构）的认知得分较低，这说明我们这些工作机构工作还没有很好地得到监护人的知晓和认可。

表 8 - 15 对儿童保护组织或工作者熟悉程度的描述性统计
（1 = 很不熟悉，5 = 非常熟悉）

	N	最小值	最大值	平均数	标准差
C7 - 1 共青团	1065	1	5	3.06	1.203
C7 - 2 妇女联合会	1066	1	5	3.12	1.120
C7 - 3 妇女儿童工作委员会	1061	1	5	2.80	1.165
C7 - 4 关心下一代工作委员会	1060	1	5	2.61	1.224
C7 - 5 救助站流浪未成年人救助保护中心	1063	1	5	2.89	1.225
C7 - 6 当地民间儿童保护公益组织	1064	1	5	2.46	1.236
C7 - 7 社会工作专业服务组织	1064	1	5	2.48	1.295
C7 - 8 社会工作者	1066	1	5	2.65	1.312

七　监护人对外部环境安全性和相关责任者保护责任的认知

对于"孩子在外面活动是否安全？"有 34.78% 的监护人认为比较安全（儿童问卷同样问题有 37.95% 的儿童认为"比较安全"），仅仅有 4.73% 认为非常安全（儿童问卷同样问题有 12.32% 的儿童认为"非常安全"），二者合计 39.51%；而有 30.62% 认为一般（儿童问卷同样问题有 29.33% 的儿童认为"一般"），有 25.14% 认为不太安全（儿童问卷同样问题有 16.30% 的儿童认为"不太安全"），有 4.73% 认为非常不安全（儿童问卷同样问题有 4.10% 的儿童认为"非常不安全"），详见图 8 - 29。认为不太安全和非常不安全的合计 29.87%，远高于儿童问卷的 20.4%，这说明监护人比儿童更认为外部环境不是很安全，只有近 40% 的监护人认为儿童外边环境是安全和比较安全的，这充分说明当前我国儿童生活环境安全性还存在相当多的隐患。

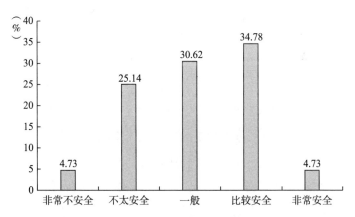

图 8 - 29　孩子在外面活动是否安全（$N = 1058$）

监护人是如何认识政府的责任，政府是否有责任保护儿童呢？有 59.43% 完全同意此问题（高于儿童问卷的 54.96%），有 35.66% 同意此问题（高于儿童问卷的 33.82%），二者合计

95.09%，高于儿童问卷的 88.78%，详见图 8 - 30，可见对此问题，监护人比儿童的认识更为清楚，也对政府有更多期待。

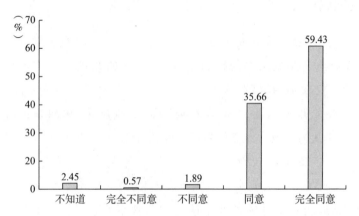

图 8 - 30　政府是否有责任保护儿童权利不受侵犯（N = 1060）

政府有没有尽到保护儿童权利不受侵害的责任？监护人是如何看待此问题呢？调查发现，有 26.16% 的监护人认为政府尽到了大部分责任（低于儿童问卷的 42.05%），有 34.60% 的监护人认为政府尽到了一半的责任（高于儿童问卷的 29.72%），有25.40% 的监护人认为只是尽到少部分责任（高于儿童问卷的15.37%），有 10.33% 监护人认为政府几乎都没有尽到责任（高于儿童问卷的 5.08%），还有 3.51 的监护人不知道如何回答此问题（低于儿童问卷的 7.78%）。详见图 8 - 31。很显然，监护人比儿童本身对儿童权益保护更加不满意，多数监护人认为政府在保护儿童方面没有完全尽到责任或者只尽到部分责任。

监护人又是如何看待自己对于儿童是否尽到责任呢？对于"是不是每个父母都做到了照顾好自己的子女"这个问题，有47.88% 的监护人认为自己尽到了大部分责任（此问题监护人比儿童问卷低，儿童问卷为 52.84%），有 37.23% 的监护人认为自己尽到了一半的责任（此问题监护人比儿童问卷高，儿童问卷为29.44%），有 13.10% 的监护人认为只是尽到少部分责任（此问

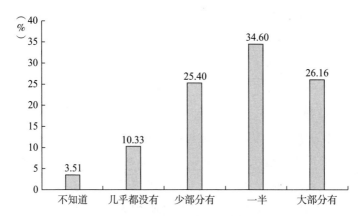

图 8 - 31　政府有没有尽到保护儿童的责任（N = 1055）

题监护人比儿童问卷高，儿童问卷为 11.30%），有 0.28% 的监护人认为自己几乎没有尽到责任（此问题监护人比儿童问卷低，儿童问卷为 1.90%），还有 1.51% 的监护人不知道如何回答此问题（此问题监护人比儿童问卷低，儿童问卷为 4.52%）。详见图 8 - 32。很明显，监护人对于自己应尽的职责也是不很满意的，而且比儿童还不满意，有 50.61% 的监护人认为自己至少尽到一半责任或者少部分责任或者没有尽到责任；也就是在监护人的眼里，一半以上的父母是不称职的。

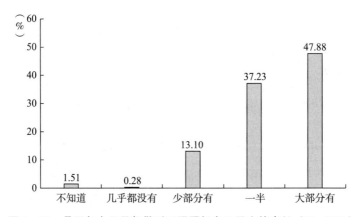

图 8 - 32　是否每个父母都做到了照顾好自己子女的责任（N = 1061）

监护人对我国儿童保护现状又如何进行总体评价呢？调查发现，有 32.29% 的监护人认为儿童保护现状总体比较好（此问题监护人比儿童问卷低，儿童问卷为 36.61%），有 5.95% 的监护人认为儿童保护现状总体比较好（此问题监护人比儿童问卷低，儿童问卷为 18.02%），二者之和 38.24%，也就是只有少数监护人对儿童保护现状总体是满意或者比较满意的（此问题监护人比儿童问卷低，儿童问卷为 54.63%）；但有 40.98% 的监护人认为是一般（此问题监护人比儿童问卷高，儿童问卷为 32.53%），还有 16.81% 认为总体不是很好（此问题监护人比儿童问卷高，儿童问卷为 9.77%），有 3.97% 认为总体很不好（此问题监护人比儿童问卷高，儿童问卷为 3.07%），详见图 8－33。很明显，还有相当多的监护人对于儿童的保护现状总体评价不高，甚至部分监护人是相当不满意的，这些评价和满意度是低于儿童的。

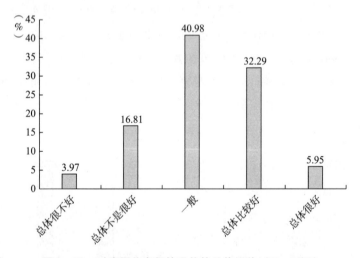

图 8－33　对我国儿童保护现状的总体评价（N = 1059）

监护人认为我国儿童保护最需要做什么工作呢？表 8－16 显示，有 73.73% 的监护人选择了"加强全社会对儿童的保护"（此问题监护人比儿童问卷高，儿童问卷为 55.26%），有 72.60% 的监护人选择了"加强儿童的学校保护"（此问题监护人

比儿童问卷高，儿童问卷为 67.54%），有 65.16% 的监护人选择
了"完善相关儿童保护法规与加强儿童司法保护"（此问题监护
人比儿童问卷高，儿童问卷为 57.59%），有 64.69% 的监护人选
择了"加强儿童自身的保护意识"（此问题监护人比儿童问卷高，
儿童问卷为 60.76%），有 63.84% 的监护人选择了"加强家长对
儿童的保护意识"（此问题监护人比儿童问卷高，儿童问卷为
62.13%），有 62.49% 的监护人选择了"加强儿童保护的宣传与
认识"（此问题监护人比儿童问卷高，儿童问卷为 58.91%），有
57.44% 的监护人选择了"明确儿童保护的政府机构及其职能"
（此问题监护人比儿童问卷高，儿童问卷为 44.35%），有
56.03% 的监护人选择了"加强儿童的家庭保护"（此问题监护人
比儿童问卷低，儿童问卷为 57.02%），有 44.35% 的监护人选择
了"促进民间公益组织参与儿童保护"（此问题监护人比儿童问
卷高，儿童问卷为 38.82%）。从总体上看，监护人比儿童更看重
从宏观的角度、从社会的角度、从法律规范的角度去建立儿童保
护体系，儿童比监护人更看重家庭的保护。

表 8 - 16　各种类型的儿童保护工作被选择的比例

	N	最小值	最大值	平均数（比例）	标准差
C13 - 1 完善相关儿童保护法规与加强儿童司法保护	1062	0	1	0.6516	0.477
C13 - 2 明确儿童保护的政府机构及其职能	1062	0	1	0.5744	0.495
C13 - 3 加强儿童保护的宣传与认识	1061	0	1	0.6249	0.484
C13 - 4 加强儿童的学校保护	1062	0	1	0.7260	0.446
C13 - 5 加强儿童的家庭保护	1062	0	1	0.5603	0.497
C13 - 6 加强全社会对儿童的保护	1062	0	1	0.7373	0.440

	N	最小值	最大值	平均数（比例）	标准差
C13 - 7 加强儿童自身的保护意识	1062	0	1	0.6469	0.478
C13 - 8 加强家长对儿童的保护意识	1062	0	1	0.6384	0.481
C13 - 9 促进民间公益组织参与儿童保护	1062	0	1	0.4435	0.497

第四节　本章小结

一　本章结论

第一，监护人自己认为他们只尽到一半监护职责对儿童进行教育、关心、保护，也就是说，在这些监护人的眼里，他们自己是不称职的。

第二，监护人陪伴孩子时间较少，有 1/3 的监护人不能与孩子一起游戏玩耍。儿童的发展是需要家长陪伴的，只有在陪伴中儿童才能获得亲情交融，只有在陪伴中儿童才能逐步社会化，只有在陪伴中儿童与监护人才能彼此建立信任，只有在陪伴中儿童才能有安全感，只有在陪伴中儿童才能获得保护。而我们很多监护人忽视了这个问题的重要性，在不正确的价值观引导下，很多监护人忙于生计、忙于赚钱，忽视了陪伴孩子的重要性；或者认为陪伴孩子是母亲的责任，父亲就更应该关注工作去赚钱，以至于孩子缺乏监护人的陪伴导致孩子不能很好地成长。

第三，有一半监护人打骂孩子。大约有 1/4 的监护人认同"棒打出孝子，父母有权利打自己的孩子"这种错误观念，因此，在此种不正确观念影响下，有 7.52% 的监护人在家中打孩子，骂孩子更是经常发生的事情。导致这一现象的发生，主要原因是监护人的认知偏差和素质有待提高。一些监护人受到不良传统文化的影响，忽视对儿童权利的尊重，忽视对儿童的保护，忽视提高自身的道德素质和文化修养。因此，有必要对监护人进行再社会化。

第四，多数监护人重视家庭环境安全保护，能够采取各种安全措施营造家庭安全环境，但监护人考虑家庭环境安全还缺乏全面性，在一些方面存在疏忽。虽然监护人越来越重视家庭环境的安全性，但是对保护儿童的细节却重视不够，如地板防滑，防止家具边角尖锐刺伤人体，防止儿童随意使用锋利用具（如刀、剪）等。有必要加强对监护人安全知识的普及教育。

第五，监护人对于儿童权利的认知不够理想，大约有1/4的监护人对儿童权利认知不正确。此问题的认知还明显差于对监护人义务职责的认知，这说明我们缺乏对儿童权利的认知教育，在我们的相关教育体系中就没有儿童权利教育的内容。多数监护人能够正确认知儿童的生存与发展权，但约一半的监护人认为"棒打出孝子，父母有权力打自己的孩子"是正确的，没有充分认识到打骂儿童是侵犯儿童的生存权。这可能与中国传统文化将儿童看成家庭私有财产，教育儿童的方式就是"不打不成器"，缺乏儿童权利的正确认知有关系。这本身也反映了这部分监护人的素质不高，缺乏正确教育儿童的方式与方法。所以，对监护人进行必要的儿童权利教育知识和儿童教育方法的培训是非常必要的。

第六，关于对监护人职责与义务的认知，多数监护人能够认识自己的职责，但很多监护人对一些具体法规如《中华人民共和国未成年人保护法》中的内容还是比较陌生。这仍然说明需要加强对监护人进行儿童保护教育知识和方法的培训。

第七，还有相当一部分监护人缺乏对儿童法律法规的认知。调查显示，监护人对于相关法律法规的认知明显差于对监护人职责义务的认知，也低于对儿童权利的认知，这说明我们对儿童缺乏相关法律法规的教育。很多与儿童相关的法律法规，很多监护人根本就没有听说过。对监护人不仅需要进行必要的教育知识和方法的培训，也需要培训相关法律法规知识。

第八，监护人对儿童安全保护的认知还存在一些问题，缺乏儿童安全保护知识，尤其是应急性安全保护知识还较为缺乏。相关研究表明，仅有34.9%的被调查家长知道跌落是最易发生的儿童意外伤害，还有65.1%的儿童家长对跌落的危害尚未引起足够的重视（刘熹等，2013）。家长从医学咨询中获得儿童伤害的预防知识比例极低（吴志限，2013）。家长对儿童伤害的安全知识、急救知识的知晓率较低（刘熹等，2013；张慧等，2015），说明家长缺乏系统、全面、专业的伤害知识教育，一方面可能是由于家长认识不足、重视不够，另一方面也与社区、医院等专业机构提供的有针对性的服务项目较少有关（张慧等，2015）。

第九，近一半的监护人对儿童保护工作者（包括机构）的认知还不清楚，不知道这些机构的工作职责。这说明监护人很多都不知道这些儿童保护工作者或机构，说明我们这些工作机构工作还没有很好地得到监护人的知晓和认可。

第十，有一部分监护人对外部环境安全性是不满意的。监护人认为外部环境不太安全和非常不安全的合计占比为29.87%，远高于儿童问卷的20.4%，这说明监护人比儿童更认为外部环境不是很安全，只有近40%的监护人认为儿童外部环境是安全和比较安全，这充分说明当前我国儿童生活环境安全性还存在相当多的隐患。

第十一，只有少部分监护人对我国儿童保护现状总体评价满意，多数监护人表示不满意或者说不清楚。调查发现，有32.29%的监护人认为儿童保护现状总体比较好（此问题监护人比儿童问卷低，儿童问卷为36.61%），有5.95%的监护人认为儿童保护现状总体很好（此问题监护人比儿童问卷低，儿童问卷为

18.02%），二者之和38.24%，也就是只有少数监护人对儿童保护现状总体是满意或者比较满意的（此问题监护人比儿童问卷低，儿童问卷为54.63%）。

二　本章讨论

有近一半的监护人没有很好地履行其监护职责，监护人明显存在监护失能和监护缺位。监护失能，包括自身没有能力或因社会福利支持不够导致失去全部或部分监护能力。监护失能主要是自身失能，如父母（监护人）因为重大疾病、服刑等而失去部分或全部监护能力；社会福利支持不足导致的失能，如因为医疗保障、托幼服务等社会福利或公共服务供给不足，而导致一些家庭部分或全部失去监护能力（张文娟，2013）。监护缺位是指名义上有监护人，事实上无人抚养，或者抚养不能够尽职，如将孩子甩给其他亲友，不看、不问、不付费；如名义上抚养，但常常忽视孩子，对孩子缺乏必要的照顾与保护；虽没有遗弃，但不尽抚育职责等（张文娟，2013）；或者监护不能全部履行职责，只能部分履行职责的情况。监护失能更多是客观原因所致，监护缺位主要是主观原因导致的。产生监护缺位的原因是多方面的，一是与监护人素质密切相关。监护人作为监护人大多出生在"文化大革命"末期，他们多数人受教育程度不高，以初中或者高中学历为主，即使是高中也有很多未达到实际应有程度，因为那个年代的教育质量相对较差。二是这部分监护人正处于中国经济高速发展时期，作为工作者他们经常加班工作，很少有时间陪伴孩子。改革开放后，这部分人都忙于赚钱，在不正确的价值观引导下，很多人把赚钱看成是人生第一大计，拼命工作，加班加点成为常态，为的是拼命多赚钱；为了赚钱，很多监护人牺牲自己的休息时间、牺牲陪伴家人的时间、牺牲陪伴孩子的时间，还美其名曰这都是为了家庭、为了孩子，结果是有些人获得了金钱但却牺牲了孩子的正常成长，孩子没有很好地获得家庭社会化，孩子没有很好地获得亲人陪伴，孩子没有很好地获得监护人的保护，最后导致孩子受到伤害或者不能正常发展。

为什么有一半的监护人要打骂孩子？导致这一现象的发生，主要原因还是监护人的素质问题，前面已经阐述了这些监护人大部分没有受到很好的教育。工作后这些监护人也忙于生计，缺乏提高自己的修养与素质的时间与机会，故这些监护人在教育其子女的时候，没有好的教育方法。又受到传统文化观念的影响，或者受到旧家庭家长对这些人的教育方式和观念的影响。在飞速发展的今天，成年人需要不断学习，不断继续社会化，继续学习的内容不仅是与工作相关的科技知识，还有与生活相关的新生活技能，更需要不断加强自身修养，提高自己的道德文化素质，懂得人生哲理。但很多监护人在成年后，忽视了继续社会化的重要性，或者忽视了加强自身修养的重要性。事实上，我们"生产"了太多的不合格社会产品——成年人。这些成年人作为监护人当然也是不合格的。笔者将这种监护人达不到监护要求，未能充分履行监护职责的监护人界定为不合格监护人。

通过对成人的问卷调查，我们发现监护人对生存权、发展权、参与权、受保护权这四大儿童权利的认识有着巨大的不足甚至可以说是完全不了解，正如前文所说，导致这一问题的原因是多方面的。因此，解决这一问题的途径可以采取多种方式同时推进，要通过新闻媒介、教科书等渠道多维度、广泛且深入地进行传播。

监护人安全教育是严重"偏科"的，不管是在学校还是在家庭中，我们缺乏对儿童生活危险应急预防知识的教育或培训。家长是儿童最好的老师，家长的一言一行都时刻影响着儿童的认知和行为。作为监护人，对于儿童的安全教育至关重要。监护人的儿童保护自我认知观念会直接影响儿童的自我保护认知观念。有研究发现，父母文化程度较高的儿童，伤害相关知识的及格率整体较高，尤其是父亲文化程度较高是伤害预防和应急处理知识得分及格的保护因素，表明父亲在提高留守儿童伤害预防及应急处理知识方面有不可忽视的作用（马自芳，2018）。因此，只有增加家长的意外伤害知识，提高防范意识，才能有效地预防儿童意外伤害对儿童本人、家庭及社会带来的伤害（刘熹等，2013）。应该有针对性地提高监护人对儿童保护知识的掌握，尤其是对儿童生活危险应急预防知识的掌握。2021年10月通过的《中华人民共和国家庭教育促进法》明确规定："关注未成年人心理健康，教导其珍爱生命，对其进行交通出行、健康上网和防欺凌、防溺水、防诈骗、防拐卖、防性侵等方面的安全知识教育，帮助其掌握安全知识和技能，增强其自我保护的意识和能力。"[①] 例如，监护人对于家庭环境安全的认知会直接影响儿童伤害的概率。儿童保护组织机构应该联合社区、乡镇和学校对监护人进行安全教育培训，提高监护人对儿童保护的认知度。

有些监护人对于其监护职责认识是不清楚的，需要通过多种方式让不合格监护人明确其监护职责。笔者高兴地看到，2020年修订的《中华人民共和国未成年人保护法》和《中华人民共和国预防未成年人犯罪法》，已经修改了多处内容来明确监护人的监护职责：一是列举了监护应当做的9类行为，其中包括：为未成年人提供衣食住行、医疗保健等方面的生活照顾；关注未成年人的生理、心理状况和情感需求；妥善管理未成年人的财产等。二是具体列举监护的12类禁止性行为，其中包括虐待、遗弃未成年人或者对未成年人实施家庭暴力等人身伤害；放任未成年人过度使用电子产品或者沉迷网络，放任未成年人接触违法或者可能影响其身心健康的网络信息、音像制品、电子出版物和读物等。

---

① 《中华人民共和国家庭教育促进法》，http：//www. moe. gov. cn/jyb_sjzl/sjzl_zcfg/zcfg_qtxgfl/202110/t20211025_574749. html，最后访问日期：2022年1月17日。

三是父母或者其他监护人不得使未满 8 周岁或者由于心理、生理原因需要特别照顾的未成年人处于无人看护状态，或者将其交由无民事行为能力、限制民事行为能力、患有法定传染性疾病等不适当人员代为看护。不得使未满 16 周岁未成年人脱离监护单独生活。四是针对农村留守儿童等群体的监护缺失问题，完善了委托照护制度。五是父母或者其他监护人不依法履行监护职责或者侵害未成年人合法权益的，将被劝诫、制止；情节严重的，由公安机关予以训诫或者责令其接受家庭教育指导。经申请，人民法院可以做出人身安全保护令；对于拒不履行有关行政决定的，予以强制执行；判令中止或者撤销监护人资格。

对于儿童受虐待，监护人被剥夺监护权的案件，儿童保护组织应该做好"间接监护人"的作用，以弥补我国替代性监护制度的缺失。但现实情况是不少儿童对于儿童保护组织或工作者职责缺乏认知，根本不知道这些组织的存在。对于监护人不能良好地起到监护作用的情况，儿童保护组织应及时介入以纠正监护人的错误行为。儿童保护组织也应该联合居委会、村委会对辖区内的儿童监护人进行培训，一是为监护人灌输正确的儿童保护观念，二是增强监护人对儿童保护的自我认知观念，因为监护人良好的儿童保护自我认知观念会直接影响儿童对儿童保护的自我认知观念的形成。因此，做好儿童权益的保护工作仅仅靠国家和政府是远远不够的，还必须充分调动社会的力量，充分挖掘社会潜能，加强动员儿童保护机构组织力量进入儿童保护领域（李迎生、袁小平，2014）。

第九章　儿童自我保护认知对儿童
伤害的影响分析^①

本章针对儿童问卷调查获得的儿童自我保护认知资料，分析儿童自我保护认知对儿童伤害的影响，包括儿童自我保护认知的理论依据、儿童自我保护认知对儿童伤害的研究设计、儿童自我保护认知对于儿童伤害的实证结果等内容。

第一节　问题的提出与理论依据

一　提高儿童自我保护认知的理论依据

儿童是最易于受到伤害的群体，据统计，我国每年有超过 5 万名儿童死于意外伤害。^② 近年来，我国从法律和政策等方面不断强化儿童保护的相关措施，构建了强有力的外在保护网络，但意外伤害依然非常严重，已经构成我国儿童死亡的首因。^③ 在社

---

① 此章内容作为论文发表在《青年研究》2020 年第 1 期。经该刊物同意授权，特修改了部分内容，作为本书一部分内容在此出版。该论文作者：韦克难、张云亮、陈晶环、周炎炎。

② 《我国每年超过 5 万名儿童死于意外伤害》，http://health. people. com. cn/n1/2018/0109/c14739 – 29753353. html，最后访问日期：2021 年 9 月 12 日。

③ 《儿童伤害报告发布　伤害成我国儿童死亡首因》，https://edu. qq. com/a/20120703/000270. htm，最后访问日期：2021 年 9 月 12 日。

会风险日益加剧的背景下，如何降低儿童遭受伤害的概率，已经成为社会各界关注的重要议题。我们可以将儿童伤害因素分为直接性因素和间接性因素。直接性因素，顾名思义是指直接能对儿童造成伤害的，不由儿童的意识或能力所控制的因素（主观意识无法控制的意外事件）。而间接性因素指的是儿童在成长过程中间接受到对某些事物的认知偏差，使得其受到该因素伤害的概率变大，例如儿童并没有接受"在马路上玩耍是非常危险的"这一正确的认知观念，使得儿童极有可能会因为在马路上玩耍而遭受车祸的伤害（实质上可以通过自我对"禁止在马路上玩耍"的主观意识控制而达到避免遭受车祸的伤害），这即是因对正确认知的偏差而导致的间接性伤害。

各国对儿童伤害和保护议题也愈加关注，学者也从各自学科视角对儿童伤害和保护问题进行了深入的研究。心理学主要关注儿童由于身体伤害所造成的心理伤害状况、过程机制及其影响结果；法学着重从宏大法律制度体系设计层面，探讨面对儿童伤害如何通过法律来保障儿童权益、惩罚犯罪行为（王勇民，2010）；社会学则从社会福利制度层面探讨儿童保护（刘继同，2002，2005），并重点关注儿童社会保护以减少儿童伤害（李迎生、袁小平，2014），还专门以个案研究的形式对性别伤害（Erna，2011）、灾害伤害（Giuseppe et al.，2014）和儿童侵害（Marsiglio et al.，2014）等具体领域开展了深入的分析研究。

从辩证的视角分析，儿童遭受伤害是内外因共同作用的结果（何英，2000）。外因可归结为儿童保护制度、儿童福利状况、儿童生活的外部环境等客观因素存在缺陷所致，内因则是儿童自我保护观念缺失，尤其是儿童对自身权益的认知、对保护者责任的认知以及对意外伤害应急知识的认知的缺失所致。目前儿童伤害和保护议题的关注视角主要集中于外部环境，侧重从法律政策完善、社会环境治理以及监护人、家庭、学校和政府相关部门多主体联动等层面强化儿童保护，抵御和消减外在的风险因素，但忽略了源于儿童自身的内在"风险源"——儿童对自我保护的主观认知（即自我保护观念），因此，有必要对此问题进行探索性的研究。

二　认知行为理论对儿童自我保护认知的影响

依据认知行为理论的解释，在行为、情绪、认知三者中，认知始终扮演着中介协调的作用，这种中介使认知能够对个人的行为做出判断或者选择，这些判断或者选择直接影响了个人如何采取行动。因此，要想改变个人的行为，首先就要改变个人的认知，在大多数情况下，人的行为和认知是同步发生的，而且也是相互影响、相互改变的。当儿童经过长时间的社会化过程，并已经形成对某种相对固定的惯习、思考方式和行为模式，行为发出不再需要经过大脑思考，而完全按照惯习自然形成，从一定意义上说，认知和行为是统一的，人的行为必然会受到认知的支配，而不可能是不假思索的行为。具体来说，如果儿童对于某一危险事物有错误的认知，那么儿童接触到该危险隐患而受到伤害或侵害的概率会大幅提升，虽然这并不一定必然会对儿童产生危害，但这却是潜在的危害。由此可见，自我认知能使儿童清楚地认识到安全隐患，并能通过主观意识调整自己的行动而有效避免非偶然意外伤害事件的发生。当这种正确意识和行为成为一种固定模式后，发生意外伤害的概率会显著降低。有鉴于此，笔者从认知行为理论的视角，探索性地提出儿童自我保护认知概念及其操作化，并实证分析了微观层面、中观层面、宏观层面的儿童自我保护认知对其是否遭受伤害的影响，探讨儿童伤害的内在影响因素；对儿童自我保护认知与其遭受伤害状况之间的关联性进行实证研究，来论述儿童伤害的内在影响因素，尝试为儿童保护与儿童伤害寻求新的研究视角，着力为儿童保护政策提供更多的证据支撑。

第二节 数据来源与研究设计

一 数据来源与基本统计指标

为了提高儿童对自我保护的认知，笔者专门设计了儿童调查问卷，这些问卷中有大量儿童自我保护认知方面的知识，包括《儿童权利公约》中的相关儿童权利知识，我国法律中规定的相关儿童权利和儿童保护规范，还有儿童安全的知识等。笔者想搞清楚儿童对自我保护认知了解多少，还缺乏哪些相关知识，是什么因素影响了儿童掌握自我保护的知识。为此，笔者专门组织了相关调查。

本研究数据来源于"社会工作视角下我国儿童保护制度与服务研究"调查组于2015年6月至10月开展的关于儿童保护问卷调查所获得的资料，在剔除变量的缺失值和重复值之后，进入本研究分析的有效样本量为2733人。

早在1992年，《儿童权利公约》就已在中国正式生效，其第一条就明确规定："儿童系指十八周岁以下的任何人，除非对其适用之法律规定成年年龄低于十八岁"。我国相关法规也规定了未成年人是指未满18周岁的人。因此，按照通常界定，儿童年龄为0～17周岁。但由于本次调查最后操作性的抽样是整群抽样，高中二年级的个别学生已经达到18周岁，如果对这部分学生不予调查，难免让这些学生感受到歧视或者不公平；故为了保证调查的真实性与完整性，我们保留了18周岁的问卷。故本研究调查对象是6～18周岁的学生，其中主要是10～18周岁的学生。根据皮亚杰等人的相关研究，10～12岁儿童进入了道德公正阶段，开始追求公平、正义等认知，而且形成道德自律，即通过认知将外在道德内化为自己的，并影响其行为（李密，2018）。因此笔者将研究对象确定为10～18岁儿童是适合的，他们的道德价值观、权利认知已经形成。

二　研究假设

总的来说，国内外研究多从外部环境等客观因素对儿童伤害问题展开探讨，只有少量文献选择主观认知作为儿童伤害影响因素进行研究，但也多为对监护人的主观认知及其行为对儿童遭受伤害的影响分析，而研究儿童认知对其行为的影响、对其伤害行为的影响还不充分。那么，如果聚焦于儿童主体自身，儿童自我保护认知对其避免伤害是否有影响？如果从认知行为理论的视角去看，人的思想、感觉和行为是相互联系的，行为受到学习过程中个体对环境的观察和主观解释，不适宜的行为在于对环境的错误的解释，因此，意外的发生并不是完全出乎人们的意料，大多数意外伤害的发生可以通过认知行为的改变而得以降低或消除，如果就儿童自身而言，儿童基于正确自我保护的认知决定其行为的正确选择，就应该有助于儿童社会化水平的提升，也有助于降低儿童受到伤害的概率，儿童自我保护观念的重要性也就不言而喻（田腾，2017）。

依据认知行为理论的解释，认知能力影响个人的行为判断或者选择，因此，要想改变个人的行为，首先就要改变个人的认知。在大多数情况下，人的行为和认知是同步发生的，而且也是相互影响、相互改变的。当儿童经过长时间的社会化过程，并已经形成某种相对固定的惯习、思考方式和行为模式，行为发出就不再需要经过大脑思考而完全按照惯习自然形成。从一定意义上说，认知和行为是统一的，人的行为必然受到认知的支配，而不可能是不假思索的行为。具体来说，如果儿童对于某一危险事物有错误的认知，那么儿童接触到该危险隐患受到伤害或侵害的概率会大幅提升，虽然这并不一定必然会对儿童产生危害，但这却是潜在的危害。

认知行为理论将认知用于行为修正上，强调认知在解决问题过程中的重要性，注重在认知与外在环境之间的互动。因此，用认知来修正行为，理论上可以使儿童避免一些存在危险隐患的意识和行为，从而将隐患消灭在源头上。陈益（1996）研究发现，可以通过改善儿童人际关系的认知来改善儿童与同伴交往的行为状况；张利萍、王美芳（2005）的研究发现，认知行为干预方法通过改变那些攻击性儿童的态度、信念等认知状况达到改变儿童具有的攻击性行为；韦晴、胡晓毅（2018）研究发现，可以通过认知行为干预达到改变儿童的孤独症状。

那么，儿童自我保护认知应是多方面的，根据其保护主体的不同，可以归纳为三个方面的认知意识，分别是宏观层面儿童权益的自我认知、中观层面儿童保护者职责的自我认知、微观层面日常生活安全意识的自我认知，这些认知都会影响儿童行为。儿童作为弱势群体，不仅受到法律、政策等规范性和非规范性文件所具有的约束性保护，也受到来自学校、儿童保护组织和监护人等保护者的实质性保护，更重要的是受到日常生活自我保护意识的影响。因此，儿童能否理解并充分运用这些权利和法律等认知来保护自身的合法权益不受侵害，从而保护自身不受伤害。儿童自我保护意识是指当儿童无法通过自身能力保护自己时，能清楚寻求对自己有保护义务的组织和个人给予自己必要的帮助，使自己不易受到伤害；儿童自我保护意识还包括儿童对于日常生活危险因素的准确判断，对自身能力的准确评价来有效避开可能会造成伤害的认知因素。

从认知行为理论视角出发，可以认为儿童认知会影响其行为，儿童自我对于儿童权益、保护知识认识越深刻，越有利于其自身保护。儿童自我保护认知使得儿童能够从保护认知中客观地对自身能力进行评估，并在与他人互动过程中能够体验到这些会造成伤害的危险因素，最后能对自己的行为和思想进行控制，起到抑制自己的一些可能会造成伤害的想法和行为的作用。同时，虽然现实中有些意外伤害可能是无法控制的，但大量的意外风险都是可以通过人为地识别判断，从而可以采取相应措施有效规避。笔者基于上述分析，分别从宏观、中观、微观三个维度的儿童自我保护认知提出以下假设。

假设1：儿童对权益的自我认知（宏观层面自我认知）越好，则越不易受到伤害。

假设2：儿童对保护者的义务和职责的自我认知越好（中观层面自我认知），则越不易受到伤害。

假设3：儿童对日常生活安全意识的自我认知越好（微观层面自我认知），则越不易受到伤害。

三　研究设计

（一）变量说明

1. 被解释变量

本研究的被解释变量是儿童过去一年是否遇到伤害或者侵害。若受到伤害，取值为1，反之赋值为0。此外，本章进一步考察了儿童伤害次数的累积，具体包括家中意外伤害、外面意外伤害（跌伤、碰伤等）、交通事故、家长打伤、同学打伤、老师打伤、校外人员打伤、被人强暴、被人欺骗、被人歧视、被性骚扰、被遗弃、被拐卖13种情况，遇到该伤害则赋值为1，儿童受到的伤害累积加总值为0~13。

2. 解释变量

本研究的解释变量是儿童自我保护认知观念，包括儿童权益的自我认知（宏观层面的儿童保护自我认知）、儿童保护者责任的自我认知（中观层面的儿童保护自我认知）、儿童日常生活安全意识的自我认知（微观层面的儿童保护自我认知）三个方面。变量的具体操作如表9-1所示。其中，儿童权益的自我认知包括儿童对10种价值观、4种权利观、5类法律法规的

自我认知；儿童保护责任的自我认知主要指儿童对共青团、妇女联合会、儿童工作委员会、救助站、未成年人保护中心、公益组织、社会工作者 7 类保护者的认知；儿童日常生活安全意识的自我认知包括儿童对玩具、安全座椅等 8 种危险预防和活动安全的自我认知。上述所有变量均采取李克特 5 分量表的方式测量，1~5 分别表示"完全不熟悉""不太熟悉""一般""比较熟悉""非常熟悉"。

笔者对操作化第一层次的变量测量均采取对选项分值进行加总的方式处理，然后将第一层次变量再次加总、最后进行标准化处理得到微观、中观、宏观层面儿童保护自我认知测量得分。

表 9–1　变量概念操作化框架

测量概念	操作化第一层次	操作化第二层次（问卷）
儿童权益的自我认知（宏观层面）	儿童价值观的认知	包括对儿童的幸福、平等、责任等观念的认知
	儿童权利观的认知	包括对儿童的生存权、发展权、参与权、受保护权的认知
	儿童对法律法规的认知	包括对相关儿童保护的法规的认知，如《儿童权利公约》《中华人民共和国义务教育法》《中华人民共和国未成年人保护法》《中华人民共和国预防未成年人犯罪法》《禁止使用童工规定》
儿童保护者责任的自我认知（中观层面）	儿童对儿童保护组织、工作者职责、对监护人应履行义务的认知	对儿童保护机构如共青团、妇女联合会、儿童工作委员会、救助站、未成年人保护中心、公益组织、社会工作者的认知
儿童日常生活安全意识的自我认知（微观层面）	儿童对危险预防的自我认知	包括对儿童玩具、儿童安全座椅、儿童运动、儿童意外伤害的等危险预防的认知
	儿童在外活动安全意识的自我认知	包括对儿童户外活动、场所安全的认知

3. 控制变量

为降低遗漏变量偏误，笔者在模型中引入儿童年龄、户口、教育阶段、性别、年级、家庭子女数、自评家庭经济地位、父亲职业类型等控制变量。年龄为连续变量；户口方面，农业户口赋值为0，非农业户口赋值为1；教育阶段方面，小学阶段赋值为0，初中阶段赋值为1，高中阶段赋值为2；性别方面，女性赋值为0，男性赋值为1；家庭子女数，超过4人统一合并为4人及以上；自评家庭经济地位采取1~5分测量，分别表示"下层""中下阶层""中间阶层""中上阶层""上层"；父亲职业类型方面，赋值为0~3，分别表示"无业""务农""务工等灵活就业""正式工作"。儿童教育阶段、家庭经济地位、父亲职业类型均以0值为参照组。

（二）变量的描述性统计结果

变量的描述性统计详见表9-2。

表9-2　儿童伤害描述性统计

变量	变量含义	均值	标准差	最小值	最大值
被解释变量					
儿童受伤害	儿童受伤害	0.329	0.470	0	1
儿童累积伤害	儿童累积伤害	0.530	1.083	0	13
解释变量					
儿童价值观	儿童价值观	45.46	4.576	10	50
儿童权利观	儿童权利观	15.75	4.147	4	20
儿童法律观	儿童法律观	16.38	5.688	5	25
儿童职能机构认知	职能机构认知	21.87	8.559	8	40
儿童危险伤害认知	危险伤害认知	31.16	3.549	13	40
儿童单独外出	单独外出	3.404	1.023	1	5
宏观认知	宏观-儿童权益观念认知	0.026	2.253	-12.34	3.534
中观认知	中观-儿童监护责任认知	-0.014	1.000	-1.620	2.118
微观认知	微观-儿童日常安全认知	-0.025	1.426	-5.917	4.046

变量	变量含义	均值	标准差	最小值	最大值
控制变量					
个体年龄	个体年龄	12.86	2.203	6	18
个体户口	户口	0.428	0.495	0	1
个体教育	教育阶段	1.865	0.795	1	3
个体性别	性别	0.454	0.498	0	1
家庭子女数量	家庭子女数量	1.805	0.841	1	4
家庭经济地位	家庭经济地位	2.902	0.900	1	5
父亲职业类型	父亲职业类型	2.206	0.915	0	3

（三） 模型说明

由于被解释变量为儿童过去一年是否受到伤害，故本研究首先建立横截面 Logit 模型。其次，在后续分析中，被解释变量换为伤害加总变量和伤害因子变量，选择最小二乘回归予以分析。模型设置如下：

$$P(hurt\_dummy_{ij} = 1 \mid x_{ij}, \beta, u_{ij}) = \Lambda(x_{ij}^{'} * \beta + u_{ij}) = \frac{e^{x_{ij}^{'} * \beta + u_{ij}}}{1 + e^{x_{ij}^{'} * \beta + u_{ij}}} \quad (1)$$

$$hurt\_sum_{ij} = \beta_0 + \beta_1 * child_{value\ ij} + \beta_2 * child_{law\ ij} + \cdots + \beta_n * x_c + \theta_j + u_{ij} \quad (2)$$

其中，被解释变量 $hurt\_dummy_{ij}$ 为 j 学校 i 儿童在过去一年是否受过伤害的二值变量，若受过伤害，则 $hurt\_dummy$ 取 1，反之则为 0；被解释变量 $hurt\_sum_{ij}$ 为 j 学校的 i 儿童受到伤害的总数和因子分类别。$child\_value_{ij}$ 为儿童 i 的价值观认知，$child\_law_{ij}$ 表示儿童 i 的法律观认知，模型中还纳入其他儿童保护认知观念变量；变量 x_c 为儿童及家庭的控制变量；θ_j 为省份虚拟变量，可以进一步说明儿童伤害的地区差异；u_{ij} 为随机误差项。本研究采用 Stata14.0 软件进行计量分析。

四 实证结果

(一) 基准回归

我们首先对儿童是否受伤害的影响因素进行分析，估计结果如表 9 - 3 所示。模型 1 ~ 模型 4 使用 Logit 模型，汇报估计系数。模型 1 仅分析控制变量对因变量的影响；模型 2 加入宏观层面变量，即儿童权益自我认知的 3 个变量；模型 3 加入中观层面变量，即儿童保护者责任的自我认知维度变量；模型 4 纳入微观层面变量，即儿童日常生活安全意识的自我认知的 2 个变量。模型 2 ~ 模型 4 均纳入所有控制变量，以考察宏观、中观、微观层面的儿童保护自我认知变量对儿童是否受伤害的净效应。

表 9 - 3 儿童自我保护认知对儿童是否受伤害的影响分析 ($N = 2733$)

变量	模型 1	模型 2	模型 3	模型 4
儿童价值观		- 0. 041 ***	- 0. 041 ***	- 0. 033 ***
		(- 4. 424)	(- 4. 434)	(- 3. 424)
儿童权利观		- 0. 012	- 0. 006	- 0. 002
		(- 0. 973)	(- 0. 445)	(- 0. 171)
儿童法律观		- 0. 009	- 0. 013	- 0. 011
		(- 1. 035)	(- 1. 244)	(- 1. 047)
儿童职能机构认知			- 0. 029 ***	- 0. 027 ***
			(- 4. 626)	(- 4. 189)
儿童危险伤害认知				- 0. 019
				(- 1. 528)
儿童单独外出				- 0. 184 ***
				(- 4. 383)
个体年龄	- 0. 067 *	- 0. 068 *	- 0. 074 *	- 0. 079 **
	(- 1. 748)	(- 1. 779)	(- 1. 922)	(- 2. 043)

变量	模型 1	模型 2	模型 3	模型 4
个体户口	-0.032 (-0.357)	-0.008 (-0.098)	0.014 (0.157)	0.033 (0.362)
个体性别	0.516*** (6.214)	0.455*** (5.388)	0.439*** (5.176)	0.483*** (5.628)
教育（小学为参照组）				
初中教育阶段	0.064 (0.519)	0.070 (0.567)	0.125 (1.004)	0.122 (0.973)
高中教育阶段	-0.140 (-0.655)	-0.092 (-0.425)	-0.044 (-0.202)	-0.035 (-0.160)
子女数（独生子女为参照组）				
2 个子女	0.207** (2.212)	0.187** (1.984)	0.147 (1.550)	0.148 (1.556)
3 个子女	0.432*** (3.098)	0.371*** (2.629)	0.338** (2.384)	0.349** (2.454)
4 个及以上	0.492*** (2.694)	0.452** (2.455)	0.402** (2.170)	0.414** (2.225)
家庭经济地位	-0.131*** (-2.664)	-0.117** (-2.348)	-0.107** (-2.153)	-0.091* (-1.810)
父亲职业类型	0.030 (0.622)	0.037 (0.764)	0.044 (0.907)	0.053 (1.081)
截距项	0.066 (0.141)	2.252*** (3.612)	2.447*** (3.904)	3.199*** (4.627)

注：$^*p < 0.10$，$^{**}p < 0.05$，$^{***}p < 0.01$；括号内为标准差，括号外为模型估计系数。下同。

在宏观层面，如模型 2～模型 4 所示，与儿童价值观低分者相比，儿童价值观每增加一个分值，儿童受伤害的可能性降低 0.033～0.041 个单位，并在 1% 的水平上显著。儿童价值观表现为儿童对幸福、平等、责任等观念的认知，儿童价值观认知越好，儿童的社会化水平就越高，从而降低了儿童受伤害的可能性。然而，儿童对生存权、发展权、参与权、受保护权等权利的认知，以及儿童对《中华人民共和国义务教育法》《中华人民共和国未成年人保护法》等法律法规的认知，在10%的水平上并没有显著影响儿童是否受到伤害，但估计系数依然是负，说明儿童对权利观的认知和对法律法规的认知亦可以降低受伤害的可能性。研究假设1部分得到验证。

在中观层面，如模型3和模型4所示，与儿童对保护组织、监护人履行义务认知得分低者相比，保护者责任认知得分每增加1个分值，儿童受伤害的可能性降低0.027～0.029个单位，并在1%的水平上显著。儿童保护职能机构包括共青团、妇联、儿童工作委员会、未成年保护中心、公益组织、社工等。社会团体参与社会建设提升了儿童安全。研究假设2得到验证。

在微观层面，从模型4的结果来看，儿童对玩具、安全座椅、运动、意外伤害等危险伤害的认知并没有显著影响其是否受伤害，儿童对单独外出的安全认知对儿童受伤害的影响在1%的水平上显著降低了0.184个单位。研究假设3部分得到验证。

从模型4控制变量的估计结果来看，儿童年龄每增加1岁，儿童受伤害可能性降低0.079个单位。与农业户口的儿童相比，非农业户口对儿童受伤害并没有显著差异。与小学教育相比，初中教育、高中教育并没有产生显著影响。与女童相比，男童过去一年受伤害的可能性在1%水平上显著增加了0.483个单位。与独生子女相比，二孩家庭在儿童受伤害方面并没有显著差异，家中有3个孩子、4个及以上孩子在5%的水平上显著增加了儿童受伤害的可能性，分别增加0.349、0.414个单位。家庭经济地位在10%的水平上降低了儿童受伤害的可能性，父亲职业类型对儿童受伤害没有显著影响。

（二）样本选择模型

上文考察了不同类型的儿童保护认知对儿童过去一年是否受伤害的影响，我们进一步考察其对儿童累计受伤害类型的影响。考虑到样本中68%的儿童过去没有受伤害，即取值为0，因此在模型选择方面，我们使用 Heckman 二阶段模型进行估计，第一步考察儿童是否受伤，第二步再分析儿童累计受伤害类型，具体结果如表9-4所示。

在表9-4模型中，被解释变量为儿童是否受伤害的二值变量（$hurt\_dummy$），结果方程的被解释变量为儿童累计受伤害类型变量（$hurt\_sum$）。为保证估计结果的稳健性，二阶段估计方程中纳入的控制变量与基准模型一致。本文选择儿童的性别作为 Heckman 二阶段估计的识别变量，从表9-4来看，与女童相比，男童在1%的显著性水平上受伤害的可能性更高，估计结果与表9-3基准模型结果一致。

从模型5~模型7估计结果来看，相比于价值观认知得分低的儿童，儿童价值观的提升、儿童保护者认知的提升、儿童活动安全认知的提升仅对儿童是否受伤害有显著作用，对儿童累计受伤害类型并没有统计上的显著作用；模型6显示，儿童权利认知对儿童是否受伤害没有显著作用，但在10%的显著性水平上显著降低了儿童累计受伤害类型，儿童权利认知每增加一个分值，儿童受伤害类型降低0.027个单位；儿童法律法规认知得分和儿童危险预防认知得分对儿童是否受伤害和累计受伤害类型没有产生显著影响，研究假设1、假设2、假设3再次得到验证。

本研究在第一阶段采用 Heckman Logit 模型，得到米尔斯比率，然后纳入二阶段的估计，三个模型的米尔斯估计系数均在5%的水平上正向显著，且绝对值大于1，说明表9-3的估计确实存在样本选择偏误的问题，Heckman 二阶段的估计结果是有效的。

表 9 – 4 儿童自我保护认知对累计受伤类型的 Heckman 二阶段估计

变量	模型 5		模型 6		模型 7	
	累计受伤类型变量	累计受伤变量	累计受伤类型变量	累计受伤变量	累计受伤类型变量	累计受伤变量
儿童价值观	0.009	-0.025***	0.009	-0.025***	0.012	-0.021***
	(0.644)	(-4.420)	(0.613)	(-4.426)	(0.853)	(-3.434)
儿童权利观	-0.026*	-0.008	-0.027*	-0.003	-0.027*	-0.001
	(-1.714)	(-0.978)	(-1.791)	(-0.433)	(-1.848)	(-0.164)
儿童法律观	-0.004	-0.006	-0.008	0.007	-0.007	0.006
	(-0.388)	(-1.055)	(-0.658)	(1.172)	(-0.537)	(0.983)
儿童职能机构认知			0.004	-0.018***	0.002	-0.016***
			(0.395)	(-4.590)	(0.170)	(-4.150)
儿童危险伤害认知					-0.016	-0.012
					(-1.135)	(-1.555)
儿童单独外出					0.0860	-0.110***
					(1.455)	(-4.314)

续表

变量	模型 5		模型 6		模型 7	
	累计受伤害类型变量	累计受伤害类型变量	累计受伤害类型变量	累计受伤害类型变量	累计受伤害类型变量	累计受伤害类型变量
个体性别		0.277***		0.265***		0.290***
		(5.410)		(5.157)		(5.594)
米尔斯值		−1.080**		−1.079**		−1.015**
		(−2.183)		(−2.082)		(−2.154)
截距项	1.931***	1.363***	1.911***	1.482***	2.070***	1.945***
	(2.797)	(3.590)	(2.720)	(3.885)	(2.600)	(4.625)
样本量	2733	2733	2733	2733	2733	2733

注：控制变量与表 9－3 保持一致。下同。

（三）稳健性检验

为了探究宏观、中观、微观层面自我认知对儿童累计伤害类型的影响，同时进一步验证前文结论的稳健性，本研究首先将三个层面的自变量得分加总，然后通过标准化处理得到各自的标准化得分作为稳健性检验的自变量，被解释变量为儿童累计受伤害类型，采用 OLS 进行估计，具体估计结果如表 9 - 5 所示。

表 9 - 5　儿童保护认知对儿童累计受伤害类型的稳健性检验

解释变量	模型 8	模型 9	模型 10
宏观层面自我认知	- 0.059 *** (- 3.948)	- 0.042 ** (- 2.059)	- 0.031 (- 1.489)
中观层面自我认知		- 0.079 ** (- 2.091)	- 0.077 ** (- 2.066)
微观层面自我认知			- 0.065 *** (- 3.522)
截距项	0.616 *** (2.787)	0.614 *** (2.792)	0.631 *** (2.910)
R^2 值	0.042	0.045	0.052
样本量	2733	2733	2733

从表 9 - 5 模型 10 估计结果可以看出，宏观层面对儿童累计受伤害类型没有显著作用，中观层面和微观层面在 5% 和 1% 的水平上均显著降低了儿童累计受伤害类型，即两者都能完善儿童保护自我认知观念，提升儿童成长安全。简言之，儿童价值观认知、儿童保护者认知、儿童活动安全认知的水平越高，儿童过去一年发生伤害的可能性越低；儿童权利认知、儿童法律法规认知、儿童危险预防认知对儿童是否受伤害并没有显著影响。微观层面和中观层面的儿童保护认知对儿童安全比宏观层面的保护认知更为重要。

第三节 本章小结

一 本章结论

本研究从儿童认知理论和唯物辩证法内外因影响事物变化的理论出发，采用笔者在六省市开展的儿童保护调查问卷资料，实证分析了儿童权益的自我认知、儿童保护者职责的自我认知、日常生活安全意识的自我认知等不同维度的儿童保护认知观念对儿童伤害的影响。研究发现，在宏观层面，儿童对儿童权益基本价值观的自我认知越高，其受伤害的可能性越低；在中观层面，儿童对儿童保护者职责和义务的自我认知越高，其受伤害的可能性越低；在微观层面，儿童对日常生活安全意识的自我认知越好，其受伤害的可能性越低。另外，通过对宏观、中观、微观三个维度下的二级指标的分析发现，儿童价值观认知、儿童保护组织认知、儿童活动安全认知指标对儿童伤害存在抑制效应。

二 本章讨论

上述分析结果对于儿童保护的相关理论与实践均有重要启示。在儿童教育实践中，如何有效地提高全社会的儿童保护认知，在此基础上进一步提高儿童的自我保护认知，这本身就是对儿童的增能；社会工作强调助人自助，增加儿童自我保护认知就是最好的自助，以保障儿童安全、减少儿童伤害，这是我们需要认真解决的社会发展问题。具体来说，本研究的政策含义如下。

第一，强化与完善儿童保护的法治建设，加强学校管理的立法、家庭教育的立法、社会环境等立法，提高全社会的法治意识，提高全社会保护儿童的意识。当务之急，加强儿童保护的相关立法，并修改与完善《中华人民共和国刑法》《中华人民共和国民法通则》等有关规定，改变过去那种缺乏操作化的法律条例，通过提高全社会保护儿童的法治水平，达到促进儿童社会化、提高儿童自我保护意识、增强儿童权益意识的目标。已有相关研究也证明，通过改变儿童认知来改变儿童行为是完全可行的（韦晴、胡晓毅，2018）。不论是宏观、中观还是微观层面的自我认知，我国儿童的自我保护认知都亟待加强，这既是笔者研究的发现，也是笔者强烈呼吁社会关注的问题；随着年龄的增加、社会化内容的丰富和社会化过程的延长，儿童会接受来自家长、学校以及社会等各方面的保护知识，使自我认知得到不断修正和完善，从而培养正确的社会认知和社会化行为。

第二，修改相关法规，动员社会力量参与儿童保护事业，建立以社区照顾模式为中心的儿童社会支持保护网络。做好儿童权益的保护工作仅仅靠国家和政府是远远不够的，还必须充分调动社会的力量，充分挖掘社会潜能，加强动员儿童保护机构组织力量进入儿童保护领域，探索社会各方合作保护儿童的模式（李迎生、袁小平，2014）。对于儿童受虐待、监护人被剥夺监护权的案件，儿童保护组织应该做好"间接监护人"的作用，以弥补我国替代性监护制度的缺失（程福财，2014）。建议修改《中华人民共和国城市居民委员会组织法》和《中华人民共和国村民委员会组织法》，增加其保护儿童的职责。同时，倡导和支持社会组织进入社区开展儿童保护工作，并联合当地居委会、村委会建立社区儿童保护网络，建立以社区照顾模式为中心的社会支持网络，形成社区全覆盖的儿童保护体系，包括对辖区内的儿童监护人组织培训，促使监护人养成正确的儿童保护观念，杜绝关禁闭、体罚、打骂孩子等错误的教育理念，增强监护人对儿童保护的自我认知观念。

第三，通过建立与发展家长学校，提高监护人保护儿童的意识，促进监护人对儿童保护知识的掌握，进一步防范儿童受到伤害。家庭是儿童的"第一保护人",家长是儿童最好的老师,家长的一言一行都时刻影响着儿童的认知和行为(纪文晓,2009)。监护人的儿童保护自我认知观念会直接影响儿童的自我保护认知观念(刘熹等,2013;陈忠等,2013)。因此,应该有针对性地提高监护人对儿童保护知识的掌握,尤其是对儿童生活危险应急预防知识的掌握,减少儿童由于监护人忽视照顾而受到伤害的现象。建议大力发展家长学校,激励家长学习儿童保护的相关知识。

第十章　我国儿童保护存在的问题

儿童保护制度是儿童福利制度的一部分。从广义上说，儿童保护包括有利于儿童的一切措施、制度和行为（尚晓援，2014）。这些措施、制度自然涉及儿童福利制度，儿童福利制度越健全，儿童保护也就越好。本章主要分析儿童保护制度存在的问题、儿童保护存在的问题。

第一节　我国儿童保护的制度背景：
福利制度存在的问题

一　儿童福利政策立法层次较低，儿童福利缺乏相关法律支持和制约

新中国成立以来，我国颁布了许多儿童福利政策，大致可以分为四个层次。

第一个层次是由全国人民代表大会通过的法律，如《中华人民共和国宪法》《中华人民共和国婚姻法》《中华人民共和国义务教育法》《中华人民共和国残疾人保障法》《中华人民共和国家庭教育促进法》《中华人民共和国母婴保健法》等。上述法律虽然不是专门为儿童制定的，但其中都包含了儿童福利的相应条款。

在第一层次的立法中，还包括一些以儿童为对象的专项法律，如《中华人民共和国未成年人保护法》《中华人民共和国预防未成年人犯罪法》《中华人民共和国收养法》等。

第二个层次是由国务院出台和相关部委颁发的各项行政法规，涉及儿童养育、救济和教育等各个方面。其中属于国务院制定的有《关于加快实现社会福利社会化的意见》《关于进一步加强和改进未成年人思想道德建设的若干意见》等；以民政部为代表的部委制定的有《中国公民收养子女登记办法》《外国人在中华人民共和国收养子女登记办法》《家庭寄养管理暂行办法》《关于加强孤儿救助工作的意见》《关于进一步发展孤残儿童福利事业的通知》《关于加强流浪未成年人工作的意见》《社会福利机构管理暂行办法》等。

第三个层次是国际公约和国家规划纲要。前者如《世界人权宣言》《儿童权利公约》《儿童生存、保护和发展世界宣言》等；后者如《九十年代中国儿童发展规划纲要》等。这些重要文件提出了儿童的权利，儿童生存、保护和发展的主要目标，并承诺保护儿童权利和改善生活。

第四个层次是针对孤残流浪儿童等困境群体的保护行动计划，它是可操作的实施方案，是对前面论述的一系列法律、法规、政策的具体化。如民政部组织实施的"残疾孤儿手术康复明天计划"、"儿童福利机构建设蓝天计划"以及"重生行动项目"等。

从我国当前已有的儿童福利相关的法律法规来看，还缺乏体系化，儿童保护缺乏"中华人民共和国儿童福利法"一类根本大法，以司法保护、家庭保护、学校保护、政府保护、社会保护为主体的儿童福利政策框架与福利服务体系轮廓尚未完全搭建起来（刘继同，2008）。没有一个专门的"儿童福利法"或者"儿童法"，对于儿童权益保护比较单一、薄弱，关于儿童福利的规定只有散见于《中华人民共和国义务教育法》、《中华人民共和国未成年人保护法》和《中华人民共和国收养法》，以及《关于加强孤儿救助工作的意见》《关于加强和改进流浪未成年人救助保护工作的意见》等，这些法律法规缺乏预防儿童虐待、缺乏支持儿童家庭发展的规定。同时，由于我国儿童福利相关法律的不完善，其立法层次较低，儿童社会福利制度运行的机制不健全、运行成本较高、运行效率不高，对于儿童权益法律监督与制约的强制性支持力度不够，儿童福利很难得到落实。2011 年 7 月，国务院印发《中国儿童发展纲要（2011—2020 年)》，明确提出"继续完善保护儿童的法律体系。推进儿童福利、学前教育、家庭教育等立法进程"。事实上，我国政府已有意加快儿童福利立法工作。

二　缺乏专门统一的儿童福利行政管理机构，责任主体和资金投入模糊

目前，我国现有儿童福利主要由民政部、教育部、司法部等众多政府管理部门或共青团、全国妇联等群众组织管理，管理非常分散，没有一个统一管理儿童福利的行政部门，儿童福利的管理在各部门间呈现部门分割和多元分散的状态（韦克难等，2017）。如民政部管理儿童的生活福利；国家卫生健康委员会负责儿童的医疗保健；教育部分管儿童的教育福利；全国妇联与公安部负责儿童权益和保护。这些管理职能分散于不同职能部门中，儿童福利缺乏统一的管理，极有可能导致各政府部门条块分割，出现相互推诿甚至无人管理的局面，导致其行政管理效率与效益都不高，主要表现为：一方面，这些行政职能部门之间的职责模糊，在执行过程中很多工作相互推诿，降低了相关工作执行力度；另一方面，这些职能部门在福利制度执行中协调困难，这也影响了政策的实施效率以及实施效果。

在现实中，受优先发展经济战略与中国传统观念的影响，中国家庭在儿童抚育中仍承担了主要责任。在现代社会中，中国核

心家庭的数量日益增多、婚姻关系不稳定趋势增强、跨区域劳动力流动性的提高以及全面二孩政策的出台，传统上以家庭为主体为儿童提供福利的方式承受极大的压力，同时困境儿童面临的外界风险也正在增大，社会政策急需对家庭遭受巨大压力的现实做出回应，并重新明确儿童福利提供主体之间的责任分担。此外，市场在儿童福利供给中角色缺失，社区、社会组织等参与有限，福利机构也在现行制度体系的限制下成长过于缓慢，急需政府在儿童福利体制构建中寻求家庭、市场和国家在儿童福利供给上的新平衡，福利供给主体之间的责任也待优化。

2016 年我国的社会保障和就业支出为 21591 亿元，占财政总支出的 11.5%（邢志宏、叶植材，2017），同年民政部公布我国社会福利事业资金投入为 5440.15 亿元，而儿童福利资金投入为 769.84 亿元，分别为广义社会福利和狭义社会福利投入的 3.57% 与 14.15%，为全国财政支出的 0.41%（冯亚平，2017）。这些投入明显偏少，这同我国近年来从补缺型儿童福利制度迈向适度普惠型儿童福利制度国家的投资方向严重不符，并显示我国的边缘性儿童福利政策已严重影响儿童的健康成长。儿童是国家的未来，国家急需转变儿童福利制度在社会保障中的边缘性位置，并需要加大对儿童福利的财政投资力度。

三 福利制度保障对象多为特殊儿童，尚未覆盖全部的困境儿童

当前我国儿童福利覆盖面还很窄，仍为部分特殊儿童，如残疾儿童、孤儿、弃儿等，国家对儿童的责任还承担得不够，导致家庭承担了较重的负担。我国对于特殊儿童的保障体制尚不健全，一些流浪儿童、留守儿童、孤残儿童、失依儿童、单亲家庭儿童等仍得不到应有的照顾和教育（刘继同，2008）。儿童福利制度的受惠对象普遍是福利机构所收养的儿童，而普通家庭中的儿童应享受的儿童福利受到忽视。在实践中，政府相关社会福利

政策主要针对那些特殊儿童群体，如残疾儿童、孤儿、弃婴和其他处于特殊困境下的儿童等，提供一些必要的但不充分的福利项目、设施与服务。即使这样，这些福利对于特殊群体也是不够的，一些特殊儿童家庭不得不承受更多的负担，那些制度规定外的非特殊群体儿童家庭在面对困难时也承受了较大的负担。迄今为止，除了孤儿和艾滋病儿童的基本生活得到国家的普遍保障外，其他普通儿童的福利依然依靠原生家庭，福利机构和原生家庭儿童的福利供给泾渭分明。

四　儿童福利补救性政策多于预防性政策，政策碎片化严重

我国涉及儿童福利的政策具有明显的"问题导向"。儿童福利制度大多是事后补救型政策，即针对儿童变为困境儿童后采取的救助策略，尚未将预防性政策考虑在内。如 2012 年出台的《校车安全管理条例》是在 2010 年湖南松江校车坠河事件、2011 年湖南邵阳渡船沉没事件、2006 年黑龙江校车超速事件等悲剧发生后，是在学者呼吁、舆论关切以及有关部门的联合推动下发布的。

此外，一些政策未得到有效实施或者被忽视。2014 年发布的《关于依法处理监护人侵害未成年人权益行为若干问题的意见》（以下简称《意见》）是在监护人侵害未成年人权益恶性事件频发而引起社会高度关注的情况下做出的回应。而此前的《中华人民共和国民法通则》的第十八条和《中华人民共和国未成年人保护法》第五十三条均明确规定人民法院可以撤销监护人的资格，另行指定监护人。① 但在《意见》未发布前，这两条规定均是"僵尸条款"，《意见》的发布激活了"撤销监护权"的法律条款。

---

① 全国人民代表大会：《中华人民共和国民法通则》，http://www. npc. gov. cn/，最后访问日期：2021 年 10 月 2 日。《中华人民共和国未成年人保护法》，http://www. gov. cn/flfg/2006 – 12/29/content_554397. htm，最后访问日期：2021年 9 月 13 日。

补救性政策的出台虽然是有必要的，但有亡羊补牢之虞，缺乏预防性、前瞻性政策以保障儿童的生存和发展等权利。我国儿童福利制度应从补缺型儿童福利逐步向普惠型儿童福利转变（熊梅，2016）。在转变的过程中，我们也应该重视补缺型儿童福利对特殊儿童群体的重要性问题。因此，补缺型和普惠型之间的互补才能使儿童福利制度在立法层面得到全方位、多角度的保障（熊梅，2016）。

从宏观层面来看，中国出台的有关儿童福利的政策文件众多，涉及的内容也多样，但多为部门规章，整体层次不高。从儿童福利政策演变历程可以看出出台的政策大多是"通知"、"指示"和"意见"，归属于政策法律体系中的部门规章，变化迅速、标准不一、可操作性较差。各个行政部门拥有相异的儿童福利价值取向和权力范围，制定的政策内容、福利评估标准和层次范围也不尽相同，导致我国的儿童福利政策零散化，缺乏一部统一的法典予以规定。

五　儿童福利政策二元分割，地区差异、城乡差距明显

由于我国经济社会发展的地区差异，在儿童福利供给方面也存在地区差异与城乡差异，经济社会发展较快的地区，儿童福利明显要强于落后地区；由于计划经济时代遗留下来的城乡二元社会结构与体制，城市中的儿童福利不知要强于农村多少倍，这种状况也违背了儿童成长应该追求起点公平的原则。残疾儿童、失依儿童、贫困儿童等城乡皆有，但待遇不同。

在户籍制度下，中国儿童福利呈现城乡分割的二元状态。即使国务院在2014年提出取消城市户口和农村户口的区分，[①] 但是

---

① 《国务院关于进一步推进户籍制度改革的意见》，http://www.gov.cn/zhengce/content/2014-07/30/content_8944.htm，最后访问日期：2021年9月13日。

由于户籍制度所带来的城乡二元分割并没有因此消除。儿童的福利供给在城乡依旧按照不同的文件实施，农村儿童的基本生活保障和医疗保障归属于《农村五保供养条例》与新型农村合作医疗保险项目；城市儿童则归属于《城市居民最低生活保障条例》和城镇居民基本医疗保险（吴鹏飞、余鹏蜂，2015）。

以我国学前教育的城乡差异为例，从城乡校舍建设情况来看，城市地区幼儿园每百人平均保健室面积为 12.89 平方米，县镇地区为 11.58 平方米，农村地区为 7.88 平方米，从城市到农村呈现出显著的下降趋势。同样的趋势也出现在人均活动室面积中，城市地区幼儿园的平均值约是县镇地区的 1.44 倍，是农村地区的 2.66 倍，其差距非常明显。在人均睡眠室面积的统计中，城市地区领先县镇地区 78.78%，领先农村地区 314.56%（万国威，2011）。

现行儿童福利受政策和经济因素的影响，在东部区域和西部区域之间以及不同省份之间呈现出二元状态。2016 年山东省儿童福利的支出高达 780669.4 万元，而西藏自治区儿童福利支出只有 9870.3 万元，两者相差 79 倍（万国威，2011）。

改革开放前，由于中国政府优先发展城市、优先发展工业，造成了城乡经济的巨大落差，这种社会发展状况同样也体现在教育上。首先，教育投资的城乡差异。这就造成了农村教育的普遍滞后，不利于农村整体教育水平的提升。其次，教师配置的城乡差异。相比城市，农村学校办学条件比较落后，教师工作环境比较差，工资相对较低。再次，学校分布的城乡差异。农村好学校的覆盖率相对较低，尤其是省属、市属的重点院校更是少之又少。最后，学校物质条件的城乡差异。作为学校建设的硬件条件，校园良好的基础设施为学校创造了一个良好的办学环境。在农村，由于经费有限，许多学校的校舍建设十分不完善。尽管随着农村经济的发展，农村也在大力完善校园设施，但是一些现代

化的教学设备，如多媒体设备、电脑、投影仪等仍十分稀缺，这对城乡教育协调发展产生了不利的影响。

六 社会力量参与福利供给不足

新中国成立以后，儿童公共福利供给主体始终是政府。改革开放以后，也有一些社会力量为儿童福利承担了责任，但这些社会力量还很弱小。随着我国人口老龄化程度日渐加深，社会被赋予了更多保护儿童健康成长的责任，一个社会中儿童能否得到健康成长，这不仅是单个家庭的责任，也是全体社会的责任。

现行儿童福利政策强调政府的主导作用，但个人、企业、社会团体、慈善机构、宗教组织等社会团体的力量没有充分被调动起来，国家缺乏对这些社会力量的引导和规范政策，没有形成畅通的儿童福利事业多元参与渠道。随着社会的发展和国家经济实力的提高以及公民、企业、团体等社会责任意识的增强，国家需要在政策上对儿童福利事业支持体系进行整合，形成个人支持力、家庭支持力、政府支持力和社会支持力的合力，真正实现儿童福利事业的多元参与和共享发展。

第二节 我国儿童保护存在的问题

一 从儿童保护理念来看，保护理念落后

儿童权利、儿童保护等价值观念尚未成为全社会的共同价值观，儿童福利事业的发展缺乏相应的价值基础，人们还保留着相当一部分传统观念和错误思想。

儿童利益最大化的观念尚未成为一种社会共识。早在1989年联合国就通过了《儿童权利公约》，我国也在1991年12月加入了该公约，在这个公约中确立了儿童利益最大化原则；《中华

人民共和国未成年人保护法》也规定了儿童需要"特殊、优先保护"。但事实上，在社会各界并没有很好地理解这一公约内容，很多政策实施还没有真正地执行儿童优先原则、儿童利益最大化原则，对此原则缺乏实践层面的落实，无论是在儿童福利制度建设方面，还是在儿童福利资源分配和环境设施等方面，儿童优先原则都没有能够体现出来。儿童利益不仅被置于一切问题的边缘位置、缺乏应有的重视，而且还时常被忽视、被侵犯。近些年来，儿童被伤害事件频频发生，但每每在舆论热议过后，保护儿童的相关社会政策和措施依然很少改变，或者是停留在字里行间，在实施层面还缺乏真正具体落实，我国儿童保护的机制还是不能真正进行变革。

我国现阶段的儿童社会保护理念存在非常明显的补缺型特征，这主要表现为：我国已有的儿童社会保护政策不是建立在儿童平等权利的基础之上，而是建立在儿童特殊需要的基础之上。在此观念的影响之下，我国儿童社会保护的重点在于仅给孤、残、流浪乞讨儿童、艾滋病感染儿童等几类特殊儿童提供基本的生存保护。在 2013 年之前，孤残儿童保护政策是我国儿童社会保护政策的主体。虽然 2011 年的"儿童发展纲要"与 2001 年相比保护对象更广泛、更细化，将贫困和大病儿童、流动和留守儿童、孤儿、残疾儿童、流浪儿童、艾滋病感染儿童等都纳入保护范围，但迄今为止，我国普惠性的儿童福利仍很缺乏，仅在儿童保健、传染病预防、义务教育等少数几个领域面向所有儿童。

在国家、家庭与儿童的关系上，家庭仍被赋予了最主要的责任，认为儿童的照顾是家庭的责任，社会没有或只有很少的责任，国家对儿童的责任没有得到凸显。对儿童需求的理解局限在生存权利和生命安全的保护方面，缺乏对儿童受保护权、发展权和参与权的理解（陆士桢，2014）。

二 从监护人履行监护职责来看，大量不合格监护人导致监护缺位

监护出了问题的儿童，是最困难的儿童。因为监护是一种生命保障，没有了监护，就如同无根之草；监护是最神圣的信任，是孩子对父母的信任，是国家对监护人的信任，监护伤害触碰的是人类灵魂深处的安全本能；监护更是法律上的身份，关系到监护人与被监护人之间的法律关系（张文娟，2014）。笔者通过调查发现很多监护人不能完全履行监护职责，监护缺位现象较为严重。调查数据表明，监护人自己认为他们只有一半的人能够履行其监护人职责，对儿童进行教育、关心、保护，但仍然有近一半的监护人没有很好地履行其职责。而儿童如何看父母的职责履行情况呢？只有 52.84% 的儿童认为父母尽到了大部分责任，有 29.44% 的儿童认为父母尽到了一半的责任，有 11.30% 的儿童认为父母只是尽到少部分责任，有 1.90% 儿童认为父母几乎没有尽到责任，还有 4.52% 的儿童不知道如何回答此问题。很明显，总体来看，儿童对于其父母履行职责也不是很满意的，有 42.64% 的儿童认为父母至少尽到一半责任或者少部分责任或者没有尽到责任；也就是在儿童的眼里，他们的父母是不称职的，不够尽职的父母占比居然高达 42.64%。这些父母虽然因为家庭关系产生了法律上的监护与被监护的关系，但从事实来看，很多父母没有完全尽到监护职责，出现监护缺位，这是我国当前儿童保护面临的最大的问题之一。

三 从儿童保护形式和水平来看，形式比较单一，保护水平比较低

第一，从儿童保护形式来看，我国儿童保护的形式还比较单一（李迎生、袁小平，2014）。Gilbert 和 Teeerl（2003）认为，

根据社会福利品可转移性特征，可以将它大致分为六类：现金、服务、物品、代用券、退税和权力、机会。政策制定者应该明确儿童保护的权责划分，并对监护人职责确定严格的行为规范。虽然目前我国已开展了一些儿童保护，但从形式上看还多以现金或者实物为主，缺乏对儿童的社会服务，如残疾儿童需要的康复服务则不是法律规定的福利范围，所以需要明确，我们相关政策制定者应从儿童保护的形式入手，按照儿童利益优先原则，明确儿童保护的各种形式，并明确规范儿童保护的各种形式。

第二，从保护水平来看，目前的保护以生存权为主（李迎生、袁小平，2014）。就我国儿童保护的现实水平来看，对所有困境儿童的保护，一般采用了现金和实物保护，但这些保护仅仅是基于保证基本的生存为标准。例如，现行的福利机构中儿童每月只有最低1000元的养育标准，此费用包括了伙食费、教育费、日常用品费、服装被褥费、医疗费和康复费。这一水平根据现在的物价水平和生活水平，显然仅能满足儿童基本的生存需求。同时，对残疾儿童的保护大都将他们纳入家庭低保范围（2020年全国城市低保人数为805.30万人，城市低保户数为489.00万户，城市低保平均标准为678元/人月）①，也仅以生存保护为基础。在各地城市举办的家庭庇护中心，儿童也仅能获得食品和住宿，主要也是以生存保护为主。大量困境儿童保护没有涉及儿童的发展权和参与权。只有少量保护涉及发展权和参与权，发展权保护主要体现在义务教育方面，我国对适龄儿童的保护注重强调义务教育保护，这也包括了各种困境儿童的义务教育，尽可能保障其入学的权利。但根据《儿童权利公约》，发展权体现为充分发展其全部体能、智力、精神、道德、个性和社会性的权利。如果对

---

① 《2015—2020年全国民政事业支出、民政机构数量、社会救助及儿童收养情况》，https://www.huaon.com/channel/distdata/700841.html，最后访问日期：2021年9月12日。

困境儿童仅提供义务教育，这是难以保障儿童个性的全面发展的。

儿童保护水平的低下还表现在专业性的社会服务方面。相关文件规定，院内机构必须给予儿童心理咨询、教育等方面的服务。目前我国的院内机构缺乏专业性的儿童保护人员，尤其缺乏儿童社会工作者。我国职业化的社会工作兴起的时间不长，只有为数不多的省市开展了专业化的社会工作服务。根据统计，截至2019年底，全国共有注册登记的独立儿童福利和救助保护服务机构686个，床位9.9万张，年末收养人员4.8万人。其中独立儿童福利机构484个，床位9.0万张；独立未成年人救助保护中心202个，床位0.8万张，全年共救助流浪乞讨未成年人1.8万人次。① 而在2012年底，全国463家儿童收养机构共有员工11049人，其中助理社会工作师仅250人（平均每家机构0.54人），社会工作师236人（平均每家机构0.51人）（李迎生、袁小平，2014）。

四 从儿童保护行政管理机构和服务机构来看，缺乏统一的、高级别的、专门管理机构

1. 在行政层面，从中央到地方缺乏专门的儿童保护行政机构

目前，中国专门保护儿童的综合机构有三类，一类是国家和地方各级妇女儿童工作委员会，其从国务院到县一级都有，它依托于各级妇联机构。第二类机构是民政部内设立的儿童福利司，它从中央到县各级政府部门都有这个机构，主要负责儿童福利、儿童保障、儿童收养、儿童救助保护政策的制定等职责。第三类机构是未成年人保护委员会，全国共有29个省（自治区、直辖市）成立了未成年人保护委员会，也是从中央到县各级政府部门都有这个机构，它的常设机构是委员会办公室，都是儿童权益各

---

① 《2019年民政事业发展统计公报》，http://images3.mca.gov.cn/www2017/file/202009/1601261242921.pdf，最后访问日期：2021年9月13日。

部门的协调机构。其他如共青团、残疾人联合会等也都内设有专门负责儿童工作的机构。综合考察这些部门的儿童工作职责，其职能多为对相关部门的协调与协商，这些机构本身并不具有法定的对儿童权益保障职责，也不具有保护儿童的行政管理执法权，故不能形成对儿童应有权益的有效保护。其他和儿童有关的行政机构则分散在国务院各部委中，例如，文化和旅游部设有公共服务司，负责未成年人文化；国家卫生健康委员会内设有妇幼健康司，负责儿童健康卫生；教育部内设有基础教育司，负责未成年人义务教育。这些政府职能机构都有相关儿童工作，但只能在各自分管的业务范围内负责儿童的相关工作，例如，教育部门只能就儿童在教育方面的权益开展相关保护。

2. 在儿童服务层面，儿童服务机构太少，远远不能满足需要

目前对儿童的保护主要是依托国家和家庭、学校，其中，家庭在儿童保护中承担主要责任，国家给予困境儿童基本的生存保护，学校负责校内保护，而社会力量对儿童保护介入不足。目前，社会力量在孤儿保护方面只有少量参与，一些家庭（包括国外的家庭）通过家庭寄养或收养的方式参与了保护，但家庭寄养的小孩只占少部分。

我国社会组织这几年虽然发展很快，但其总数还是很少的，截至 2019 年底，全国共有社会组织 86.6 万个，比上年增长 6.0%；吸纳社会各类人员就业 1037.1 万人，比上年增长 5.8%。[①] 而在这些社会组织中，从事儿童服务的社会组织就更少，仅占 1% 左右。如目前在很多城市关于困境儿童的服务还没有普及，并不是所有的困境儿童都能获得帮助，户籍、地区等因素都成为阻碍困境儿童获助的因素，地区资源分配不均衡、政府支持力度不一样。

---

① 《2019 年民政事业发展统计公报》，http://images3.mca.gov.cn/www2017/file/202009/1601261242921.pdf，最后访问日期：2021 年 9 月 13 日。

五 从儿童保护预防监督体系来看，还未建立起全面有效的预防监督体系

儿童保护工作是个系统工程，重点在预防监督，目前我们很多工作是在打补丁，哪里出问题补救哪里，缺乏儿童保护的长效机制，更缺乏主动性的儿童保护工作，这与我们要求建立儿童保护长效机制的设想还有很长的距离，需要我们长期为之努力。

首先，就目前我国儿童保护的情况而言，还属于事后补救型，缺乏对事中的干预和事前的预防。国际经验表明，对儿童事中的干预能及时帮助儿童摆脱权益受损状态，这需要给儿童提供各种求助服务，增进儿童权利。我国目前给儿童提供的保护服务中很少有求助服务。同时，事前干预能从源头上保护儿童。许多国家都侧重给儿童所在的家庭进行教育，为儿童建立各种支持性网络，提升儿童能力。而我国目前给儿童提供的服务大都集中于卫生保健、护理、心理辅导等方面，难以直接干预困境儿童，同时也没有提供给父母、监护人以及其他照料人的服务。无论是群体性问题还是个别未成年人受到侵害问题，多数事情发生后只有依靠报纸、网络等媒体曝光才能引起社会的重视，儿童保护机制中缺乏一个全面的预防监督体系。

其次，儿童保护机制缺乏长效性，一般是头疼医头，脚疼医脚。比如，就流浪儿童救助而言，救助机构根据《城市生活无着的流浪乞讨人员救助管理办法》的规定，为其提供基本生活所需要的食物、住处等物质生存条件，然后联系其家人，送他们回家，救助程序就此结束。对于这些人为何流浪等源头问题缺乏关注，缺乏积极的早期干预，如相关的家庭支援服务、福利政策服务、法律保护服务等。

再次，受现有法律政策及体制限制，儿童保护缺乏主动干预机制。例如，对于虐待儿童的父母，《中华人民共和国刑法》第

260 条规定，虐待家庭成员，情节恶劣的，处二年以下有期徒刑、拘役或者管制。犯前款罪，致使被害人重伤、死亡的，处二年以上七年以下有期徒刑。第一款罪，告诉的才处理……。也就是说，若没人报警，警方也不会主动出警去解救受虐儿童，受虐儿童自己去报警的可能性极小，其父母更不可能会主动投案，除非有居委会或者邻居介入，或者该孩童被虐待成重伤或者死亡才会有警方介入。又如，《城市生活无着的流浪乞讨人员救助管理办法》规定救助管理站仅限于救助主动求助的流浪乞讨者，对于儿童而言，大部分还缺乏主动求助的能力和意识，救助站对于他们而言实际救助意义并不大。

六 从儿童保护的专业性来看，还缺乏专业性

儿童保护的专业性体现在哪里？国外经验告诉我们，儿童保护的主要依靠的专业还是社会工作，而我国目前社会工作虽然近些年有较大的发展，但离现实需求还差距很大，根据民政部发布的《2019 年民政事业发展统计公报》，截至 2019 年底，全国持证社会工作者共计 53.4 万人，其中社会工作师 12.8 万人，助理社会工作师 40.5 万人。[①] 这与我们在社会工作"十三五"规划的要达到 145 万人的差距很大。各地开展社会工作服务，一方面到处都出现招不到社会工作专业人才，另一方面又有大量社会工作专业大学毕业生流失去做其他工作，社会工作服务陷入人才危机。所以，儿童服务类社会组织应该只有从"识人、选人、用人、育人、留人"五个方面着手，搭建好儿童服务类社会组织人力资源管理体系，做好儿童社会工作者的职业发展规划，才能增强儿童社会工作者对行业的认同感和归属感，才能推动儿童社会工作职业化、专业化发展；只有完善员工个人成长体系，建立科学合理

---

① 《2019 年民政事业发展统计公报》，http://images3.mca.gov.cn/www2017/file/202009/1601261242921.pdf，最后访问日期：2021 年 9 月 13 日。

的激励机制和薪酬管理制度，才能为员工安心工作提供一份保障，才能有助于提高社会工作者对机构的认同感。

第三节　本章小结

一　本章结论

从本章笔者对儿童保护现状与相关问题的分析来看，笔者可以得出这样一些结论：第一，从儿童保护理念来看，儿童保护理念落后。第二，从儿童保护的法律政策来看，法律政策还不够健全。儿童保护覆盖面还很窄；儿童保护方面的立法远远不够，缺乏一部系统的专项儿童福利立法，缺乏社会救助的专门性立法，缺乏校园安全法、监护人法、防止虐待遗弃儿童法、儿童社会环境管理法、反校园欺凌法等儿童保护的专门法规；现有相关立法也是非常分散，立法层次还比较低，还存在操作性较差、缺乏相关罚则立法、忽略儿童特殊性、缺乏相关责任主体等问题。第三，从监护人履行监护职责来看，大量不合格监护人导致监护缺位。第四，从儿童保护形式和水平来看，形式比较单一，保护水平比较低。第五，从儿童保护行政管理机构和服务机构来看，缺乏统一的、高级别的专门管理机构。儿童保护各部门缺乏协调行动，整合机制没有能够有效建立。第六，从儿童保护预防监督体系来看，还未建立起全面有效的预防监督体系。第七，从儿童保护的专业性来看，还缺乏专业性。已有的儿童保护力量专业性不强，各种从事儿童保护的服务机构还远远不能满足儿童的需求。

总之，儿童保护还未建立起全面的行之有效的预防监督体系，还停留于打补丁式的工作，缺乏儿童保护的长效机制和工作的主动性。

二 本章讨论

儿童保护与服务体系是不能脱离该国福利体系的。好的儿童福利政策需要儿童福利的理论支撑，正确的福利理论会影响儿童福利的政策效果。

第一，要保护好儿童，需要全社会形成共同的意识观念与价值观，这种理念必然是儿童优先，儿童利益高于一切，儿童是民族、国家的未来，儿童是社会的财富等观念，只有这些价值观念成为全社会的共同价值观，我们才可能努力去建立和完善能够满足儿童需要、实现儿童权利、形成有效保护和服务儿童的机制体系。可喜的是，2020年修订通过的《中华人民共和国未成年人保护法》和《中华人民共和国预防未成年人犯罪法》，新增加了最有利于未成年人的法则。

第二，有了儿童优先的理念，我们就能够建立普惠性的儿童福利制度。我们不能再像过去那样，将儿童福利政策目标和福利服务对象主要集中于少数的"问题儿童"和部分困境儿童，这是一种补缺型儿童福利，它已经不能适应发展着的中国社会，更不能满足人民日益增长的需求，这种状况使绝大多数正常儿童无法享受到应有的福利服务。社会经济发展成果应该惠及全体人民尤其应该惠及儿童，使所有儿童都能够享受到社会关爱、国家保护和家庭照顾。

第三，国家与儿童的关系是国家与社会关系的基础，古今中外和世界各国政治精英都承认，保护儿童和确保儿童身心健康是国家最基本的责任（刘继同，2005）。要保护好儿童，必须树立正确的"国家亲权"的法律原则，需要将"国家亲权"的法律原则落实到我们已有法规政策中，并不断完善现有的儿童相关法规政策。

第十一章　国外儿童保护经验及其对我国儿童保护的启示

为了更好地构建适合中国的儿童保护制度，有必要深入了解和借鉴其他国家和地区的儿童保护政策及其经验。本章将分析美国、英国以及其他国家儿童保护的主要做法，并探讨可以借鉴的经验。

第一节　美国儿童保护的主要做法

一　美国儿童保护的发展过程

美国儿童保护与其福利制度是密切相关的，早期美国儿童福利是很少的。美国受自由主义的影响，认为儿童保护的责任主要应该是家庭和社会的，政府对此没有多少责任，儿童保护与对困境儿童的帮助应主要靠非政府组织、慈善组织、宗教组织，依靠社会力量去解决。

进入 20 世纪后，1909 年第一次白宫会议是一个转折点，美国开始了儿童福利制度的建设，此会议以后，1912 年美国建立了联邦儿童局，此机构专门负责儿童保护与救助、儿童福利、儿童发展的相关事务，各州也相继制定了相关法律对儿童提供津贴、对困境儿童给予补助、救助，这标志着美国儿童福利进入国家干预阶段。

受全球经济大萧条的影响，很多美国家庭生活陷入穷困状态，人们认识到社会福利主要依靠自救与互助的想法是有缺陷的，也认识到政府对于公共服务负有重大责任，因此要求政府为公共服务承担更多责任。因此，大萧条期间，联邦政府通过项目资助介入儿童福利领域。1935 年，美国《社会保障法》颁布，该法律规定了对困境中的家庭采取一系列援助措施，这些措施包括对儿童的援助。大萧条之后，罗斯福新政出台，积极给社会工作者、公共健康部门工作人员、教育工作者以及少年法院的工作人员提供工作岗位。

1946 年，美国《社会保障法》被修改，修改后的法律包括对受抚养的儿童予以援助，主要是帮助那些单身母亲抚养的子女，如果这些母亲不接受帮助，孩子将被带离家庭。与此相关，儿童福利与儿童问题也受到更多的关注，与此相联系的是儿童权利运动在美国迅速展开，美国社会开始重新认识儿童价值，这也从另一方面促进了政府对儿童福利的关注与介入（刘程，2009）。

公众对儿童虐待问题的意识增强以及儿童虐待案件数量的增加都推动了儿童虐待的联邦立法。1974 年，联邦通过了《儿童虐待预防及处理法案》，根据该法案，联邦政府为州政府提供开展儿童虐待预防和处理项目的资金。1986 年，国会通过了《儿童虐待受害人权利法案》，由此受害人能够得到民事赔偿。1997 年，国会又通过了《收养和家庭安全法案》，根据该法案，儿童在福利保护案件中可以有自己的律师，并对州政府提出了保护儿童和家庭安全方面的更高要求。这部法案对儿童福利和儿童保护及其以后的立法产生了重要影响（韩晶晶，2012）。

二　美国儿童保护关注的重点

美国政府对于儿童的关注主要体现在以下三个方面。

第一，儿童福利资金不断增加。20 世纪 30 年代经济大萧条后到 20 世纪 60 年代，美国的社会服务和社会保障进入了高速发展时期，投入的经费不断增加。1935 年，美国颁布了《社会保障法》，对儿童权利的保护以法律的形式正式确立下来。同年，实施了面向失能父母的家庭、单亲家庭或孤儿的"家庭援助计划"，该计划由联邦政府与州政府共同为儿童支付相关津贴，联邦政府承担该儿童福利总支出的 50% ~ 79.6%（Currie，1997）。有关统计数据显示，美国政府在此后对儿童福利的财政拨款持续增长，1963 年的年度财政拨款是 3000 万美元，1964 年增加到 3500 万美元，1969 年继续增加到 5000 万美元（Skocpol 和 Ladd-Taylor，1994）。

第二，儿童福利立法不断完善。20 世纪 50 ~ 70 年代成为美国儿童福利立法的高峰期。这些法规包括 1961 出台的《特别未成年儿童援助法案》，这一法案扩大了受援助儿童的范围，由原来的孤儿、单亲家庭扩大到父母双方中有一方失业家庭中的儿童；还有 1963 年出台的《社会保障法修正案》，这一法案对困难儿童家庭的援助计划进一步加强了。类似的儿童福利立法还有很多，其中，最值得我们关注的是 1974 年出台的《儿童虐待预防及处理法案》，该法案进一步扩大了儿童的政府保护体系，将那些遭受家庭忽视和虐待的儿童也纳入了保护范围，并以法律的形式明确规定下来，如果有足够证据证明儿童在家庭中已经或可能遭受伤害，为了保护儿童，政府可以强制介入这些家庭中（Allen 和 Bissell，2004）。此后，在儿童福利领域，国家干预主义得到充分体现。这些儿童保护法的颁布使美国儿童得到了很好的保护，（由于保护儿童的需要）大量儿童与原生家庭分离，进入寄养体系中，家庭寄养体系在美国得到快速发展。

家庭寄养普遍开展之后也产生了新问题：将受忽视与受虐待儿童与其原有家庭分离，这不仅导致每年都有大量儿童等待机会进入寄养家庭，还导致进入寄养家庭的儿童又由于种种不可预测的原因不得不经常更换寄养家庭，多数甚至在一年内平均需要更换 3~4 个寄养家庭，频繁的更换反而影响了儿童生活的稳定与健康成长。

美国社会学家发现，过去这种被动式的救助并没有解决问题，儿童应该回归家庭，保护儿童的最好方式是保护儿童的家庭。美国的儿童福利、儿童保护的相关政策开始进一步调整，逐渐转向重点以保护家庭为主的预防性政策（姚伟、王宁，2011）。

第三，儿童福利和保护项目、措施不断增加，儿童福利与保护范围在扩大。更多的儿童保护项目为低收入家庭中的儿童和残疾人儿童提供了经济资助，致力于改善儿童健康和营养状况。

第二节　英国儿童保护的主要做法

一　儿童保护的法律制度

英国一直非常关注儿童相关法律制度建设，从 1601 年颁布《伊丽莎白济贫法》以后，儿童保护与福利保障的立法就在不断完善，依照时间的先后顺序，近当代主要的儿童保护法律有：《妇女及儿童福利法案》（1918）、《巴勒特教育法》（1944）、《家庭补助法》（1946）、《托儿所法规》（1948）、《国民健康服务法》（1948）、《儿童法案》（1948）、《子女法》（1948）、《性犯罪法》（1956）、《（少年）婚姻诉讼法》（1958）、《精神健康法》（1959）、《婚生子女地位法》（1959）、《苏格兰教育法》（1962）、《儿童和青少年法案》（1969）、《儿童法案》（1975）、《收养照管法》（1980）、《儿童监护法》（1980）、《儿童法案》（1989）和《儿童抚养法》（1991）。

以上这些法律面向所有儿童，对于一些特殊儿童，还有很多专门的法律。在残疾儿童保护立法方面，英国在 1944 年颁布了《教育法》，这个法律对英国的特殊教育产生了重大的影响，其中对缺陷儿童的法律条款有详细规定。此后，英国相继制定了《缺陷儿童教育法案》和《就业与训练法案》来保障残疾儿童的成长权利。在儿童和青少年立法方面，1948 年英国政府颁布了具有深远意义的《儿童法案》，要求政府和社会各界提供一系列的儿童照料服务，包括建立儿童指导中心、儿童精神病医疗中心和儿童集体宿舍。

二　儿童保护的相关福利制度

英国在不断完善儿童保护与儿童福利相关法律的同时，也更加注重对各种低收入家庭以及贫困儿童的关注。抚养、教育和保护儿童，不仅是父母和家庭的责任，更是国家和政府的责任。国家通过立法及建立国家负责的权威来实施对儿童的保护（庞媛媛，2009）。为加强对儿童的保护，还动员社会力量如各种类型的儿童服务机构，包括慈善组织、专业社会工作者、社区公益服务者等，对儿童开展各种社会福利服务。这些服务也必须在政府的监督及管理之下开展。政府还通过不断加大对儿童福利方面的财政支出以促进英国儿童福利相关制度的健康运行和良好发展。

英国儿童福利制度主要包括这些做法。第一，儿童福利金（Child Benefits）。这是一项很重要的福利制度，英国政府从 1997 年起就开始实施这项福利制度，它由英国政府直接负责，针对儿童及其家庭发放生活津贴。2013 年之后，英国政府对儿童福利金相关领取资格加以限定，那些需缴纳高收入家庭儿童福利金税的家庭（家庭内夫妻一方收入超过 50000 英镑）不能申请儿童福利金。第二，儿童储蓄账户。英国政府规定每个儿童可以办理一个儿童储蓄账户，其前身称为儿童信托基金（CTF），这是一个可以长期免税的儿童存款账户。第三，儿童税收抵免（Child Tax

Credits）。儿童税收抵免规定，家里只要有一个儿童便可以申请税收抵免，如果一个家庭里有三个或三个以上儿童，或者说一个家庭中有一位家长已经到了领取退休金的年龄，就可以申请儿童税收抵免。第四，监护人津贴。该津贴主要针对父母双亡或双亲中有一人去世的儿童。第五，儿童教育方面的福利政策。对英国的基础教育来说，英国坚持实行免费的基础教育政策，从医疗卫生到儿童的营养膳食，各项福利服务已经愈发细致规范。第六，儿童保育。它是指由儿童法定监护人在白天对儿童进行照顾，英国儿童保育的对象通常为3—5岁儿童（路晓霞，2013）。

三　英国对儿童的社会服务

1. 成立儿童信托机构

英国 Laming 勋爵的研讯报告指出，"中央政府有责任决定全盘政策、立法工作及服务拨款的各主要方面，但由中央管理有关服务是明显不切实际的"，因此，报告建议从根本上改革英格兰支持儿童及家庭服务的组织和管理方式，授权由负责提供社会服务的地方当局来设立儿童信托机构，而非由中央政府来设立儿童信托机构，并促进地方各机构合作以整合儿童、青少年及其家庭的儿童服务。儿童信托机构按照国会法令赋权，统一在全英国进行运作，虽然这个儿童信托机构设立于地方，但它独立于地方政府。儿童信托机构负责促进和监察儿童整体的安全、福利和福祉。儿童信托机构还就儿童相关的法例、政策、做法及服务向政府机构及非政府组织提供建议，就影响儿童的事宜展开特别咨询研究。

2. 没有参与儿童信托的公营机构的角色

尽管部分机构，如警方、教育机构、卫生机构和房屋管理部门没有直接参与儿童信托工作，但指定它们为"相关伙伴"。每个儿童服务当局及其相关伙伴须提供居所、职员、服务、货品或

其他资源，并募集及管理这些资源以支持有关工作安排。

3. 志愿者和社区组织的角色

《儿童法案》规定，每个儿童服务机构须考虑若干安排，这些安排既要与相关伙伴合作，也要与其他人士或者团体合作。这些人士或者团体包括具有儿童服务职能或从事与儿童有关活动的志愿组织、社区工作者。在地区层面，教育及技能部期望每个儿童服务机构会鼓励志愿组织、社区工作者为儿童信托安排的各个环节去贡献力量并参与这些工作。

第三节　其他国家儿童保护的主要做法

一　日本儿童保护的主要做法

日本儿童福利保障制度正式形成并确立于"二战"以后，这期间颁布和制定的儿童规定和法令包括："战灾孤儿保护等对策纲领"（1945 年）、《生活保护法》（1946 年）、《儿童福利法》（1947 年）、《儿童宪章》（1951 年）、《儿童抚养津贴法》（1961 年）、《母子福利法》（1964 年）、《儿童津贴制度》（1970 年）、《儿童津贴法》（1971 年）。

从 1973 年开始，日本进入其福利元年，各项福利制度进入完善、调整时期，这一时期日本实施了各种支持措施，制定了大量法律法规来支持儿童福利制度：1974 年实施"障碍儿保育"等措施并颁布"支付特别儿童抚养津贴"；1975 年设置护士、教职员、保育士等的育儿假；1981 年颁布《母子与寡妇福利法》；1991 年颁布《育儿休假法》；1994 年制定《育儿支援计划》及《紧急保育对策五年事业》，并在 1995 年设定了对儿童父母从雇用保险中支付退休前的 25% 收入的制度。

随着日本社会和经济的迅猛发展，日本儿童福利制度开始进行结构性转变：1997 年，日本对《儿童福利法》做了大量修改，这被看成是日本政府对儿童福利和救助政策变革的重要标志。1998 年 6 月，日本社会福利结构改革分会、中央社会福利审议会提出了《有关社会福利基础结构变革》的报告。此后，日本对《儿童福利法》进行了多次修改，着力于为儿童成长创造更为健全的个人发展空间。2000 年，《儿童虐待防止法》重新生效，并在 2004 年、2007 年又分别进行了两次修订，将部分内容和《儿童福利法》进行整合，完善了防止虐待儿童的制度（裘晓兰，2011）。

二　日本独具特色的儿童福利保障体系的特点

历经一百多年的发展变迁，日本已经形成了内容完善、独具特色的儿童福利保障体系，概括之，有以下几个突出的特点。

1. 完备的相关法律为儿童福利保障制度提供了有效运行的保证

在日本，关于儿童及未成年人权益保护的法律法规有很多种，政府为了从多方面为儿童提供规范、系统、适应性强、可操作的福利政策，相继出台了一系列儿童照顾的相关法律，除了上文中提到的《母子与寡妇福利法》（1981）、《儿童福利法》（1997）、《儿童虐待防止法》（2000 年重新生效）等内容较宽泛的法律，甚至还有专门规范未成年人如何吃饭的《学校营养午餐法》以及调整对特殊儿童称谓的《关于调整精神薄弱者用语的有关法律的部分修改》（1998）。依托这些细致而全面、几乎涵盖未成年人生活各个方面的法律规范，日本政府保障儿童享有政府提供的育儿服务；儿童及其家庭可以享受政府提供的各种津贴和经费；通过休假等措施直接或间接帮助父母照料未成年人。正是有了这些健全而明确的法律保障体系，儿童福利及保护问题才得到全社会的高度认同，为日本的儿童福利政策的

推行提供了强有力的后盾和法律基础（邹明明，2010）。

2. 强调以家庭为中心，政府、企业、社区、学校共同分担责任的儿童福利模式

日本基于传统儒家思想中以"家庭"为中心的理念，在构建儿童福利整体构架过程中始终贯穿"以家庭为先导，推行地方政府、企业、社区多元化治理"的福利政策理念。儿童福利在日本一直被视为父母和家庭天经地义的事，尤其吸取了英国、瑞典等以国家承担家庭责任为主、国民过度依赖国家的教训。日本政府不断强调父母的自觉教育是确立国民道义的基本，强调家庭在抚养未成年人成长道路上所担负的重大责任。以《儿童福利法》为例，总则即确立"国家和地方公共团体与儿童的保护者共同负有培育儿童身心健康成长的责任"。诚然，日本学界关于"与儿童的保护者共同负责"的解释，在保护者的责任和国家责任是否同等等重要问题的意见上存在分歧。但是，作为一般保护者的亲权者和未成年人监护人享有《民法》第820条赋予的权利，负有与此权利相对应的培育儿童的义务，因此，可以推断为家庭的保护者对谋求儿童福利承担首要责任。当然，这并不意味着允许国家、企业和地方公共团体逃避责任。国家和地方公共团体在保护者谋求儿童福利的前提下，应当排除障碍，努力完善使保护者责任得以充分履行的社会环境。例如，《儿童福利法》在第4章第49条规定了实施儿童福利服务的经费支付、负担和补助，确定国家、都道府县、市町村要按比例负担儿童福利的费用。

对于住房，日本也有专门针对儿童的优惠服务。在《母子及寡妇福利法》第27条中规定地方公共团体对母子家庭提供公营住宅，要在优先入住公营住宅、建设第二种公营住宅时，确保一定户数的母子家庭用住宅，并根据情况采取减免房租等措施对母子家庭进行特别照顾，以增进母子家庭的福利。此外，日本作为一个"性别分工"很强的社会，传统的家庭模式是这样的：妻子在家里承担家务和教育子女的责任，而丈夫则外出工作为家庭赚钱，因此许多传统的日本企业将提供儿童福利作为企业员工待遇的一部分，如在工资所得税中规定配偶剔除部分、企业内部设置家族津贴等优待政策。这种极具"日本型"特色的儿童福利政策，体现了家庭责任与职能的充分发挥，同时国家和企业、地方公共团体对家庭进行必要的帮助和指导，实现以家庭为基础、地方社会和企业给予支持、行政部门提供必要援助的"儿童福利三重构造"的社会。

3. 儿童福利系统正由补缺型转向普惠型

日本儿童福利保障制度在二战后主要重点工作是妥善安置众多战争孤儿、破碎家庭和被遣送回国的战俘，政府颁布了《生活保护法》以及关于儿童福利的第一部基本法《儿童福利法》等一系列以扶贫、救贫为目的的儿童福利保障制度，创新性地开设了社会福利法人和社会福利事务所来救济贫困的家庭和儿童，为其提供最低生活援助。彼时的《儿童福利法》甚至规定，只要是在日本的孤儿，不问其具体国籍，全部由日本政府收养，保证这些孤儿完成高中教育（王晓燕，2009）。

然而，随着日本经济高速增长、社会文明程度逐步提高，国民生活水平发生了翻天覆地的变化，人们不再满足于单纯的战后"救济型"儿童福利保障体系。为此，日本政府在1997年对《儿童福利法》进行了大幅度修改，目标由原来的对需要保护的儿童提供保护调整为为儿童增进福利、防止儿童陷入需要保护的状态、满足儿童的身心需要、积极促使儿童健康成长。例如增加了关于儿童自立生活援助事业、放学后儿童健全养育事业、儿童养育短期支援事业等致力于儿童身心健康成长的育儿支援事业的界定（1997年《儿童福利法》第6条之二）。1998年6月提出的《有关社会福利基础结构变革》的报告中明确指出：日本的儿童福利政策需要转型，转型为面对一般家庭和全体儿童的身心健康、健全发展，为儿童创造良好的教育环境、社会环境，而不再是单纯的基于"特殊儿童"（残障儿童、孤儿、单亲母子家庭的儿童等）提供特殊援助。学者们普遍认为 1997～1998 年是日本儿童福利制度发生结构性变化的转折点，日本儿童福利保障体系的对象范围从孤儿扩展到困境儿童，最终扩展到全体儿童，儿童福利政策的轨迹也从"补缺型"转型为"普惠型"。

三　瑞典儿童保护的主要做法

瑞典政府充分考虑儿童发展的需要，通过推行父母保险、儿童津贴、家庭津贴、各种医疗保险和福利服务，为所有家庭创造了一个适宜照料儿童的社会环境，为儿童提供无微不至的关怀，其优厚的亲职假给付（paid parental leave，也有译为"父母津贴""亲子假"）和普遍的公共托育服务（state-subsidized childcare）的影响很大。

瑞典政府在儿童福利与保护政策方面经历了一个不断完善发展的过程，1944 年出台了公立托育政策，1947 年出台了儿童津贴政策和带薪亲职假政策，1960 年出台了《儿童及少年福利法》，1961 年出台了《儿童照顾法》，1974 年出台了家庭津贴政策，1975 年专门出台了《学前教育法》，1982 年出台了《社会服务法》等（详见表 11-1），这些法规使瑞典儿童福利制度越来越健全。

表 11-1　瑞典儿童福利法律与政策演化

年份	法律与政策关键词	主要内容
1944	公立托育政策	公办托儿所
1947	儿童津贴	对家中儿童给予现金补贴

续表

年份	法律与政策关键词	主要内容
1947	带薪亲职假	提供父母休假并带薪在家照顾儿童
1960	儿童及少年福利法	对受虐待儿童的强制性保护
1961	儿童照顾法	学前及学龄儿童的托育服务
1974	家庭津贴	保障子女众多家庭之最低生活水平，给予现金补助
1975	学前教育法	入读小学前一年，免费一天 3 小时的学前教育
1982	社会服务法	儿童及青少年的照顾与保护

这些儿童法律与政策的变化是通过一系列重大事件形成的，具体重大事件见表 11 - 2。

表 11 - 2　瑞典儿童法律与福利建设重大事件

年份	重大事件
1947	卡伦·考克成为第一位当选的内阁部长，普遍发放儿童津贴
1955	法律规定在职的生育妇女应享有三个月的带薪产假
1969	一套新的课程设置规定学校必须推动性别平等
1971	个人单独计税制取代夫妇共同计税制
1974	父母津贴开始发放，使父母可以分享孩子出生后可用的亲子假期
1979	法律准许有年幼孩子的父母可每天工作 6 小时
1981	所有针对女性的家庭暴力行为都将受到法律惩治
1995	父母津贴计算有所变化，分别为父母双方各规定了一个月的不可转让的亲子假
2002	父母津贴增至 480 天，父母双方各有两个月不可转让的亲子假

具体而言，瑞典的儿童福利项目主要有以下四项。

1. 父母保险项目

瑞典自 1974 年开始实施父母保险制度，该制度给予父母双方带薪假期用以照顾孩子，并且承诺假期后能够重返原工作岗位或者类似的岗位。按照父母保险制度的规定，产妇分娩前可以享有 180～270 天的生育津贴。孕妇在产前一个月即可开始休假，并领取产假补贴。自 2002 年起，瑞典父母津贴发放时间总共为 480 天，该津贴的申领时间从孩子出生时起或被领养当日起开始计算，直到孩子年满 8 岁。父母在孩子出生后 480 天的前 390 天中，可以得到的补贴一般根据请假而损失的工资来折算，约为该从业者总收入的 80% 以上，最高限额以下（2004 年父母津贴的最高限额约为每月 24000 克朗，1 克朗约合 1.07 元人民币）。在 480 天余下的 90 天即 3 个月中，每人的津贴每天为固定的 60 克朗。无收入的父母在 390 天内的津贴为每人每天 180 克朗，其后 90 天内依然为固定的每天 60 克朗。对于多胞胎的父母，政府还会给予额外的补贴天数。从 1980 年起，规定凡有 12 岁以下儿童的父母，父母每年可请假 60 天照看孩子，在此期间享受临时父母津贴。有一岁半以下儿童的父母，还可以享受每天可工作 6 小时或全休的特殊待遇。那些有 8 岁以下儿童的父母，他们可将其工作时间每天减少1/4。雇主可以根据减少的工作时间减发或停发工资，但不能够解雇职工。父母保险项目是瑞典社会保障制度的重要部分，由所有雇主来支付该福利资金。

2. 儿童津贴和家庭津贴项目

所有瑞典儿童自出生之日起即可得到儿童津贴，直至 16 岁。此项儿童津贴金额还随物价上涨进行调整，目前瑞典儿童津贴每月约为 1000 瑞典克朗。如果家庭中有三个以上子女，还可以专门享受儿童附加补贴。如果因为父母分居或病逝而生活发生困难的儿童，国家每月为其提供一定的补助。如果孩子的父母一方或双方去世，18 岁以下的孩子可以得到儿童抚养金（也称儿童年金），与此同时，仍保留有享受其他津贴待遇的权利。此外，还有一种"寡妇补贴"，即当丈夫去世后，寡妇要继续照顾同她居住在一起的 16 岁以下的孩子时，她可以领取此项专门补贴。在瑞典，房租是家庭的主要开支之一，原则上地方当局根据居民家庭情况向低收入者和多子女家庭提供一定的住房补贴。

3. 教育补贴（含公共托育服务）项目

该项目规定孩子从半岁至 6 岁可以进入不同形式的托儿所，这些托儿所的费用分为两部分，人人要交的伙食费是一部分，管理费是另一部分；如果孩子家长收入低或孩子多则可以申请少交或者免交。此项目还规定 6 至 7 岁的儿童每天可以接受不少于 3 个小时的学龄前免费教育。瑞典绝大多数地方政府还雇有专职的儿童看护，这种社会服务是由国家给予补贴的，当遇到孩子生病而其家长因故又不能亲自照顾时，就可以申请儿童看护帮助。瑞典的义务教育是中小学教育完全免费，学生还可以免费使用文具，并可以免费在学校吃一顿午餐。如果学生在外寄宿，则每月可以得到一定的住房补贴。如果是住处离学校较远的走读生，一般规定由学校代为其购买月票。如果是住处离学校 6 公里以上的学生，教育行政机构还应该为其提供车辆服务，或者每月发给其必要的交通补助。年满 16 周岁并且完成九年义务教育的青少年，如果继续深造还可申请获得学习津贴。

4. 健康照料项目

瑞典实行全民免费医疗制度，所有公民都享受同样的免费医疗。同时，瑞典在全国各地都设有母亲保健中心，该中心专门负责孕产妇的保健工作。孕妇产前与产后的全部护理及住院分娩的费用都完全免费。全国学龄前儿童及中小学生在校卫生所和儿童保健中心看病都完全免费，如果儿童到医院看病则需像成人一样交规定的挂号费。如果是 16 岁以下儿童住院治疗，其医疗费用完全免费；儿童到公立医院治疗牙病也是完全免费。不但如此，如果 10 岁以下儿童住院，其父母去看望孩子，至少每周也可以报销一次往返路费。此外，该项目还规定父母因为照看残疾儿童而不能正常工作时，国家可以提供其相当于提前退休金的补助，并规定父母如果在家中要照顾 16 岁以下伤残儿童，父母还可以领取儿童照料的补助，在儿童 12 周岁之前，父母每年最长还可以请 4 个月假专门照顾伤残儿童，其待遇同休病假一样（何玲，2009）。

四　澳大利亚儿童保护的主要做法

澳大利亚从 20 世纪 70 年代开始重视对儿童权利的保护。1975 年颁布《儿童和青少年法案》《1975 年家庭法》，这使澳大利亚的儿童权益保护更加趋于成熟。近十多年来，澳大利亚在各个方面全面贯彻儿童利益最大化原则，建立了家庭与社区参与儿童保护的体系，儿童保护司法分流，提倡犯罪施害人非监禁刑等理念，在少年司法制度方面形成了令世界各国关注的独特模式。

纵观澳大利亚在儿童福利立法方面的内容，可以看出其主要的特点。

第一，对全体儿童权利的相关规定和儿童权利保障的手段非常明确。以新南威尔士州 1996 年的《子女身份法》为例，该法规定孩子在澳大利亚出生后，无论是医生还是助产士或者母亲都有向国家人口登记部门进行汇报的义务，将新生儿登记在册后，政府就必须向新生儿提供法律规定的各种福利和公共保障；此法律还规定政府部门有确认孩子父母身份的相关义务；确认孩子父母身份可以依据婚姻关系或者同居关系或者出生登记或者法院判决或者签署确认书或者亲子鉴定等方式；并明确了各种人工受孕方法必须确认父母身份的相关原则；还规定了非婚生子女与婚生子女必须平等的原则等（Galtry 和 Callister，2005）。

第二，少年司法的制度设计比较科学，人员构成专业化水准较高。从为儿童提供更多的保护角度出发，1991 年专门设立了澳大利亚的少年罪犯执法机构——青少年司法局，该机构专门为青少年罪犯提供各种服务，其目的是阻断犯罪的循环，并预防青少年重新犯罪。这些机构对人员的专业素质要求都非常高，如新南威尔士州 1987 年的《儿童法院法》规定，儿童法院必须由首席治安法官和专门的儿童治安官组成。首席治安法官可以通过相关书面文件任命任何有资格的人来担任儿童治安法官。被任命为儿童治安法官的人必须有相关资格，在首席治安法官看来，该人必须具备履行儿童治安法官职责所必需的法律、社会或行为科学知识，必须具备处理儿童与他们家庭之间关系的知识，还必须具有相应资格、技能和经验；而且依据相关法律规定，儿童治安法官还应当完成不间断的培训课程，这些培训课程必须是首席治安法官与高级治安法官商讨后所要求的培训内容。

第三，对未成年人犯罪的处理注重保护的原则，处理过程非刑事化的色彩浓厚。对于实施犯罪行为时的违法青少年，如果犯罪行为人为儿童以及该行为人被指控到法院时还不满 21 岁，通常最为普遍的适用法规处罚是社区服务令。社区服务令这种制度，一般是要求剥夺犯罪人的业余时间或者日常时间，用于从事一定的公益性劳动，从而达到惩罚犯罪的目的。此制度的目的在于避免因为给违法犯罪的未成年人贴上相关犯罪标签，这样有利于对未成年人进行矫治，并可以预防其重新违法犯罪。事实上，这种对未成年人犯罪采取非刑事化处理的方法，是有利于保护未成年人的，也是当今国际少年司法发展的大趋势。

澳大利亚在联邦和州政府都设有专门的儿童机构，其职责是处理与儿童相关的事宜。目前，澳大利亚还专门建立了儿童评估系统，这个系统负责保障、实施和评估儿童状况，这个系统由政府、NGO 和学术机构等利益相关方的人员构成，其目的是最大限度地保护儿童权益并实现儿童健康发展。澳大利亚联邦政府中负责儿童福利相关事务的主要机构包括：其一，国家儿童保护所，由澳大利亚家庭、住房和社区服务部在 1995 年资助成立，主要防治虐童问题。

其二，澳大利亚儿童援助机构（CSA），负责评估和整理儿童相关援助信息，替代之前由法庭处理的儿童家庭赡养系统。1988 年该部门开展了儿童支持计划（Child Support Scheme），它运用一套专门的方案来评估的儿童社会支持系统，并负责收集和强制执行有关法庭指令、儿童社会支持协议和相关评估报告。

其三，联邦儿童养护咨询委员会，它成立于 1988 年 3 月。该委员会专门负责为部长提供相关儿童问题咨询，承担儿童问题研究任务。

其四，国家儿童照料资格认证委员会，它成立于 1991 年，专门负责指导和监督儿童照料的保障质量、保障系统的实施工作。

其五，澳大利亚发展署，它成立于 1974 年，该机构是澳大利亚外交和贸易部下设的一个独立机构，其职责是专门负责管理为了国家利益的对外援助计划，其中就包括相关儿童福利项目。

此外，澳大利亚各个州政府也都设有专门的儿童服务机构，以西澳大利亚政府为例，其设立了专门的儿童保护部门，主要关注收养、寄养、家庭暴力、无家可归儿童等儿童保护工作。

澳大利亚制度性保障内容非常丰富，涵盖了儿童生活的各个方面，从儿童出生、旅游到营养，地域包括城市和农村，对象包括普通儿童和弱势儿童，还考虑到了儿童照料者的需求，从儿童的经济、生存技能、知识和照料层面都能够保障儿童福利的实现（Paula，2004）。儿童福利内容主要有双孤年金、残疾儿童津贴，有特殊需求家庭的补充项目、附带儿童养护项目、补助和补贴等。

第四节　本章小结

一　本章结论

对国外儿童保护制度的考察后我们发现，欧美发达国家儿童保护制度主要有两个方面：儿童福利和少年司法，两者是相互联系、相互渗透的。两者都强调政府在帮助监护出现问题的困境未成年人和违法少年方面的职责。

欧美发达国家儿童保护制度的理念是国家亲权，这是儿童保护的基础，它体现了儿童保护的三个层次：父母的监护职责，父母要保证儿童的生存、受教育、发展、获得保护等权利；政府对儿童的职责，包括完善社会保障福利制度与设施，建立针对家庭干预和个案处理的制度和机制；对涉及未成年人犯罪的矫治和康复，通过促进福利发展解决未成年人的犯罪根源以及未成年受害人的康复问题。

二　本章讨论

1. 为促进儿童福利与保护，有必要建立普惠型的福利制度

发达国家以及一些发展中国家都有儿童福利的成功经验，中国可以借鉴这些国际经验，建立一套系统的、惠及全体儿童的儿童福利制度。随着社会的转型，中国补缺型儿童福利制度已经越来越不能满足儿童日益增长的对美好生活的需要。特别是当今儿童福利制度重事后补救而轻事前预防、重资源供给而轻资源链接、重责罚而轻干预，当其逐步将儿童福利置于边缘位置、将家庭负担逐渐增大到无力承担的时候，补缺型儿童福利制度的局限性在当今社会暴露无遗。构建一个"适度普惠、分层推进"的儿童福利政策制度迫在眉睫。

"分层推进"即根据我国人口和经济发展状况，建设适度普惠型儿童福利制度，这个建设需要分为初级、中级和高级三个阶段进行。初级阶段（2011—2020 年）实现弱势儿童群体全覆盖，即覆盖孤儿残儿、困境和困境家庭儿童，福利标准较低；中级阶段（2021—2030 年）保障整体弱势儿童和部分普通儿童的福利，福利供给标准较高；高级阶段（2031—2050 年）逐步保障所有儿

童的福利供给，这一阶段儿童享受高水平的福利标准（曹艳春、戴健兵，2014）。初级阶段重点是实现弱势儿童群体的生活福利保障和原生家庭儿童的公共福利保障；中级阶段开始发展普通儿童的生活福利供给；高级阶段则是像北欧国家一样，为全体儿童提供广泛的社会福利（包括公共福利和生活福利）。

适度普惠型儿童福利制度的构建不仅是一个系统性工程，更是一个长期性任务，因此要分阶段进行，在不同的阶段涉及不同的服务对象，逐步实现对普通儿童的全覆盖。在社会转型期间，构建适度普惠型儿童福利制度既是对补缺型儿童福利制度的历史局限的改变，又是对儿童日益增长的美好生活需求的回应。

2. 应该建立专门负责儿童福利与保护的行政管理机构

发达国家儿童福利与保护体系都需要有一个独立的高级别政府管理机关专门统一负责儿童工作，负责儿童的福利政策与实施，负责儿童保护相关工作，只有健全的儿童福利行政管理机构，才能保证这个国家的儿童福利与儿童保护体系得到良性运行。因为儿童保护涉及面广，需要对儿童保护这方面的社会资源进行协调整合，因而建立这样一个独立的负责儿童保护的机构十分必要（于澄姣，2012）。

3. 加强、健全我国儿童福利与儿童保护的法律规范

要有效保护儿童，必须进行制度建设尤其是法律制度建设。发达国家有益的经验就是建立了比较完备的、具体的、操作性强的法律体系，这是儿童福利发展的结果，更是儿童保护制度能够有效运行的基础（秦宝玉、杨宏，2014）。我国的儿童保护法律还不够完善，迫切需要构建一整套独立的"儿童福利法"，建议由全国人大制定一部完整的儿童福利法，明确规定该法的宗旨、原则、政府及有关机构在儿童权利保护中的职责和义务，规定政府及有关机构为儿童健康发展提供各种儿童福利设施，明确各福利设施和相关人员的具体职责（于澄姣，2012）；同时还要有一些具体的国务院行政法规，还要有具体的职能部门的各种规章和相关政策规定，还要有地方政府的一些规章制度与相关政策规定，形成具有中国特色的、完整的儿童社会福利与儿童保护法律法规的体系。因此，制定一部采取适度普惠式、社会参与式和综合式立法模式的"儿童福利法"迫在眉睫（吴鹏飞，2018）。

采取适度普惠式就是要制定一部与我国的经济发展水平和国情相适应的"儿童福利法"统领我国的儿童福利事业。为什么是"适度普惠式"而不是北欧国家的"普惠式"？这与我国的国情和经济发展状况密切相关。从国情来看，与挪威、瑞典等北欧国家人口少、面积小、地区差异不大、极易形成集中管理的情况相反，我国是一个幅员辽阔、人口基数大、发展极不平衡的发展中国家，这一现状决定了我国的儿童福利并不是满足儿童的充分需求，而是满足儿童的医疗、教育、生活等基本需求；从经济发展情况来看，虽然中国经济增长迅速，但我国依旧是一个人口庞大的发展中国家，与挪威、瑞典等高收入国家相比，我国的人均收入还处于较低水平，因此只能满足儿童的基本需求。综上所述，制定"儿童福利法"要与我国的国情和经济发展相适应，即采取适度普惠式。

4. 建立监护人替代性养护制度

国外儿童保护的一个很好的制度就是监护人替代制度。我们国家有必要借鉴此经验，建立以国家为主的替代性养护制度（尚晓援，2008），即当原有监护人不能或者无法履行其监护儿童的职责时，由政府和第三方机构安排其他监护人对儿童进行监护养育的制度规定。这种替代性养护的形式主要包括领养、家庭寄养、集中供养或者院舍式养护等。

第十二章　我国儿童保护制度
　　　　　与服务构建

　　儿童保护制度与服务体系的建设需要考虑什么问题？至少需要建设以预防为主、预防为先的制度体系，这就必须考虑这样一些问题：第一，如何预防儿童受伤害？第二，在哪里预防儿童受伤害？第三，谁来做这些预防？第四，当预防不成功时候，我们该怎么办？第五，谁来帮助受害的孩子？家长、政府或者公益社会组织？第六，谁来管那些实施迫害的成人？第七，怎么帮助受害的儿童？怎么管实施迫害的成人？除了这些问题，还要考虑将受害事实还原、取证的问题，审判和判决施害人的问题，受害人如何康复和回归家庭的问题，如何避免二次伤害的问题等。

　　儿童保护制度建设要紧紧围绕国家监护责任落实和国家监护服务发展这个目标开展，建构包括监护监督制度、监护支持制度和监护替代制度在内的三位一体的儿童保护制度（程福财，2014）。首先，在儿童保护服务体系中，政府扮演的角色和定位问题。政府首先要考虑公与私的界限，哪些事情是政府应该做的？哪些事情是家庭应该做的？哪些事情是社区应该做的？哪些事情是社会组织应该做的？在涉及儿童及其家庭问题的时候，政府应该怎样保护儿童及其家庭的隐私？其次，在谁来管施害人的问题上，主要依赖于政府执法，对施害人要进行施害事实的调查、取证、还原，政府要主持完成对施害人的审判和判决。最后，在谁管受害儿童的问题上，政府也需要介入，需要政府出台相关社会政策，对受害儿童提供保护措施，避免儿童受到二次伤害。鼓励和购买社会组织的服务进入儿童保护的领域，规定儿童保护（未成年人保护）服务的流程和内容。

本章主要分析我国儿童保护制度与服务如何构建，包括树立儿童优先发展认识建立儿童保护体系、法律制度构建、行政管理机构构建替代性养护制度构建、保障制度构建等内容。

第一节　树立儿童优先发展认识，提高保护儿童的认知

要树立儿童优先发展的认识。国务院颁布的《中国儿童发展纲要（2011—2020年）》，是儿童福利制度建设的方向性文件。"纲要"确定了儿童发展的五大原则：依法保护原则，儿童优先原则，儿童利益最大化原则，儿童平等发展原则，儿童参与原则。其中儿童优先原则提出：在制定法律法规、政策规划和配置公共资源等方面优先考虑儿童的利益和需求。在我国当代现实社会中，儿童在人口结构中的比例不断下降，使得积累未来人力资本的任务更为迫切，加大对儿童的投入越来越具有战略意义。"儿童的今天就是国家的明天""投资儿童就是投资未来"，这些道理正在被社会广泛接受。从这个意义上讲，将儿童福利优先发展确定为国家战略，是基于中国当前发展阶段的现实国情和广泛的国际经验必须做出的理性和富于远见的选择，对于实现中国可持续发展和长治久安具有深远意义（北京师范大学中国公益研究院儿童福利研究中心课题组，2013）。从笔者对监护人的调查来看，监护人对儿童的权利、对儿童保护的认知还存在很多问题，还需要我们改变儿童保护的观念，树立儿童优先发展的理念。

一 提高监护人保护儿童的认知

本研究从儿童认知理论和唯物辩证法内外因影响事物变化的理论出发，依据儿童权益的自我认知、儿童保护者职责的自我认知、日常生活安全意识的自我认知三个维度对儿童伤害的影响问题建立了如下假设：假设 1：儿童对权益的自我认知（宏观层面自我认知）越好，则越不易受到伤害。假设 2：儿童对保护者的义务和职责的自我认知越好（中观层面自我认知），则越不易受到伤害。假设 3：儿童对日常生活安全意识的自我认知越好（微观层面自我认知），则越不易受到伤害。

研究发现，儿童对权益的自我认知越好，其受伤害的可能性越小；儿童对保护者义务和职责的自我认知越好，其受伤害的可能性越小；儿童对日常生活安全意识的自我认知越好，其受伤害的可能性越小。

事实上，结合监护人的儿童保护认知与儿童自我认知的关系来看，在监护人的儿童保护认知与儿童自我保护认知之间存在着传递效应，即当其他因素不变的情况下，监护人的儿童保护认知越好，儿童自我保护认知越强。在监护人的儿童保护认知对儿童伤害的影响分析中，研究发现监护人对儿童权利的认知水平、对儿童安全方面认知的提高在社会意义层面也可以降低儿童受伤害的可能性；监护人对儿童保护组织的职责和义务的了解程度越高，其未成年子女受伤害的可能性越低。笔者将此种现象概括为儿童保护认知传递效应。

儿童自我保护认知与儿童受伤害之间还存在相关关系，即当其他因素不变的情况下，儿童自我保护认知越好，儿童受伤害的可能性越小，在儿童自我保护认知对儿童伤害的影响分析中已经充分说明了此问题（儿童对儿童权益的认知度越高越有利于降低儿童受伤害的概率）。笔者将此现象概括为儿童自我认知的正向效应。

　　基于儿童保护认知传递效应和儿童自我认知的正向效应的发现，笔者认为，在监护人层面上，应提高监护人保护儿童的认知，广泛开展多种形式的儿童保护教育和监护人监护教育，弥补当前儿童保护教育的不足。从增能理论视角看问题，增加监护人的监护能力是非常重要的。首先，要提高监护人对儿童保护重要性的认识，普及儿童保护的相关知识，让社会组织广泛宣传儿童保护的重要性和儿童保护的知识。其次，提高监护人对监护职责的认知，减少监护缺位现象。动员社会组织参与对监护人培训教育的活动，例如，开办家长培训学校，为家长开展应急安全知识教育等类似的安全教育活动、监护人监护职责教育、儿童保护法律法规教育等。再次，提高监护人保护儿童的能力，促进监护人对儿童保护知识和能力的掌握，进一步防范儿童受到伤害。

　　调查发现，儿童缺乏对于生活危险应急预防的自我认知，有超过50%的儿童认为"当孩子被鱼刺哽喉时，最好吞咽大块食物"是正确的做法；有近1/3的儿童认为"孩子扭伤后，应该马上热敷或按摩，不应冷敷"是正确的，说明儿童对应急措施的认知普遍较低。这应该是学校或者监护人对安全教育的忽视所造成的，也说明我们缺乏对儿童生活危险应急预防知识的教育或培训。家长是儿童最好的老师，家长的一言一行都时刻影响着儿童的认知和行为。监护人的儿童保护自我认知观念会直接影响儿童保护的自我认知观念。因此，应该有针对性地提高监护人对儿童保护知识的掌握，尤其是对儿童生活危险应急预防知识的掌握，减少儿童因监护人忽视照顾而受到伤害的现象。

　　由于"儿童福利、儿童权利、儿童参与、儿童优先原则和儿童发展理念尚未被广泛接受"（仇雨临，2009），保护儿童不仅要从客体角度去改善儿童社会生态环境，还需要从主体角度改变儿童自我保护认知，而要改变儿童自我保护认知，首先要改变监护

人的儿童保护认知，这也是最直接、最容易操作的做法。

二 提高社会大众对儿童保护重要性的认识

监护人儿童保护认知的缺失从另一个侧面反映了社会大众对儿童保护重要性认知的不足。因此，在政府层面，政府需要引导媒介通过多种宣传方式加强对儿童权利和儿童保护的宣传，提高社会大众对儿童保护重要性的认识。虽然我们近十多年开始重视儿童保护的宣传教育工作，但由于多方面的原因，宣传教育的效果并不是很好。比如笔者在对监护人关于儿童权利的相关问题调查中发现，如果我们对认知问题进行赋值处理，最小值1分，最大值5分，各个问题的赋值得分由高到低依次如下：关于"儿童有受到社会保护的权利"的问题，成人问卷平均数为4.09，此数据成人问卷比儿童问卷低，儿童问卷数据为4.16；关于"儿童有出生和生活的权利"的问题，成人问卷平均数为3.84，此数据成人问卷比儿童问卷高一点，儿童问卷数据为3.78；关于"儿童有发展能力和知识的权利"的问题，平均数为3.73，此数据成人问卷比儿童问卷低，儿童问卷数据为3.98；关于"儿童有参加社会活动的权利"的问题，成人问卷平均数为3.65，此数据成人问卷比儿童问卷低，儿童问卷数据为3.72；也就是大约有20%～30%的监护人对于儿童权利缺乏正确认知，这也说明这部分监护人还没有形成正确的儿童保护认知，他们缺乏对儿童权利的认知教育。事实上，在我们的相关教育体系中就没有儿童权利教育的内容。如果我们对监护人关于儿童相关法律法规的认知问题进行赋值处理，最小值1分，最大值5分，各个问题的赋值得分由高到低依次如下：《中华人民共和国义务教育法》（成人问卷平均数为3.60），《中华人民共和国未成年人保护法》（成人问卷平均数为3.37），《禁止使用童工的规定》（成人问卷平均数为3.33），《中华人民共和国预防未成年人犯罪法》（成人问卷平均数为3.14），

《儿童权利公约》（成人问卷平均数为 2.33），大约有超过 30% 的监护人缺乏对儿童相关法律的正确认知。由问卷赋值平均数可以看出，监护人对于相关法律法规的认知明显低于对监护人义务职责的认知，也低于对儿童权利的认知，这说明我们对儿童缺乏相关法律法规的教育，很多与儿童相关的法律法规，很多监护人根本就不知道。

笔者认为，一些成年人是缺乏生命至上、儿童优先观念的，他们没有把儿童看成独立的人，不能平等地对待儿童，更缺乏尊重儿童权利的理念。传统文化理念中将儿童看成是家庭的私人财产，看成是家庭的"香火"，看成是家族生命的延续，是家族生命延续的一个工具、一个链条中的一环，这也说明为什么那么多监护人很少考虑儿童的权利问题，尤其不考虑儿童的参与权与发展权，更没有儿童优先的观念。传统观念中，儿童是属于家庭和国家的，儿童的价值似乎在于他们将来能为家庭、社会做什么，是家人和国家对他们的期望，而他们的自我意识和独立人格被忽视了（于澄姣，2012）。改革开放以来，在以经济建设为中心的发展理念下，一段时期内整个社会形成了"向钱看"的趋向，一些人的价值观认为金钱是第一位的，相信"有钱能使鬼推磨""有钱就有一切"的观念；一些监护人为了赚钱、为了养家糊口，背井离乡到城市中从事非常艰辛的劳动，有的监护人天天忙于工作，加班成为常态，实际工作时间远远超出正常工作时间，导致他们无暇陪伴、照顾、教育自己的子女，监护缺位成为事实。

这些事实说明我们成年人对于儿童保护的观念、儿童权利和儿童法律法规认知问题堪忧，存在很多盲点，正是监护人儿童保护认知缺失才导致监护缺位。这个问题需要全社会引起重视，需要政府制定相关政策，鼓励和引导媒体通过多种宣传方式加强儿童权利和儿童保护的宣传，提高社会大众对儿童重要性的认识。

当务之急，是提高监护人及社会大众保护儿童的积极性（动力）。从行为科学的期望效价理论来分析，监护人及社会大众对于儿童保护的积极性（M）是儿童保护的效价与儿童保护的期望值这两个变量的乘积。儿童保护的积极性是指推动人们去保护儿童的追求和实现保护儿童的目标动力。儿童保护的效价是指人们认为保护儿童的价值强度，即一个人对保护儿童的重视程度、偏爱的程度，笔者用 V（Value）代表。儿童保护的期望值是采取儿童保护行为可能导致的绩效和满足需要的主观概率，即主观上认为采取保护儿童行为对于实现其目标可能性的大小，笔者用 E（Expectancy）代表。可以用公式这样表示：

$$M = V \times E$$

因此，要调动人们保护儿童的积极性、保护儿童的动力，必须提升监护人及社会成员对于保护儿童的重要性的认识，即提升监护人及社会成员保护儿童的效价；同时，还需要提升监护人及社会成员保护儿童实现目标认知的主观概率，即提升监护人及社会成员实现保护儿童目标认知的可能性。

三 在全社会开展儿童保护教育行动

在社会层面上，提高社会公众保护儿童的积极性，广泛开展多种形式的儿童保护教育，弥补当前儿童保护教育的不足。做好儿童权益的保护工作不能仅仅靠政府，还必须充分调动社会的力量，充分挖掘社会潜能，动员儿童保护组织力量进入儿童保护领域，探索社会各方合作保护儿童的模式。要尽快落实《中华人民共和国家庭教育促进法》，促进家庭教育、学校教育、社会教育紧密结合、协调一致。

从前文中对儿童问卷分析可知，儿童对于"儿童保护组织和工作者职责"的认知处于中等偏下水平，八个问题的回答得分未达平均值，这一数据说明在儿童的成长过程中，对儿童保护组织或工作者职责的教育是缺失的；从另一方面来讲，儿童保护组织或工作者对儿童所开展的工作成效是不显著的，儿童保护组织和工作者工作的渗透度、影响度还不够，他们的工作还没有得到儿童的认可。因此，如何提高儿童保护组织和工作者的职责，如何提高他们参与儿童保护工作的程度就成为一项重要措施。首先，要提高公众对儿童保护重要性的认识，普及儿童保护的相关知识，让社会组织广泛宣传儿童保护的重要性和儿童保护的知识。其次，动员社会组织与政府相关部门联合开展行动保护儿童。例如，联合交警部门为儿童开展马路安全知识学习的活动，联合消防部门为儿童开展防火应急安全知识教育等类似的活动。

对于因儿童受虐待监护人被剥夺监护权的案件，儿童保护组织应该做好"间接监护人"的作用，以弥补我国替代性监护制度的缺失。对于监护人不能良好的起到监护作用的情况，儿童保护组织应及时介入以纠正监护人的错误行为。儿童保护组织也应该联合居委会、村委会对辖区内的儿童监护人进行培训，一是为监护人灌输正确的儿童保护观念，二是增强监护人对儿童保护的自我认知观念，因为监护人良好的儿童保护认知观念会直接影响儿童自我保护认知观念的形成。

所以，儿童教育的相关部门应该明确自我职责和目标，做好学校教育和家庭教育的组织、协调、指导和监督作用，根据《中华人民共和国家庭教育促进法》，"各级人民政府指导家庭教育工作，建立健全家庭学校社会协同育人机制。县级以上人民政府负责妇女儿童工作的机构应组织、协调、指导、督促有关部门做好家庭教育工作。教育行政部门、妇女联合会统筹协调社会资源，协同推进覆盖城乡的家庭教育指导服务体系建设，并按照职责分工承担家庭教育工作的日常事务。"[1] 相关政府部门有责任配合学

---

① 《中华人民共和国家庭教育促进法》，中华人民共和国教育部网，http://www. moe. gov. cn/jyb_ sjzl/sjzl_ zcfg/zcfg_ qtxgfl/202110/t20211025_574749. html，最后访问日期：2021 年 12 月 26 日。

校教育和家庭教育做好儿童保护的相关教育工作，对学校和家庭在儿童保护教育工作上起到弥补作用。

第二节　建立覆盖全社区的儿童保护服务体系

影响儿童安全的既有儿童自我保护认知和监护人的儿童保护认知，还有儿童生活的环境，儿童最直接的生活环境是社区环境。相关研究也发现社区中的危险因素可能引起家庭监护人不恰当的教养方式从而对儿童造成伤害（Jones et al.，2002），贫困社区生成的社会失范文化显著加大了个体的越轨行为发生的可能性（Ainsworth，2002）；留守儿童所嵌入的社区环境比非留守儿童要差，发生在前者的伤害行为也更多（李松，2009）。

笔者将这种现象概括为儿童保护社区促进效应，即儿童居住的社区环境越安全，儿童受伤害的可能性越小，儿童居住社区的安全环境可以促进儿童保护。正是由于相关研究发现社区环境对儿童伤害具有极其重要的影响，因此，从外部客观环境保护儿童的最好方式就是建立覆盖全社区的儿童保护网络。

一　覆盖全社区的儿童保护网络是对儿童最好的社会支持网络

儿童保护是一个系统工程，需要建立全覆盖的网络保护体系，而在社区层面上建立友好型的儿童保护社区网络体系就非常关键，这个网络保护体系要形成以儿童为中心、以家庭为依托、以社会工作开展专业服务、以社区为基础的人人参与的保护网络。

早在2006年，国务院妇儿工委和联合国儿童基金会共同发起并启动了两个很好的儿童项目，这两个项目都是以社区为基础的儿童保护网络模式，一个是"社区儿童保护体系与网络"，另一个是"儿童友好家园"，这两个项目的顺利完成获得了相当有益的经验，成为保护儿童权利的典范，也营造了多元开放的社区保护网络，形成了有益儿童保护的机制，值得在全国推广应用。

总结已有的儿童保护实践经验，这个网络保护体系需要覆盖所有社区或者地域，一旦发现有困境儿童或者风险儿童，相关儿童保护机构或者责任人（包括监护人、学校的教职工、医务人员、社会工作者、公安人员等），都有责任向当地未保中心（儿童保护中心）报告情况，当地未保中心应该立即报告受害人相关情况，对受害人进行风险干预和服务，动员全社会进行监测、评估儿童存在的风险状况。对儿童的现状进行伤害评估，提出相应的应对策略，对受伤害的儿童进行紧急庇护，对伤害再发可能性进行评估，安排相应的服务项目。对于施害的监护人，要评估其危害儿童的情况、可能再伤害儿童的可能性。

二　覆盖全社区的儿童保护网络要求采用社区照顾的模式

这个网络保护体系是以社区为基础、采用社区照顾的模式、人人参与儿童保护的网络体系。社区照顾模式，必须以社区居民融入为理念，善于整合社区各种资源，并且通过整合社会资源尤其是非正式资源、运用社会工作的专业方法来重建社区的社会关系和相互支持网络，抚慰陪伴社区儿童情绪情感，增加儿童自我保护的能力，增加监护人保护儿童的能力，协助儿童适应社区生活。

社区照顾模式需要建立以社区照顾为中心的社会支持网络的途径与策略。从社会系统论的观点看，其社会支持网络是否强大，无疑会影响儿童的健康成长。关心和关注困境儿童这一弱势群体，为她们构建一张强大而广泛的社会支持网络，对社会主义和谐社会建设、小康社会建设、现代化社会建设都具有非常重要的作用。

采用社区照顾模式建立儿童保护社区体系，有很多独特的优点。第一，实施社区照顾模式有助于儿童尽快正常地融入社区。第二，社区照顾模式下的儿童保护体系还可以使服务成本最小化。与其他服务相比，如机构照顾，社区照顾主要由亲友、邻里、志愿者等提供照顾与陪伴服务，其所需照顾成本较少。第三，实施社区照顾可以减少困境儿童的孤独感，促进儿童社会心理健康发展。这种模式强调居民的社会支持，强调居民的社会网络体系，有助于社区社会资本的增强。

从社会对困境儿童支持主体的性质来看，可以分为正式的社会支持网络和非正式的社会支持网络。其中正式的社会支持网络主要包括政府支持系统、人民团体支持系统、群体支持系统（如社会组织、学校、自治组织、企业等），非正式的社会支持网络主要包括邻里、志愿者、亲属等。

三 覆盖全社区的儿童保护网络要求建立正式的社会支持网络

第一，建立政府主导的支持体系。现代文明社会的良性运行和协调发展是靠政府行为来实现的。政府掌握大量公共资源，在社会资源配置上起着主导作用。困境儿童是个社会问题，问题的解决需要公共资源的支持，因此，政府应该是困境儿童最主要的支持因素。政府对于困境儿童的支持主要表现在立法上给予保障。虽然新中国成立以后我国儿童权益保障事业的政策法规建设取得了很大的发展，已经基本形成了自身的体系。这些法律法规对于保障困境儿童的一些合法权益起到了应有的作用，但就这些法律法规目前运行的实际情况来看，还存在以下几个方面的问题需要加强。其一，这些法律、政策缺乏足够宣传，更难以执行，无法在基层形成保护儿童的良好法治环境。法治意识不仅政府要树立，全体公民更需要树立，各种普法宣传网、法律援助网、社会救助网、咨询投诉网、维权监督网、司法保护网等要发挥作用。其二，现有法律法规主要针对全体儿童，不是针对困境儿童这一特殊群体，所以有些规定显得过于笼统，操作性不强。所以，有必要针对"困境儿童"这一特殊弱势群体制定相关法律法规，以切实保障他们的各项合法权益。其三，政府需要加大对服务困境儿童的公益组织的购买服务。建议财政部每年从购买社会组织服务的 2 亿元经费中拿出 5000 万元专门购买服务困境儿童的项目；同时，由于留守儿童集中的农村地方财政较困难，建议中央、省级财政转移一些资金专门用于购买针对留守儿童的服务，扩大农村公共服务的领域与力度。

第二，强化各级人民团体的支持。中央在党的十八大以后强调人民团体转变职能，通过服务发挥人民团体联系群众的功能。如对困境儿童保护方面，共青团、妇联的职能与儿童的关系最密切，组织网络最为健全，可以发挥其优势服务与帮助困境儿童。建议开展以下几个方面的工作：第一，加大对共青团、妇联的农村基层组织建设，在困境儿童较多的村庄，建议共青团、妇联充实较多的人员，共青团与妇联应该整合资源，联合为困境儿童构建美好家园。第二，各级妇联、共青团要继续转变职能，其资金要投入到服务中。中央要求各级人民团体要从管理型转变为服务型，妇联、共青团应该带头继续转变职能，积极探索如何服务好妇女、青少年的机制与途径，同时政府应该加大对妇联、共青团服务经费的投入，否则妇联、共青团也是力不从心。

第三，强化自治组织（包括社区居民委员会和村民委员会）的支持。2020 年修订通过的《中华人民共和国未成年人保护法》《中华人民共和国预防未成年人犯罪法》，第一次明确增加了对城乡基层群众性自治组织的儿童保护责任。

作为基层自治组织——村委会（居委会）为促进当地经济社会发展、维护和谐稳定发挥了重要作用，但针对困境儿童这一新现象、新问题，自治组织的支持作用还有待进一步加强。建议基层政府适度加大对自治组织公共服务资金的投入。在农村困境儿童较多的村庄，基层政府专门拿出一部分资金投给每个行政村用于帮助困境儿童。村委会调动全村资源，发扬中国优秀传统社会风尚，邻里互帮互助，动员全村群众帮助留守家庭，组建志愿者困境儿童服务队，对困境儿童的日常生活给予足够的关注，及时帮助他们解决生活中遇到的困难。政府通过聘请第三方进行业务指导，通过第三方对自治组织开展的困境儿童服务项目进行评估，并制定困境儿童服务项目的奖罚措施，督促自治组织的相关工作，促进自治组织转变职能、赋权归位。

第四，建立学校对困境儿童的支持体系。学校的本职工作是培养人，对于儿童的培养不仅是在课堂上，更需要在生活中培养，因此，学校有责任对困境儿童进行特别的关爱，针对在校困境儿童的特殊需求，农村中小学在正常的教学管理之外还需要开展"关爱困境儿童"工作。其一，农村中小学应该提高寄宿制学生比例，积极投入一定经费解决学生的吃住娱乐等生活问题。其二，教育行政部门应对有困境儿童寄宿的学校适当增加一些办学经费，以提高学校帮助困境儿童的积极性，可以考虑按困境儿童人数比例增加教育经费以弥补因为照顾困境儿童增加的各种费用。其三，中小学可以引进学校社会工作，加强学校社会工作的培训。规模较大的学校（如人数超过1000人的），应该设置学校社会工作专职岗位，其工作职责以教育帮助困境儿童为主；学校人数较少的，可以由教师兼职做社工，这种由教师充当社工的做法也能部分达到促进困境儿童全面发展的目的；对困境儿童的学校领导与教师开展学校社会工作知识的专门培训，提升他们帮助困境儿童的能力。其四，在中小学设置心理咨询室、困境儿童专用亲情联系电话，方便困境儿童与老师、亲人沟通。

第五，引进社会组织对困境儿童开展专业服务。社会组织尤其是公益组织，承担政府转移出去的公共服务职能，通过购买社会组织服务，促进公益社会组织等对困境儿童正式支持系统的作用，加大对困境儿童的支持力度。公益社会组织通过社会工作者开展的专业活动介入农村，陪伴困境儿童成长，为困境儿童提供专业服务。同时，社会工作者应在困境儿童与其生活的系统之间建立广泛的联系，充分整合利用社区内外的资源，争取政府对社会工作的支持，充分利用系统拥有的资源，发挥社区自身的潜能和优势。

四　覆盖全社区的儿童保护网络要求建立非正式的社会支持网络

非正式的社会支持网络要素主要包括亲属、邻居、志愿者等，他们的互动互助可以形成一个强大的社会支持网络，而且这个网络具有可持续性、低成本性和便利性。

第一，家庭与家族亲属的支持。我国社会天然就存在各种血缘关系，这些血缘关系是儿童的非正式支持系统，这些亲属关系与其他社会关系相比表现最为稳定、最为密切、最为普遍，其影响也更为深刻。从代际上讲，困境儿童的隔代长辈亲属应该多承担对困境儿童的照顾。当然，对困境儿童的支持，不仅是物质上的支持，更重要的是心理上的支持，真正关心他们的心理健康。事实上，困境儿童出现的问题也主要是心理问题，有必要专门在基层社区中对所有社区工作人员开展心理辅导及相关知识普及培训。

第二，邻里地缘方面的支持。邻里互助是中华民族的优良传统，我们说"远亲不如近邻"就是这种优良传统的写照，乡亲、邻居也就成为儿童社会支持的重要组成部分。虽然在一些基层也有公益社会组织提供对困境儿童的爱心服务，但这些组织往往采取项目切入的方式，由于项目的周期性较短和公益组织的跨地域性，其在各地基层开展的困境儿童关爱工作往往会随着项目的结束而不了了之。这就导致很多时候，在关爱困境儿童的过程中，公益组织往往会显得有心无力。要解决这一问题，除了需要完善社会救助责任机制外，还需要培养关爱留守儿童的乡村公益人、创新发展关怀困境儿童的公益项目。需要发挥本土公益人的优势。本土的乡村公益人扎根基层，了解当地风俗民情、家长里短，能够在困境儿童关爱领域发挥作用。北京地球村在重庆市秀山、酉阳等地组织当地留守妇女成立留守儿童营，整合社会资源，链接外部爱心人士资源，培养这些留守妇女成为乡村公益人，让留守妇女关爱更多的留守儿童，这是一个很好的儿童保护示范项目，其经验值得总结推广。

第三节　儿童保护的法律制度构建

一　加强儿童保护立法建设

就目前我国儿童相关法律和政策而言，呈现出法律非常分散，相关法律缺乏操作性的现状（李迎生，2006；韩晶晶，2012；赵川芳，2014；邵冢林，2014；吴海航，2014）。在实际处理儿童相关案件中（例如遗弃、忽视和虐待等），没有一部专门的法律对儿童的合法权益进行明确规定，儿童保护的主体不明确，责任不清楚。就目前我国儿童保护相关法律来看，虽然很多法律均有涉及，但这些内容都分散在不同法律条款中（李迎生，2006；韩晶晶，2012；周俞、曹克亮，2014）。由于我国目前的儿童福利政策及执行体制的松散性，造成资源使用的重复和浪费，降低了政策实施效果。因此，有必要制定一部综合性的"儿童福利法"，将儿童福利、相关权利、权益保护等相关规范整合到一起，依据"儿童优先""保障儿童利益最大化"的基本原则，明确儿童福利的相关主体和各自权责、儿童福利的内容与经费来源、儿童福利财政投入比例与执行标准、儿童福利的管理和监督体制等相关事宜。"儿童福利法"有助于儿童安全体系的建立，也有利于实现儿童平等的价值，更有助于实现儿童发展的终极目的，最终有助于建立一个独立的儿童福利系统，形成全国统一、目标明确的国家整体的儿童福利体系。这也必将对改善目前我国儿童福利现状发挥重要的作用。

二　树立"国家亲权"的法律原则，不断完善细化现有法规政策

为保护好儿童，需要明确政府、监护人及社会力量对儿童的角色定位。以儿童为中心，政府和监护人分别履行相应的职责，才能保证儿童的健康成长。监护人是对儿童的养育和成长承担首要职责的主体，而政府是儿童最终的保护主体。强调政府是儿童最终的保护主体，就是明确"国家亲权"。

为秉承与体现儿童利益最大化原则，笔者强烈呼吁，在相关立法中有必要树立"国家亲权"的相关法律原则。国家亲权是要确定国家对于儿童具有最后的责任，国家必须是儿童的最终监护人（易谨，2012），按照此原则，如果父母不能很好地监护孩子，国家不仅有权力也有责任来接管父母的监护权（赵川芳，2014）。一方面，政府是监护人履行监护职责的支持后盾，为其履行职责提供条件和协助，如果缺乏适合儿童健康成长的外部社会环境，当监护失能和监护缺位的时候，监护职责难以有效履行，儿童也就缺乏健康成长的最终条件；另一方面，在监护人监护失能和监护缺位的情况下，政府可以通过一系列措施和程序对监护实施干预，必要的情况下直接承担监护职责，采用监护替代制度，保障儿童的安全，避免由于监护人的问题而使儿童受到伤害或者出现监护空缺的状态。在国家亲权的指导原则下，在相关立法中都应

该将儿童视角引入相关法律条款，从儿童利益最大化角度去充分考虑主体地位和儿童的需求，需要进一步修改并完善相关法律法规，改变过去那种缺乏操作化的法律条例，对相关法律条文应该制定明确的实施细则或者也可以考虑制定单行法规等相关方式，来明确各个保护儿童的责任主体，细化保护儿童的相关职责和对应惩罚措施，要逐步建立一套规范的、完整的保护儿童的法规体系，这一体系包括国家及地方的保护儿童的法律法规。要在相关法律中体现出政府是儿童监护出现问题时对其进行保护的最终主体，政府是儿童保护的最终责任人，即国家是儿童的最终监护人。笔者高兴地看到，2020年修订通过的《中华人民共和国未成年人保护法》《中华人民共和国预防未成年人犯罪法》，已经确立了国家亲权责任，明确在未成年人的监护人不能履行监护职责时，由国家承担监护职责。

国家亲权不仅已经成为很多国家保护儿童的重要理念，在很多发达国家，这种理念已经通过很多具体的执行机构、法律条文落实在儿童保护实践中，因此，我国作为社会主义国家，要实现中国梦、实现现代化社会，非常有必要在相关儿童保护立法中体现出国家亲权的理念和原则。

三 完善儿童保护相关法律和政策及其实施细则，优化儿童伤害办案流程

1. 完善儿童保护相关法律和政策及其实施细则

虽说目前我国现有法律对儿童保护相关事项有明确的规定，相关儿童保护政策对于实际工作也有一定指导作用，但是这些儿童保护法律和政策适用条件偏高，没有明确的操作规范，法律和政策在实施过程中容易被束之高阁。以上都是我国儿童保护相关法律和政策与现实不吻合的表现。在日常生活中，儿童在学校被罚站、在家被监护人打耳光或被禁闭在房间内等行为时有发生，

这些行为如果根据现有相关法律很难给出准确的惩罚，既不能判罚是故意伤害也不能说是虐待儿童。所以，我们急需一套针对儿童权益的专门的、综合性的法律来合法保护儿童。

从前文调查问卷的分析中我们可知，超过1/3的儿童对"棒打出孝子"的观念比较模糊，认为这种观念是正确的，这一现象一方面说明我们监护人也有这样的认知，他们影响自己的下一代形成了这样的认识；另一方面，这种状况肯定也受到中国传统教育思想观念的影响。同时，儿童对《儿童权利公约》的认知普遍较差，超过一半以上的儿童完全不知道《儿童权利公约》是什么；说明儿童包括其监护人缺乏对相关儿童保护法规的认知，这也导致他们缺乏儿童权益的正确认识。因此，政府有必要通过相应的措施，促进公众对儿童保护重要性的认识，提高社会大众对儿童保护法规、儿童权益、儿童保护知识的认知。

2. 实行强制报告制度，明确儿童保护部门职责以及完善办案流程

对于学校体罚学生、监护人打儿童等类似案件，基本属于自述案件，不告不理。即便是这些伤害儿童的行为被他人发现并及时报案，往往只是和相关责任人进行谈话协调，很难对虐待儿童者有强制措施；当儿童再次回到这种环境中，情况并没有得到很好的改善，这就无法将儿童伤害的隐患扼杀在摇篮之中，只有等到造成严重后果后才会引起社会的关注以及司法介入。这些都说明我国对儿童保护的认识还远远不够，对于儿童受伤害的行为很多人熟视无睹，没有引起我们社会广泛的重视与关注。2020年修订通过的《中华人民共和国未成年人保护法》《中华人民共和国预防未成年人犯罪法》，增设了发现未成年人权益受侵害后的强制报告制度。国家机关、法律法规授权行使公权力的各类组织及法律规定的公职人员以及密切接触未成年人的各类组织及其从业人员未履行报告义务的将被处分，因未及时报告而造成严重后果的，同时追究直接负责的主管人员和其他直接责任人员的责任。修订的《中华人民共和国预防未成年人犯罪法》还明确应当由国家长期监护的几种情形：包括父母死亡或者宣告失踪且无其他依法具有监护资格的人，父母无监护能力且无其他依法具有监护资格的人，人民法院判决撤销监护人资格并指定由民政部门担任监护人等。同时，第一次明确应当由国家临时监护的几种情形：包括监护人不履行或者因故不能履行监护职责且短期内无法指定或者不适合委托其他人代为照护导致未成年人无人照料，遭受监护人严重侵害需要被紧急带离，来历不明、暂时查找不到父母或者其他监护人等。临时监护期限一般不超过一年。

对于出现的儿童伤害案件，即使有报案人通过居委会、村委会、妇联和公安局等渠道报案，最终有权处理的只有公安局。但公安局对于情节较轻的案件（如关禁闭、体罚和打耳光）并不能立案侦查，也不能追究责任人的法律责任。

所以，有必要制定一套完善的儿童伤害办案流程，简化办案程序，明确各相关部门在儿童保护中的职责，细化不同类型的儿童伤害案件的惩罚标准，使儿童伤害案件能够很快得到处理，做到不忽略任何儿童伤害隐患问题，将儿童伤害的隐患扼杀在摇篮之中。

四　加快儿童教育、安全、环境、监护、反校园欺凌法等专项立法步伐

随着社会经济的发展，已有相关儿童立法完全滞后于现实，如学校管理的立法、家庭教育的立法、社会环境的立法等，这些立法时间较早，随着社会经济的转型发展，已经不能适应快速发展的社会，因此应该加强对儿童专项的立法（赵川芳，2014）。目前，监护人弃婴现象时有发生，急需通过规范监护人行为的监护人法或者通过防止虐待遗弃儿童法等来规范监护人的行为；网络暴力事件也频频发生，网络淫秽、色情网站、网络诈骗等充斥

着儿童的成长环境，严重危害儿童的身心健康，急需对网络进行管理立法、对文化娱乐场所进行管理立法，以便给未成年人创造一个较为安全而纯净的社会大环境。

儿童专项立法，主要涉及以下几个方面：第一，建议专门制定校园安全法，以此加强学校安全管理。近年来频繁发生一些校园内侵害案件，暴露出在校园安全方面的立法不足。第二，建议专门制定监护人法、防止虐待遗弃儿童法，以加强监护人职责、权利、义务、教育教养方面的行为规范，防止虐待遗弃儿童行为发生。2013年底发生在重庆的小女孩电梯内摔打男童事件，引发了各界对家庭教育的关注，也体现出监护人的监护、教育在孩子健康成长中的重要作用。而频频出现的儿童被亲生父母虐待致残或故意遗弃的事件，则急需相关法律去约束、监督和制裁对孩子监护不当、监护缺位的父母。第三，建议专门制定儿童社会环境管理法，以防止网络暴力、未成年人进入文化娱乐场所消费等现象发生，给未成年人创造一个较为纯净的社会环境。第四，建议专门制定"反校园欺凌法"，我国关于校园欺凌的法律，散见于未成年人保护法及民法、刑法等相关条款，使用起来既不方便也容易有分歧。虽然2020年修订通过的《中华人民共和国未成年人保护法》《中华人民共和国预防未成年人犯罪法》，修订并增加了学生欺凌及校园性侵的防控与处置措施，但这些规范还不够具体。只有尽快出台"反校园欺凌法"，精准对应校园欺凌，才能使中小学生承担欺凌与暴力的相应法律责任，使学校和家长承担明确的过失责任。

2020年修订通过的《中华人民共和国未成年人保护法》《中华人民共和国预防未成年人犯罪法》，第一次明确提出学校、幼儿园对未成年人在校内、园内或者本校、本园组织的校外活动中发生人身伤害事故的，应当及时救护，妥善处理，及时向有关主管部门报告并通知未成年人的父母或者其他监护人。

第四节 儿童保护的行政管理机构构建

前文笔者分析了儿童保护缺乏统一的高级别行政机构，儿童保护各部门缺乏协调行动，因此，明确儿童保护的行政管理机构责任，建立统一的儿童保护行政管理机构就非常重要。

一 建立统一的儿童保护行政管理机构的必要性

从国际儿童事务的发展趋势看，世界上不少发达国家和地区的政府都设立了专责儿童工作的政府机构，联合国儿童权利委员会积极提倡缔约国成立儿童事务委员会（程福财，2014）。我国目前已基本建成了儿童保护的组织体系。从我国儿童福利的制度安排来看，相关部门有国务院妇儿工委、民政、财政、发展改革、卫生、教育、劳动保障、司法、建设等政府行政管理部门以及共青团、妇联、残联等群众团体。在最高层面，我国在国务院设立了妇女儿童工作委员会。这是国务院负责妇女儿童工作的协调议事机构，包括35个成员单位，国务院妇女儿童工作委员会下属的35个会员单位都需要开展儿童保护方面的工作。其中，民政部、人力资源和社会保障部、教育部、卫生健康委员会、司法部、公安部是提供儿童保护的主要部门，这些部门又在省、县（区）有相应的下属部门开展具体工作。在部委层面，民政部、卫生健康委员会、教育部等都设有相应的儿童工作部门，如民政部儿童福利司、社会事务司、慈善事业促进和社会工作司、社会救助司、中国儿童福利和收养中心、社会福利中心等，共同承担孤残儿童、流浪乞讨儿童等特殊儿童的养育、安置、康复、生活保障等方面的工作。

不同部门有不同的儿童政策目标，但也导致政策行动缺乏统一集中性。这些部门都参与儿童福利与儿童保护工作，由于缺乏协调和整合机制，在政策执行中，难免出现相关政策重复或者缺失并存的状况。同时，国家对一些部门并没有提出明确要求，只是简单将其纳入管理网络，这种制度安排很可能陷入"重建设，轻监管"的怪圈，最终难以落实和追究管理责任。目前已出现个别部门在儿童福利政策执行中通过垄断儿童福利资源供给来追求部门利益的行为，应该引起相关部门的重视。

中国是世界上儿童数量最多的国家，也是国家儿童福利责任最重的政府，还是儿童问题最突出和最迫切需要发展儿童福利服务的发展中国家，儿童的最高利益就是国家的最高利益。第七次全国人口普查数据显示：目前全国人口中，0—14 岁人口为253383938 人，占 17.95%。① 如此巨大的儿童数量具有多种多样和错综复杂的现实、理论、政策和社会意义，其核心是我国成为世界范围内承担以儿童保护和儿童发展为核心的儿童福利责任最重的国家。在一个社会结构转型、社会现代化、全面建设小康社会和建构社会主义和谐社会的背景下，儿童福利、家庭福利和社会和谐问题越来越突出，成为公共政策和社会政策议程的优先领域。我国政府高度重视儿童问题，将儿童发展、儿童权利放在民族复兴和国家富强的战略高度，将家庭幸福、民族希望和国家未来都寄托在亿万儿童身心健康和幸福快乐成长上。正是由于儿童的地位如此之重要，要统一制定儿童政策才便于政策的有效实施，才能满足儿童需要，而要统一制定儿童政策就必须设立独立的、专门的儿童保护行政部门。

二 建立统一的儿童保护行政管理机构

在儿童保护行政部门建设层面，很多国家都设立了独立的、专门的儿童保护行政部门。就我国儿童保护行政部门设置而言，若能建立一个综合未成年人教育、医疗、司法、卫生、保护等职

① 第七次全国人口普查公报（第五号），http://www.stats.gov.cn/tjsj/tjgb/rkpcgb/qgrkpcgb/202106/t20210628_1818824.html，最后访问日期：2021 年 10 月 7 日。

能的部级儿童福利部门，实现专门机构的科学设置和专业人员的稳定配置，将分散于国务院妇儿工委、民政、共青团、妇联、教育、公安等部门中的儿童保护职能整合为一体，是较为理想的状态。建议建立一个国家层面的统一的中央儿童工作机构——儿童工作部（局），这是非常必要的。我国儿童福利与保护管理职能过于分散，这些职能分散在教育部、民政部、司法、共青团、妇联等众多政府行政管理部门或群众团体中，导致政出多门、政令不统一、治理效果较差的情况。必须考虑构筑能够统一协调的儿童福利政策制定、专门从事儿童保护的行政管理机构，还必须形成全国自上而下的儿童保护行政管理系统；虽然民政部成立了儿童福利司，但其儿童福利与保护的管理级别还是不够，需要有独立的部一级政府行政管理机关才合适，在中央成立类似儿童工作部这样的政府行政管理机构才能适应当前的状况，相应的各地方政府也必须成立儿童工作部的主管部门。同时也还需要加强政策引导，大力发展为儿童开展服务的民间组织，建立政府支持、民间运营的儿童社会专业服务机构，形成政府、社会、家庭共建联动的儿童保护体系。

如果退一步，我们至少可对现有机构设置进行优化，在涉及儿童的相关部门和组织中设立司局级儿童职能部门，省、市、县政府的相关职能部门也做相应调整。可喜的是，我们看到民政部对此已经有回应，2018年民政部已经建立了司局级的儿童福利司，其职责主要是承担儿童福利体系中儿童福利政策制定、儿童监护支持和监护干预职能。笔者认为，还应该提升儿童管理机构的级别，可以设立独立的为民政部下属的副部级机构——儿童工作局，具体而言，将目前民政部的儿童福利司和社会事务司生活无着人员救助管理处整合，以及民政部下设的中国儿童福利和收养中心整合起来，成立一个专门的儿童社会保护中心，依据儿童社会保护的要求重新规定该中心的职责。当然我们也呼吁更多的政府部门应该建立专门的儿童职能部门，如在公安部建立司局级儿童保护部门，专门从事侦办侵害未成年人权益的违法犯罪案件及未成年人本身的违法犯罪案件，同时，省、市、县政府的民政部门、公安部门相应设置专门的儿童保护处、科，这些举措都是非常必要的。

第五节　监护人替代性养护制度构建

儿童保护不仅需要建立法律制度、统一的儿童行政管理机构，还要求建立监护人替代养护制度。

一　为什么要建立监护人替代性养护制度

在儿童保护程序上，要调查儿童的问题与需要，相关部门要根据儿童的需要出台政策，提供相应的保护形式，以多种形式促进儿童权益的保障。我国儿童保护应该致力于建立健全面向儿童及其家庭的监护监督制度、监护支持制度、监护替代制度等国家监护制度，发展并完善一系列儿童保护服务（程福财，2014）。监护人替代性养护制度就是根据儿童发展需要建立的。因为在现实中存在不少监护人不能尽职的情况，监护人作为儿童保护的第一责任人，有其他人无法替代的作用，监护人还是个人社会化的实施者，社会规范首先是通过监护人教化儿童的，儿童安全知识的获得也主要通过监护人。但由于"文化大革命"的影响，整整一代人的正常社会化受到严重影响，导致很多作为父母者成为不合格的监护人；改革开放后，在以经济建设为中心的发展时期，前期的社会建设是严重滞后于经济建设的，社会保障与社会福利显然不能满足人民的需求。一方面，大量的成年人忙着赚钱，发家致富成为人们首要目标。为了多赚一些钱，一些人加班加点，认为只要有了钱，孩子就会过上幸福生活，没有时间陪伴孩子，更不用说教育与保护孩子了。这些监护人没有正常地行使监护人的职责，监护缺位现象频发，疏于对于儿童的教育与保护，导致孩子自我保护认知严重缺乏。

另一方面，一些监护人监护失能，监护人不能履行职责也时有发生，具体表现为：有些监护人违法犯罪被判刑，或者监护人经常家暴儿童，或者监护人长期外出不能履行职责，监护人形同虚设。因此，应该建立以国家为主的替代性养护制度（尚晓援，2008）。2020 年修订通过的《中华人民共和国未成年人保护法》《中华人民共和国预防未成年人犯罪法》，第一次明确提出父母或者其他监护人不依法履行监护职责或者侵害未成年人合法权益的，将被劝诫、制止；情节严重的，由公安机关予以训诫或者责令其接受家庭教育指导；经申请，人民法院可以做出人身安全保护令；对于拒不履行有关行政决定的，予以强制执行；判令中止或者撤销监护人资格；针对农村留守儿童等群体的监护缺失问题完善了委托照护制度。这些法规的修改是儿童保护的一个重大进步。

二 监护人替代性养护制度的主要内容与流程

监护人替代性养护制度是指当原有监护人不能或者无法履行其监护儿童的职责时，即监护失能时，由政府或者第三方机构安排其他监护人对儿童进行监护养育的制度规定。这种替代性养护的形式主要包括领养、家庭寄养、集中供养或者院舍式养护等。

要建立监护人替代性养护制度，就要从儿童保护服务的流程中来说明。儿童保护（未成年人保护）服务的流程和内容主要有四个方面：发现监测、接报评估、回应干预、回归安置。第一，发现监测，包括寻找监护失能家庭的儿童、可能伤害儿童（未成年人）的潜在风险、监测受潜在风险影响的儿童（未成年人）、干预风险、消除风险、及时发现疑似案件。第二，接报评估，包括接受各种渠道的疑似案件报告，依据接报情形，在相应规定时间内面见疑似受害儿童，确认受害儿童无生命危害，收集案件信息，为受害儿童做伤害评估。第三，回应干预，包括根据社会工作者的专业评估结果提出相应的伤害干预，如果是非伤害案件，一切归于原状；如果是家庭伤害案件，在家或者离开家庭进行干预；如果是学校伤害案件，一般采用正常干预或者停学干预；其他伤害案件，可以根据情况采用在家或者离家干预。第四，回归安置，包括开展专业的受害儿童健康评估；开展伤害再发可能性评估；根据评估结果开展未成年人（儿童）安置评估；回归正常家庭和学校生活；可以采用收养、寄养、机构养育等方式安置儿童。在回归安置这一步，就需要有监护人替代性养护制度，如果没有这个制度，儿童保护就不能得到落实。监护人替代性养护制度的实施必须要依赖专业社会工作者。

对于弃婴也需要监护人替代性养护制度。在我国，弃婴多数发生在农村，目前替代性养护还多为院舍式养护或者集中供养，针对的儿童也是这部分弃婴。而无论城市或者农村，大量父母不能尽到监护人职责的，包括监护失能和监护缺位的，尤其是虐待儿童的监护人，如何剥夺他们的监护权，如何找替代性养护？这在我国还是一个需要勇于探索的问题，也是当务之急应该解决的问题。笔者建议，凡是遇到监护人不能有效履行职责，儿童所在社区（村）自治组织、当地学校或者幼儿园或者公益社会组织都有权利向当地基层法院起诉该监护人，由法院判决剥夺其监护权，然后判决监护权交由当地未成年人保护中心代为履行，未成年保护中心的工作人员必须是专业社会工作者，未成年保护中心可以采用领养、家庭寄养、集中供养或者院舍式养护等方式监护养育儿童。

第六节 儿童保护的保障制度构建

儿童保护的保障制度存在的问题主要表现为：公共服务资源投入不足的问题、缺乏儿童保护的专业人才问题、儿童保护社会

组织发展迟缓问题。正是基于以上问题，需要构建儿童保护的保障制度，加大儿童保护的公共服务资源投入、加大儿童保护的专业人才培养、加大儿童保护社会组织发展。

一 加大儿童保护的公共资源投入

从公共服务资源投入来看，由于我国儿童保护的组织体系具有非常强的行政性特征，主要由国家行政机关构成，因此依靠行政过程开展儿童保护工作是当前我国儿童保护的主要运行机制。各责任主体在行政法以及国务院赋予各部门的儿童保护职能的框架下开展工作。目前，我国正在逐渐形成由中央政府主导、各地方政府积极配合响应的儿童公共服务供给及财政保障网络。从中央到地方，儿童基本公共服务保障政策已经基本完备，各地在中央意见指导下，积极响应并出台了相应政策规定，这些政策正在妥善推进落实。

中国政府早在 1990 年就签署了联合国《儿童权利公约》，该公约促进了我国儿童福利事业与国际接轨。1995 年实施的《中华人民共和国母婴保健法》规定各级人民政府领导母婴保健工作，母婴保健事业应当纳入国民经济和社会发展计划。2012 年修订的《中华人民共和国未成年人保护法》规定各级政府有义务保障儿童的权利，应将未成年人保护工作的相关经费纳入本级政府预算。可见，政府通过制定一系列法律，保障儿童福利的财政支出，使儿童不再局限于"补助救济"的受惠者角色，而是儿童福利的权利拥有者。

在困境儿童和留守儿童群体公共服务供给及财政保障方面，国务院 2016 年 2 月和 6 月先后出台了《关于加强农村留守儿童关爱保护工作的意见》和《国务院关于加强困境儿童保障工作的意见》；提出积极完善农村留守儿童关爱服务体系，建立健全困境儿童保障工作体系意见的政策，出台了相关政策且积极落实困境儿童和农村留守儿童基本公共服务工作，如以在大城市设立救助机构为主体，中小城市设立救助站为辅助，为流浪儿童提供基本生活保障；针对流浪儿童及留守儿童的生活保障、义务教育、心理辅导、犯罪预防等多领域内容开展一系列项目。在学前教育层面，2010 年，国务院出台《关于当前发展学前教育的若干意见》，拟采取减免租金、以奖代补的激励方式，支持和引导民办幼儿园发展，为大众提供普惠性、收费较低的民办幼儿园。根据中央意见，26 个省份出台相应优惠政策、奖补政策购买民办幼儿园的服务，政策涵盖了建设用地、投资融资等多项内容，进一步促进各类普惠性幼儿园发展政策的落实。

虽然已经有了上述儿童福利、儿童保护的相关政策，但是，中国儿童保护的相关财政保障规定却不够系统，散见于法律、行政法规、部门规章及政策等规范性文件中，以《中华人民共和国未成年人保护法》《中华人民共和国母婴保健法》和《中华人民共和国预防未成年人犯罪法》为代表的法律规定原则性较强，而具体规定以国务院制定的计划、意见及教育部、财政部、卫生健康委员会发布的通知为主。毋庸置疑，政策短期内对具体问题可达到"立竿见影"之效果，但盲目强行推行政策不仅会导致地方政府抵制、效率低下，且政策带动只会停留于个别性的治标层面。事实上，"如果仅依靠政府主导和政策拉动，不仅难以为继，而且还会产生新的矛盾和风险"（刘剑文、侯卓，2014）。为此，首先，还是应尽快制定国家层面的"儿童福利法"，实现儿童福利法治体系的顶层设计，以立法形式明确儿童福利的对象为全体儿童。在制度设计上，儿童福利保障内容要涵盖儿童生存权、发展权、受保护权和参与权；价值取向要从儿童救助向儿童福利保障逐步转变。其次，只有通过设立专门的国家儿童部（局），通过这个机构，才能对分散在众多部门的儿童福利资源予以梳理和整合，这样儿童福利资源运用才有法律依据和保障。国家儿童部（局）应在全国按照区域划分分设省市区（县）行政机构，根据统筹部署提供儿童福利保障服务技术支持、监督资金配置使用状况，并严格按照国务院发布的《财政违法行为处罚处分条例》处理违规操作儿童福利专项资金的行为。

由于儿童福利财政保障缺乏法律依据，导致目前中国儿童福利财政保障投入弹性大。义务教育、社会福利机构及部分地区的儿童福利津贴已纳入国家预算，但仍存在部分儿童福利财政保障仅是"运动式"救助，缺少立法保障。以浙江省为例，2008年由于儿童救助资金不足，全省流浪、乞讨人员救助管理机构73个，而仅有11个救助管理机构开设流浪儿童救助保护中心。① 再如中国残疾儿童的福利保障水平不高，残疾儿童康复手术接受率低、残疾儿童辅助器材配给不足。为此，笔者建议各级财政部门应设立统一的、综合的"儿童福利"科目，把临时救助项、医疗补助金项等项目中关乎儿童福祉的项目纳入"儿童福利"科目，确定为儿童福利专款并专门用于儿童福利，确保儿童福利专项资金成为正当性、永久性的预算支出，做好儿童福利财政的总体规划，加大财政执法力度。与此同时，应加快全面实施适度普惠型儿童福利制度的进程，将事实无人抚养儿童的福利保障资金、儿童大病医疗保险纳入预算体系，形成规范化的财政科目。

从我国儿童事业财政投入看，用于儿童福利的经费与儿童需求非常不匹配。以2013年为例，当年儿童福利在财政投入上仅仅只有51.27亿元，平均每名孤儿每月只有不足800元的生活费用（江治强，2014）。从比较指标上看，全国社会服务总支出中儿童福利支出占的比重仅为1.20%。考虑到我国社会经济发展持续增长，我国现在完全有社会经济实力改善儿童福利投入，应该增加对儿童福利的财政投入（江治强，2014）。而2018年我国GDP总量已经达到90.03万亿元，人均GDP约为9900美元左右，

---

① 《政府应加大对流浪儿童救助中心的投入》，https://www.lawtime.cn/info/fun-vquanyi/etjz/20100327148.html，最后访问日期：2021年9月11日。

全国财政收入达到 18.33 万亿。全国居民人均可支配收入 28228 元。[①] 经济总量已经居于全球第二位，我国已经具有良好的经济基础，完全有能力为儿童保护提供更多的福利条件。因此，建议各级政府进一步加大对儿童福利方面的财政投入。尤其应该加大中央对中西部地区财政转移支付的力度，以及加大对农村地区在儿童福利经费方面转移支付的力度。还应积极探索建立各种儿童福利的筹资机制，如提高公益彩票资金用于儿童福利事业的比例（李迎生、袁小平，2014）。

同时，还应该以多渠道多种方式促进财政资金用于儿童保护事业，形成以财政资金为主的社会福利供给局面。一方面，国家可以通过直接开办服务机构的方式对儿童进行保护。1978 年，我国共有这类机构 67 所，到 1990 年减少到 62 所，至 2000 年增加到 126 所，之后这一数值逐年增加。特别是 2008 年后，增加势头更是迅猛。2008 年，可为儿童提供住宿的社会服务机构有 290 所，到 2009 年迅速增加到 419 所，2011 年为 628 所，2012 年为 724 所。随着机构数量的增加，其收养儿童的能力也在增加，2012 年儿童总床位数达到 88000 张，收养儿童人数达到 54000 人（李迎生、袁小平，2014）。随着国家经济实力的增加，社会服务机构对困境儿童的收养能力还将进一步增强。可以说，现阶段政府举办的儿童保护机构是保护儿童的最主要力量。

另一方面，不少部门直接借助垂直的行政网络自上而下地推动儿童保护工作。各部委发布了大量的有关儿童保护的通知、文件等，这些通知、文件不仅是儿童保护的制度基础，也是基层行政组织进行儿童保护的主要推力和依据。依据这些文件，各级政府部门往往依靠多种行政合力推动对某种特定类型儿童的保护。

[①] 《内地最富，京沪人均可支配收入突破 6 万！在国际上属什么水平？》，http://finance.jrj.com.cn/2019/02/21182527072021.shtml，最后访问日期：2021 年 9 月 13 日。

例如我国从 2005 年开始设立流浪儿童救助保护中心，到 2012 年，全国流浪儿童救助保护中心已达到 261 个。这些救助保护中心覆盖了我国大部分地市，保护中心全年共救助流浪儿童 15.2 万人次（李迎生、袁小平，2014）。在保护中心内，流浪儿童可以获得文化和法制教育、心理辅导、行为矫治、技能培训等救助保护服务。

二　加快儿童保护专业人才队伍建设和提高服务质量

提高儿童保护工作专业化建设非常必要。儿童保护虽然要动员全社会力量，需要全社会共同来解决，但不能说明儿童保护就不需要专业人才。儿童保护从政策制定到儿童福利的传输、实施，每一步都需要专业人才。这些专业人才包括：医生，他（她）是儿童身体健康的守护者；心理工作者，他（她）是儿童心理健康的建设者；营养师，他（她）是儿童健康成长的保护者；教师，他（她）是儿童灵魂的工程师；而儿童保护最重要的专业人才就是社会工作者。

社会工作水平的高低直接决定了儿童福利不同的质量。早在 2006 年，中共十六届四中全会就明确提出要建设一支庞大的社会工作人才队伍。党的十六届六中全会提出了"提高社会工作人员职业素质和专业水平""充实公共服务和社会管理部门，配备社会工作专门人员，完善社会工作岗位设置"的新要求（中共中央文献编辑委员会，2006）。随着 2006 年人事部和民政部联合印发《社会工作者职业水平评价暂行规定》与《社会工作者考核实施办法》，搞好社会工作专业化的战略应对社会问题正日益彰显其重要性。党的十七大作出了"加快推进以改善民生为重点的社会建设"的战略部署（胡锦涛，2007），中国的多元社会建设者必须积极响应中央号召，及时为社会工作专业化建设作出应有的贡献。在习近平新时代中国特色社会主义思想指导下，多元社会建设部门必须积极行动起来，及时培养全局、整体、综合和长远的战略眼光，不断把党的战略决策作为引领专业化建设的行动指南，把社会建设的美好愿景有效转化为用以规劝、鼓舞和激励多元建设力量信心的符号，并把专业化建设的前瞻性构想有效延伸到执行领域，持续追求战略结果的及时实现。当前，建构社会问题的专业解决机制已成为实现社会可持续发展的重要途径，成为实现社会长治久安的有力保障。

而我国目前社会工作虽然近些年有较大的发展，但离现实需求还差距很大，根据民政部发布的《2017年社会服务发展统计公报》，截至2017年底，全国持证社会工作者总量也才有32.7万人，其中持证社会工作师8.3万人，持证助理社会工作师24.3万人。[①] 这与我们在社会工作人才队伍建设十三五规划要求达到145万人的目标差距很大。在各地开展社会工作服务的机构，一方面到处都出现招不到社会工作专业人才的现象，另一方面又有大量社会工作专业大学毕业生流失去做其他工作，社会工作服务陷入人才危机。社会工作者的认同度还比较低，还没有得到社会的普遍承认，因此，提高儿童工作者的素质就成为迫在眉睫的问题。遗憾的是，2020年修订通过的《中华人民共和国未成年人保护法》《中华人民共和国预防未成年人犯罪法》，并没有将社会工作者列为儿童保护专业工作者。

针对现阶段我国儿童服务人员素质不高的现实，笔者建议：第一，应该制定儿童服务人员职业标准，并严格执行这些职业标准，以保证儿童服务人员的职业性、专业性。凡是儿童服务专业机构，必须由相应的儿童专业工作者构成，所有相应的工作岗位必须是专业工作者从事，这些专业工作者包括特教教师、儿童护

[①] 《全国持证社会工作者共计32.7万人，民政部发布〈2017年社会服务发展统计公报〉》，http://www.sohu.com/a/250989132_99908708，最后访问日期：2021年9月12日。

理员、社会工作者、医护人员、康复师。第二，建议在中小学设立儿童或者青少年社会工作岗位，引进专业的儿童或者青少年社会工作机构开展服务工作，这需要我们的教育行政部门在此方面放开政策，出台相应的政策规定支持社会工作者进入教育系统。第三，加强对现有儿童福利机构内的人员进行职业培训，如对专业社会工作者、特教教师、医护人员、儿童护理员、康复师的培训，可以较快地提高儿童工作者的素质和能力。

三　促进社会组织参与儿童保护事业发展

1. 社会组织在儿童保护事业中的重要作用

党的十八大以来，党中央将社会组织纳入社会治理体系，社会组织的发展进入了历史上前所未有的好时期，并逐渐在新时期成为国家治理中的重要主体。党的十八大提出"加快形成政社分开、权责明确、依法自治的现代社会组织体制"，明确了在党委领导、政府负责的基础上，强调发挥社会组织参与社会服务和社会治理的重要协同作用，为社会组织发展提供大力支持。在党的十八届二中、三中、四中、五中、六中全会中又多次从管理制度、激发组织活力、组织立法等方面提出改革措施，进一步推动社会组织发展。十九大报告提出建立共建共治共享的社会治理格局，又更进一步强调了社会组织对于社会治理的积极作用。此外，2013年出台的《国务院机构改革和职能转变方案》提出，科技类、行业协会商会类、城乡社区服务类、公益慈善类这四类社会组织可以不需要业务主管单位，即直接向民政部门申请登记注册（潘修华，2017）。2016年，《关于改革社会组织管理制度促进社会组织健康有序发展的意见》的出台为社会组织的管理和新型政社关系的形成提供了指导作用。《中华人民共和国慈善法》和《中华人民共和国境外非政府组织境内活动管理法》两部法律出台，规范了社会组织发展的法律环境，形成了完备的法律空间。这一时期，政策环境和法律空间趋于完善，社会组织得到蓬勃发展，截止到 2017 年底，我国社会组织共计 80.3 万个，[①] 所辐射的服务领域达到 20 多个，[②] 发展数量与所涉及的领域达到了历史最高，所具备的功能日渐精细化和专业化，社会组织不再是社会领域中的边缘角色，而是逐渐成为社会治理的主体。

随着改革开放的深化，政府职能由管理型向服务型转变，原有的社会管理已经无法适应新的环境。当政府或者市场失灵的时候，就需要第三方力量——社会组织来弥补政府服务的不足（罗伯特，2001），因此根据新公共管理理论，社会组织在工业化时代必然成为社会治理的主体，主要表现为：

第一，社会组织成为动员公民参与社会建设的有效平台，社会组织的发展促进了和谐社会建设。社会组织作为政府购买公共服务的承接者，比如广东、成都、江苏、浙江、上海等地开展的社会服务和三社联动实践（叶南客，2017）。社会组织在扶贫、儿童保护、社会救助、慈善、养老领域都发挥了政府不能及的优势与作用（尚晓援，2007；邓国胜，2010）。社团合作有利于有机团结，这里所说的社团合作包括社团与其他组织、部门之间的合作，也包括社团之间的合作（高丙中，2006）。而涂尔干当年所称的有机团结与我们今天讲的和谐社会的含义是相同的。社会组织与和谐社会建设是互为条件、相互建构的关系。社会组织的发展有利于和谐社会建设（范斌，2005）。

第二，社会组织参与社会治理具有多种功能，如动员社会资源、提供社会公共服务、倡导与影响政策的功能（王名，2006）。

---

① 《社会组织蓝皮书：中国社会组织报告（2018）》，社会科学文献出版社，2018。

② 中国公益 2.0、中山大学中国公益慈善研究院、南都基金会：《中国民间公益组织基础数据库数据分析报告》，2014。

包容性治理更为社会组织依法自治、政府依法管理、实现社会共建共治共享提供了一种可能框架（张清、武艳，2018）。

虽然社会组织在最近十年得到较快发展，但社会组织发展还是有很多制度性障碍，如社会组织双重管理在很多地方还没有放开，有的地方还缺乏政府相关政策支持，缺乏政府购买社会组织服务，社会组织资源包括人才资源严重不足，社会组织还很难获得政策规定的税收等政策优惠，很多对社会组织的政策优惠是有名无实，很难落地生根，很多社会组织面临生存压力，尤其是公益类社会组织。在公益类社会组织中从事儿童服务的专业化的儿童保护机构数量就更少，生存就更加困难。在我国民间公益组织的发展中，大部分民间公益组织依靠政府资金维持运作，管理行政化、依赖化现象严重，在运作中失去了自己的自主权力。一个组织要达到可持续发展，就要培养自己生存的能力，选择与公益基金会合作发展是一个明智之举。在一种较平等的合作环境之中，基金会的资金、专业培训、物资资助等都能较好地激发民间公益组织的潜能，形成自己的运作模式，达到自我成长的目的。

2. 加强引导社会组织参与儿童保护事业

基于社会组织在社会建设和儿童保护中的重要作用，笔者建议继续大力发展社会组织，尤其重点发展公益类社会组织和儿童保护公益类社会组织。第一，对于儿童公益类社会组织，政府要优先购买服务，加大政策扶持力度。公益社会组织通过社会工作者开展的专业活动介入儿童保护工作，陪伴困境儿童成长，为困境儿童提供专业服务。同时，社会工作者应在困境儿童与其生活的系统之间建立广泛的联系，充分整合利用社区的内外资源，争取政府对保护儿童工作的支持，动员社会充分利用系统拥有的资源，发挥社区自身的潜能和优势，让这部分社会组织专门从事替代性监护服务。第二，要积极让儿童保护公益类社会组织参与相关儿童福利决策，听取他们的声音，因为他们更能够反映儿童保护存在的问题，更能够反映儿童的需求。

　　政府在困境儿童的帮助中要整合资源，大力鼓励有能力的具有独立法人资格的人在当地成立民办非企业单位性质的专业的儿童福利机构，并给予政策上的引导和支持，保证每个地市级城市至少有一个这样的儿童福利机构，有利于降低困境儿童家庭不必要的支出；同时还要培育此类机构的发展，为机构提供必要的工作地点和工作设备，保证机构工作的顺利开展；此外，为更大程度支持困境儿童的教育和发展，政府可对困境儿童给予一定的社会救助费用支持。目前，在全国各地的救助站或救助站内部设立的"未成年人保护中心"或者"流浪儿童救助保护中心"，通常是与救助站两块牌子一套人员班子，职责是对流浪儿童提供临时性的救助与保护，其场地只能做到儿童和成人相对的分开，儿童没有独立的公共活动空间，救助床位也明显不能满足需求。

第十三章　本书总结

本章是对全书的总结，包括本书的研究发现、研究总论、研究的理论性探讨、对本研究的反思等内容。

第一节　研究发现

我国儿童受伤害情况还时有发生，儿童保护制度与服务体系建设亟待完善。调查研究表明，一些监护人虐待儿童的行为还依然较为严重，监护人对侵犯儿童隐私的做法更是习以为常。由于儿童保护制度与服务体系不健全，儿童受到伤害时能够获得帮助与解决问题的公共资源是非常有限的，多是运用非正式的个人资源（如亲属、邻居）寻求解决问题。

儿童受到伤害存在差异。总体上讲，女孩受到伤害的概率小于男孩；农村户口的儿童受到伤害的概率大于城市户口的儿童；儿童家庭阶层地位高和家庭阶层地位低的儿童受到伤害的概率均高于家庭阶层地位处于中层的儿童。

从城乡差异来考察，儿童受伤害情况的城乡差异并不显著，但农村监护人虐待儿童的行为比城市严重；而城市儿童对其自然权利认知、对监护人义务认知、四大儿童权利认知、儿童法规政策熟悉度、儿童日常安全保护认知、对儿童保护组织或工作者的认知度都要高于农村儿童。因此，城乡二元结构对于农村儿童及其监护人也有着显著的影响。

多数监护人能够履行其监护职责，但仍然存在一些监护人未能够有效地履行其职责的情况，接近一半的儿童认为他们的父母没有尽到责任。这种监护缺位主要表现为监护人陪伴孩子的时间较少，有1/3的监护人不能与孩子一起游戏玩耍；有一半的监护人打骂孩子；多数监护人重视家庭环境安全保护，能够采取各种安全措施营造家庭安全环境，但监护人考虑家庭环境安全还缺乏周到全面性，监护人在一些行为方面存在疏忽现象；多数监护人能够正确认知儿童的生存与发展权，但有一半的监护人认为"棒打出孝子，父母有权利打自己的孩子"是正确的；多数监护人了解自己的职责，但很多监护人对一些具体法规如《中华人民共和国未成年人保护法》中的内容还是比较陌生；监护人对于儿童权利的认知明显不够理想，大约有25%的监护人对儿童权利认知不正确；还有相当一部分监护人缺乏对法律法规的认知；监护人对儿童安全保护的认知还存在一些问题，缺乏儿童安全保护知识，尤其是应急性安全保护知识教育还较为缺乏；近一半的监护人对儿童保护工作者（包括机构）的认知还不清楚，不知道这些机构的工作职责；有一部分监护人对外部环境安全性是不满意的；只有少部分监护人对我国儿童保护现状总体评价满意，多数监护人表示不满意或者说不清楚。

通过分析儿童保护的自我认知与儿童伤害的关系，发现儿童自我保护的认知与儿童伤害有显著的相关性。研究发现，其一，儿童对儿童权益（相关儿童权利和儿童保护法律政策）的认知度越高越有利于降低儿童伤害的概率，二者呈负相关关系；儿童对儿童权益的自我认知越好，其受到伤害的概率越低。其二，儿童对儿童保护组织的职责和监护人义务的认知度越高越有利于降低其受到伤害的概率，二者呈负相关关系；儿童对儿童保护者职责和义务的自我认知越好，其受到伤害的概率越低。其三，儿童对生活危险预防和户外活动安全意识的自我认知度越高越有利于降低儿童受到伤害的概率，二者呈负相关关系；儿童对日常生活安全意识的自我认知越好，其受到伤害的概率越低。

从监护人儿童保护认知与儿童自我认知的关系来看，二者存在着传递效应，即当其他因素不变的情况下，监护人保护儿童认知越好，儿童自我保护认知越强。儿童自我保护认知与儿童受伤害之间存在相关关系，笔者将之概括为儿童自我认知的正向效应，即当其他因素不变的情况下，儿童自我保护认知越好，儿童受伤害的可能性越低。环境是儿童受伤害的重要影响因素，尤其是家庭和社区环境。社区环境对于儿童保护存在促进效应，即儿童居住的社区环境越安全，儿童受到伤害的可能性越低，儿童居住社区的安全环境可以促进儿童保护。

通过对儿童保护现状与相关问题的分析来看，从整体上来讲，当前全社会关于儿童保护的理念是严重滞后的；法律政策还不够健全，儿童保护覆盖面还很窄，儿童保护方面的立法远远不够，现有相关立法也是非常分散，立法层次还比较低，还存在诸如操作性较差、缺乏相关罚则、忽略了儿童特殊性、缺乏相关责任主体等问题；从监护人履行监护职责来看，大量不合格监护人导致监护缺位；从儿童保护形式和水平来看，形式比较单一，保护水平比较低；从儿童保护行政管理机构和服务机构来看，缺乏统一的、高级别的、专门的管理机构；缺乏全面有效的儿童保护预防监督体系；社会力量（如社会组织）参与儿童保护不足，已有的儿童保护力量专业性不强。

通过考察国外儿童保护经验，得出有益启示：应该建立专门的、统一的儿童福利与保护行政管理机构，建立普惠性的儿童福利制度，加强、健全我国儿童福利与儿童保护的法律规范建设，建立监护人替代性养护制度。

第二节 研究总论

一 基本观点

根据儿童保护认知传递效应，即当其他因素不变的情况下，监护人的儿童保护认知越好，儿童自我保护认知越强。再根据儿童自我认知的正向效应，即当其他因素不变的情况下，儿童自我保护认知越好，儿童受伤害的可能性越低。提高监护人保护儿童的认知，改变监护缺位现状，促进更多的监护人从不合格监护人转变为合格监护人就尤为重要，必须广泛开展多种形式的儿童保护教育和监护人的再教育或继续教育，弥补当前儿童保护教育和监护人教育不足的问题。

我国国情决定了我们亟须建立和完善儿童保护制度与服务体系。基于儿童保护社区促进效应，即儿童居住的社区环境越安全，儿童受伤害的可能性越低。儿童居住社区的安全环境可以促进儿童保护的研究发现，儿童保护制度与服务体系建设必须是在儿童优先原则指导下，以预防为主、预防为先的制度与服务体系，它以儿童为中心，强调人人有责，以家庭为依托，以社会工作专业开展服务，以社区为基础。这个体系要提升儿童自我保护的认知，通过提升儿童自我保护的能力，促进儿童的保护。这个体系必须是政府承担主导责任，对儿童保护工作进行顶层设计，制定儿童保护的法规政策，培养儿童保护的专业队伍，发展儿童保护的职业服务体系，并有明确的儿童保护（未成年人保护）服务的流程和内容：发现监测、接报评估、回应干预、回归安置。

这个保护体系能够覆盖所有社区或者地域，一旦发现有监护失能家庭的儿童、困境儿童或者风险儿童，相关儿童保护机构或者责任人（包括监护人、学校的教职工、医务人员、社会工作者、公安人员等），都有责任向当地未保中心（儿童保护中心）报告情况，当地未保中心应该立即有效督促和跟踪相关受害人情况、及时发现和报告受害人相关情况、对受害人进行风险干预和服务、动员全社会进行监测、最后评估儿童存在的风险状况。根据对儿童现状进行的伤害评估，提出相应的应对策略，对于受伤害的儿童，要进行紧急庇护、对伤害再发可能性进行评估、安排相应的服务项目；对于施害人，要评估其危害儿童的情况、可能再伤害儿童的情况。最后，如果经过社会工作者的专业评估，儿童已经康复，可以提出按照计划回归生活、回归跟踪监测的要求。

在儿童保护制度与服务体系中，要明确政府扮演的角色和定位问题，政府在儿童保护体系中应该承担主导责任，政府需要对儿童保护工作进行顶层设计，制定儿童保护的法规政策，培养儿童保护的专业队伍，发展儿童保护的职业服务体系。

首先，在儿童预防方面，包括谁来预防，预防不成功怎么办等问题，政府首要的是明确公与私的界限，政府应该做哪些事情？家庭应该做什么事情？社区应该或者能够做什么事情？社会组织应该或者能够做什么事情？在涉及儿童及其家庭问题的时候，政府要考虑注意保护儿童及其家庭的隐私。其次，在谁来管施害的成人的问题上，主要依赖于政府执法，对施害的成人要进行受害事实的调查、取证、还原，政府要主持完成对施害人的审判和判决。最后，在谁来管受害儿童的问题上，政府也需要介入，需要政府出台相关社会政策，对受害儿童提供必要的保护措施，避免儿童再次受到的伤害；受害人的康复和回归家庭的问题，需要鼓励和购买社会组织的服务进入儿童保护领域。

这个儿童保护制度与服务体系要提倡优生优育，要求监护人提高保护儿童的认知；提高监护人对其监护职责的认知；提高监护人的能力，包括监护人要具有照顾能力、职业能力、理财能力、沟通能力等，减少监护失能和监护缺位现象；如果监护人缺乏这些能力，可能出现监护缺位、监护失能或者是监护不恰当等问题。要促进家庭教育，让监护人具备保护儿童的责任和义务的正确认知，具备保护儿童的相关知识，落实对儿童的相关教育内容。这个保护系统要形成各种监护失能家庭的儿童有人发现，伤害案件有人报告、有人接报，接报后有人管孩子、有人管施害人，达到实施综合保护儿童的结果。保护儿童的责任主体包括家长、教师、社会工作者、心理咨询师、医生、护士等；对儿童施害人的管理主体有警察、法官、社会工作者、家长、教师等。

二 构建中国儿童保护制度、服务体系的相关思考与建议

第一，应大力加强关于儿童保护的宣传，树立儿童优先发展的认知，提高儿童保护的认知。基于儿童保护认知传递效应和儿童自我认知的正向效应的发现，笔者认为，在监护人层面上，提高监护人保护儿童的认知，改变监护人监护缺位现象，广泛开展多种形式的儿童保护教育和监护人再教育或继续教育，弥补当前儿童保护教育的不足。从增能理论视角看问题，增加监护人的监护能力是非常重要的。在政府层面上，通过多种媒体宣传方式，加强对儿童权益和儿童保护的宣传，要树立儿童优先发展的认知，提高社会大众对儿童保护重要性的认知；在社会层面上，需要动员社会组织、社会各界参与儿童保护事业，提高社会公众保护儿童的积极性，尽快落实"家庭教育促进法"相关内容，促进家庭开展对儿童的教育，广泛开展多样化儿童保护教育，弥补儿童保护教育的不足和监护缺位的状况，改变我们缺乏儿童保护观念、不能平等对待儿童、不尊重儿童权益的现状；尤其要提高监护人保护儿童的意识与能力，增强监护人对监护职责的认知，促进监护人对儿童保护知识的掌握，改变一些监护人监护失能和监

护缺位的现状，进一步防范儿童受到伤害。

第二，建立覆盖全社区的儿童保护服务体系。基于儿童保护社区促进效应，即儿童居住的社区环境越安全，儿童受伤害的可能性越低，儿童居住社区的安全环境可以促进儿童保护。从外部客观环境保护儿童，最好的方式就是建立覆盖全社区的儿童保护网络。在当前我国儿童保护制度与服务体系建设中需要建立以儿童为中心、以家庭为依托、以社区为基础的保护体系。这个保护体系以社区为基础，借鉴和采用社区照顾模式，能够覆盖社区全部领域，形成人人有责任保护儿童的网络体系，达到增强儿童自我保护的能力，增强监护人保护儿童的能力；这个保护体系还要求建立政府主导的、各级人民团体支持的、社区居民（或者村庄村民）委员会支持的体系；这个保护体系还需要完善学校对困境儿童的支持，并有非正式的社会支持网络，包括家庭与家族亲属的支持、邻里地缘方面的支持。

第三，构建儿童保护的法律制度。首先，要加强儿童保护立法建设，尽快出台"儿童福利法"等法律；其次，在执法过程中要以"国家亲权"的法律原则为准；再次，要完善儿童保护相关法律和政策及其实施细则，优化儿童伤害办案流程；实行强制报告制度，及时发现监护失能的儿童，明确儿童保护部门的职责以及完善办案流程，制定一套完善的儿童伤害办案流程，简化办案程序，明确各相关部门在儿童保护中的职责，细化不同类型的儿童伤害案件的惩罚标准，使儿童伤害案件能够很快得到处理，不忽略任何儿童伤害的隐患，将儿童伤害的隐患扼杀在摇篮之中；最后，加强儿童教育、安全、环境等专项立法步伐。

第四，应该建立专门的、统一的儿童福利与保护行政管理机构，尽快促进儿童服务部门发展。建议成立一个国家层面的统一的中央儿童工作机构——国家儿童工作部（局）；退而求其次，我们至少可对现有机构设置进行优化，在涉及儿童的相关部门和组织中设立司局级儿童职能部门，省、市、县政府的相关职能部门也做相应调整。

第五，建立监护人替代养护制度。凡是遇到监护人不能有效履行职责，即监护失能时候，儿童所在社区（村）自治组织、当地学校、幼儿园或者公益社会组织都有权利向当地基层法院起诉该监护人，由法院判决剥夺其监护权，然后判决监护权交由当地未成年人保护中心代为履行（为保证此工作的专业性，未成年人保护中心的工作人员必须是社会工作者），未成年人保护中心可以采用领养、家庭寄养、集中供养或者院舍式养护等方式监护养育儿童。

第六，促进儿童保护的保障制度构建。首先，加大儿童保护的公共资源投入。积极探索引入社会多方力量和社会资金用于儿童保护事业，形成多元化社会福利供给局面。其次，加快建设儿童保护专业人才队伍，提高儿童服务质量。儿童社会保护需要全社会共同来解决，但儿童保护尤其是儿童社会保护更主要的还是依靠专业的社会工作者，提高儿童工作者的素质成为迫在眉睫的问题；社会工作者要介入儿童保护工作，未成年人保护中心的工作人员应该由社会工作者构成，并且持证上岗；实行儿童服务人员职业准入；在中小学设立儿童或者青少年社会工作岗位，引进专业的儿童或者青少年社会工作机构开展服务工作。最后，引导社会组织、社会多主体参与儿童保护。继续出台政策大力发展社会组织，尤其重点发展儿童保护公益类社会组织；要积极让公益类儿童社会组织参与相关儿童福利决策，能够听取他们的声音。

第三节　研究的理论性探讨

儿童社会工作，顾名思义是以儿童为服务对象的社会工作，即社会工作者根据儿童的生理、心理特点和成长、发展的需要，以专业的价值观为指导和科学的理论为基础，运用社会工作的专业方法和技巧对儿童开展的服务。[①] 其服务对象是全体儿童，服务内容包括儿童保护、儿童照顾、儿童发展等同儿童健康成长相关的一切内容和措施，如医疗、卫生、教育、娱乐、体育、社区服务、家庭保障等，服务方式包括物质服务和精神服务（陆士桢，2003）。中国儿童社会工作如果以困境儿童为主要服务对象，必然面临着难以面向一般儿童群体的表层困境以及加剧阶层矛盾与性别矛盾的深层困境。在理论范式层面，这种困境的根源在于社会保险范式与社会照顾范式的冲突。因此，儿童社会工作的未来发展方向，应由目前以社会保险范式为主导，转向以社会照顾范式为理论主导。社会照顾范式下的儿童社会工作，要求面向全体儿童开展社会工作服务（李文祥、翟宁，2019）。因此儿童社会工作的服务对象不应该仅仅是困境儿童，而应该是全体儿童。

儿童社会工作也需要本土化，建立适合中国国情的儿童社会工作理论。笔者认为，儿童社会工作要从影响儿童的内部与外部因素着力，从儿童内部来看，依据认知理论，社会工作应该通过促进行动者（儿童）的学习来改变其错误的归因方式，通过改变案主的认知情况，加强他们的学习能力，调整其学习方向和归因方向，使他们更好地适应社会（韦克难，2008）。儿童自我保护能力的高低影响儿童受伤害情况，如何提高儿童自我保护的认知能力，需要运用增能理论，着重促进儿童个体社会化，建立自我保护的正确认知，提升儿童适应社会的能力和自我保护能力。从儿童外部来看，需要运用生态系统理论，着重在儿童的家庭系统、学校系统、社区系统等方面进行介入，为儿童构建良好的社会环境，在这个生态系统中家庭系统、社区系统最为关键，儿童社会工作服务重点应该是改变儿童生活的家庭环境和社区环境。在家庭层面，一方面应该为家庭监护人进行增能；另一方面，通

① 《儿童社会工作服务指南》，http://www.nwccw.gov.cn/2017 - 05/24/content_158034.htm，最后访问日期：2022年1月17日。

过家庭监护人对儿童进行社会化，将儿童权利、儿童保护知识内化于儿童个体中，让儿童获得自我保护理念和技能；在社区层面，应该建立友好型的儿童保护社区网络体系。就儿童生活的环境而论，社区环境最为重要，儿童最主要的生活环境就是社区环境，它是影响儿童最直接的生态系统。因此，社会工作者的工作重心应该用生态系统的视角分析问题，从影响儿童的家庭和社区生态环境去开展工作，分析儿童案主存在的问题，分析影响儿童案主的内外部因素，寻求解决儿童案主问题的途径与方法。笔者认为这也是一种系统观点，即内外生态系统视角，也可以称之为内外生态系统理论。

学校社会工作也称教育社会工作，泛指教育体系内或学校领域中实施的社会工作实务。参考《中国社会工作百科全书》的定义，学校社会工作是政府、社会各方面力量或私人经由专业工作者运用社会工作的理论、方法与技术，对正规或非正规教育体系中的全体学生，特别是为处境困难的学生提供的专业服务，其目的在于帮助学生或学校解决所遇到的某些问题，调整学校、家庭及社区之间的关系，发挥学生的潜能和学校、家庭及社区的教育功能，以实现教育的目的乃至若干社会目标（刘涛，2012）。中国内地学校社会工作是最近十年发展的，主要是依靠政府强势推动"嵌入"至学校体系并借鉴香港经验演化的，以深圳试点为主，现仍处于本土化的初步探索阶段，还缺乏"家－校－社"的联动机制，缺乏从生态系统角度去解决问题。中国学校社会工作的发展同样需要学校社会工作本土化，需要建立"家－校－社"的联动机制，社会工作要为营造青少年良好的成长环境提供建议。学校社会工作无论是对学生需求的认知把握，还是与学校领导、德育主任、心理咨询师、班主任、家长、社区的有效互动，抑或是跨界合作中青少年服务资源整合等，仍需要探索我国学校制度结构与新形势下社会工作实践智慧，以持续推进社会工作实务的本土创新（李晓凤等，2019）。在社会工作服务机构内部，学校社会工作者如何利用机构督导促进机构与学校的充分沟通和联系，并在多方工作者建构下倡导外部政府、企业、媒体、社会组织为学校社会工作提供更多政策与资源支持等，均需要各方的调适和关注，以此形成跨界联动机制及实质性的联动流程等（李晓凤等，2019）。学校是个人社会化的重要机构，笔者认为，为保护儿童，学校社会工作一定要弥补家庭及学校在个人社会化方面的不足，更注重对儿童进行自我保护认知的教育，更注重培养儿童的社会适应能力。依据认知理论可知，要改变人的行为，就要先改变人的认知（韦克难，2008）。改变人的认知是最节省社会成本且最有效的社会工作方式与手段。

从理论方面来说，儿童保护最能够得到运用的是增能理论和生态系统理论，这两个理论都是从国外引进的，因此也是最需要本土化的理论。从增能理论来讲，要保护儿童需要从以下几个方面进行增能。一是对监护人进行增能。根据本研究发现，家长（监护人）的儿童权利认知、儿童保护组织认知、儿童日常生活安全认知等与儿童伤害程度有关，而监护人在这三个方面的认知都比较差，因此，有必要增加监护人对儿童权利的正确认知、增加对儿童保护组织的认知、增加对儿童日常生活安全知识的认知，改变监护人监护失能和监护缺位的现状。二是对家庭成员进行增能。儿童所处的家庭，不仅有儿童和监护人，可能还有兄弟姐妹、叔叔姨姨等，这些家庭成员在儿童社会化过程中也会发生作用，有必要增加他们对儿童权利、儿童保护组织及儿童日常生活安全的认知等知识。三是对儿童的增能。对监护人和家庭成员的增能都是间接增能，因为最终是要影响、作用到儿童，儿童才是增能的直接受益者，因此，最好的增能是对儿童的直接增能。儿童正处于生长发育阶段，其生理、心理、社会适应性尚且不足，这是儿童期无法避免的缺憾，正是因为如此，儿童期比人生中任何一个时期受到社会环境的影响都要大。由于儿童自身资源的相对匮乏，儿童的需求往往不能得到满足。

因此，对儿童增能就异常重要，有必要增加儿童对自身权益（相关儿童权利和儿童保护法律政策）、对儿童保护组织的职责、对监护人义务、对儿童保护者的职责和义务、对生活危险预防和户外活动安全意识、对日常生活安全意识等方面的认知。当其他因素不变的情况下，改变认知就可以改变人（包括儿童）的行为，因此，改变儿童的自我保护认知是儿童增能的重要内容。

从生态系统理论角度看，儿童所处的具体系统主要有个人系统、家庭系统、学校系统、社区系统等，这些系统都存在一些缺陷，但也有各自的优势。在个人层面，儿童处于生长发育阶段，儿童期比人生中任何一个时期受到社会环境的影响都要大。在家庭层面，父母不仅是儿童的养育者，也是他们初识这个世界的教育者，但是处在受伤害或者弱势家庭的儿童，家庭所拥有的资源也十分有限，很多儿童家长本身就是弱势群体，其所受教育程度不高，其社会化就有严重缺陷，其儿童保护认知是明显具有缺陷的。在学校层面，无论是同辈群体还是教师，都会对儿童的发展产生不可磨灭的影响，而受伤害儿童或者弱势儿童在学校与其他同辈群体的交往过程中，往往没有得到很好的教育，尤其是缺乏儿童保护方面的知识教育，这是导致儿童受伤害或者发生越轨行为的重要原因。在社区层面，无论是社区资源的获取还是社会文化的宣扬以及社会政策的制定，都会对于儿童的自我保护认知产生一定的影响，所以对于儿童服务的开展一定要置身于他们所处的社会环境，这样的服务才能具体而有效。从生态系统理论来分析，家庭系统和社区系统尤其重要，《中华人民共和国家庭教育促进法》明确规定："关注未成年人心理健康，教导其珍爱生命，对其进行交通出行、健康上网和防欺凌、防溺水、防诈骗、防拐卖、防性侵等方面的安全知识教育，帮助其掌握安全知识和技能，增强其自我保护的意识和能力。"① 正是基于家庭这样一种视角，《中华人民共和国家庭教育促进法》为儿童保护或弱势儿童社会工作的开展提供了一种新的框架和思路。因此，保护儿童对于家庭系统和社区系统的干预也尤为必要。

从生态系统理论来看，社区环境是儿童主要的外部生活环境，基于儿童保护的社区促进效应，建立友好型的儿童保护社区网络体系就尤其必要。这个保护体系以社区为基础，借鉴和采用社区照顾模式，网络覆盖社区全部领域，形成人人有责任保护儿童的网络体系，达到增强儿童自我保护的能力，增强监护人保护儿童的能力；这个保护体系还要求建立政府主导的、多元主体的社会支持体系；同时，这个保护体系还需要建立非正式的社会支持网络。

第四节　对本研究的反思

一　研究方法的局限性

本研究结合定量研究和定性研究的方法，对中国儿童保护制度与服务体系问题进行了较为深入的探讨，检验了儿童保护认知对儿童伤害的相关研究结论，回答了影响儿童保护的主要因素有哪些这一重要理论与现实问题，弥补了我国儿童保护制度与服务领域研究的一些不足，从中得出了一些有建设性的结论。但在研究过程中，笔者感到相关研究也还有很多缺憾和不足，还需要在今后补充、完善、深化这些研究。

定量研究可以推论总体，形成"通则式的解释"，这些优点

---

① 《中华人民共和国家庭教育促进法》http://www.moe.gov.cn/jyb_sjzl/sjzl_zcfg/zcfg_qtxgfl/202110/t20211025_574749.html，最后访问日期：2022年1月17日。

对于我们分析探讨儿童保护制度与服务体系各方面的问题无疑是最恰当的选择。但是我们的有些研究内容如儿童伤害程度、儿童保护制度建设等是一种比较复杂的现象，"能够用数学语言"来描述的程度相对较低。因此，在资料的收集和研究分析过程中，笔者力图用定性访谈资料深入探究问题的原因，对儿童保护与儿童伤害的关系问题进行更为深入的认识，但由于时间、精力和财力等方面的影响，笔者所调查的个案还比较少，没有能够获得足够有代表性的个案，还没有能够深入这些个案的生态系统环境去分析，故在此书中没有呈现个案研究的情况，这也是以后需要不断努力研究的问题。

二 有待深入研究的问题

本项目还有很多内容没有涉及。在今后的研究中，存在很多需要补充和完善的研究内容。首先，儿童受伤害问题变化的动态过程。在本项研究中，笔者仅从静态的角度对儿童受伤害各方面问题状况及影响因素进行了研究，但任何一种现象都是一种动态的变化过程，所以如何从动态的角度来考察儿童在社会环境中的行为变化过程，将是一个非常有意义的研究内容。其次，从研究设计来看，本项研究中，对影响儿童受伤害的各方面因素的考察，主要是以儿童保护认知和社区环境做变量因素来进行的，在以后的研究中，如果能将影响儿童受伤害的其他因素进行比较研究，那么对考察儿童受伤害的各种因素的影响研究将会更令人信服。再次，儿童与监护人的儿童保护认知差异与相关性问题。儿童认知显然受到监护人认知的影响，儿童保护认知肯定也是这样，但本研究限于水平、研究能力与研究时间，还没有涉及监护人如何影响了子女的儿童保护认知。最后，儿童与监护人在安全认知、保护认知上的异同及其对儿童受伤害的影响。这个问题也是值得我们去研究的，今后如果有机会笔者将做进一步的研究。

　　虽然本项研究探讨了儿童保护认知、社区环境等对儿童受伤害的影响因素，但显然这些影响因素还不是全部，还有很多因素需要进一步研究。因此，还需要各位同仁今后再接再厉，共同促进儿童保护事业的发展。

主要参考文献

北京师范大学中国公益研究院儿童福利研究中心课题组，2013，《让儿童优先成为国家战略》，《社会福利》（理论版）第4期。

曹艳春、戴健兵，2014，《基于SSM的我国适度普惠型儿童福利体系构建》，《大连理工大学学报》（社会科学版）第4期。

陈芳，2014，《福利多元主义视角下农村留守老人社会支持体系的构建》，《理论导刊》第8期。

陈树强，2003，《增权：社会工作理论与实践的新视角》，《社会学研究》第5期。

陈旭，2013，《留守儿童的社会性发展问题与社会支持系统》，人民出版社。

陈雅丽，2010，《城市社区服务供给体系及问题解析——以福利多元主义理论为视角》，《改革研究》第2期。

陈益，1996，《解决人际问题的认知技能对4—5岁儿童同伴交往行为的影响的实验研究》，《心理科学》第5期。

陈忠、张斌、覃凌智、张雅琪、邱琳，2013，《儿童意外伤害家长认知水平、意识行为的相关因素研究》，《中国妇幼保健》第17期。

程福财，2014，《中国儿童保护制度建设论纲》，《当代青年研究》第5期。

程南华、李占星、朱莉琪，2018，《儿童的社会权力认知及其与社会行为的关系》，《心理科学进展》第 2 期。

池丽萍、辛自强，2001，《家庭功能及其相关因素研究》，《心理学探新》第 3 期。

迟福林，2007，《公共服务不足凸显"短缺"矛盾》，《人民论坛》第 16 期。

褚松燕，2011，《儿童安全保护的政府 – 社会联动机制亟需建立》，《行政管理改革》第 5 期。

崔宇杰、张云婷、赵瑾、张子琛、王雪莱、黄小娜、李国红、江帆，2019，《我国儿童早期发展工作现状分析及策略建议》，《华东师范大学学报》（教育科学版）第 35 期。

邓富友、齐华栋，2010，《优势视角下的农村儿童社会工作服务模式研究》，《政治与社会》第 6 期。

邓国胜，2010，《政府以及相关群体在慈善事业中的角色与责任》，《国家行政学院学报》第 5 期。

邓元媛，2012，《日本儿童福利法律制度及其对我国的启示》，《青年探索》第 3 期。

段蕾蕾、杨炎、张睿等，2007，《中国三城市儿童非故意伤害状况调查分析》，《中国健康教育》第 23 期。

董玉静、殷海燕、王爱红，2016，《青少年意外伤害与其父母知 – 信 – 行现状及其影响因素的调查分析》，《护理研究》第 16 期。

杜宝贵、杜雅琼，2016，《中国儿童福利观的历史演进——基于改革开放以来的儿童福利政策框架》，《社会保障研究》第 5 期。

恩斯特·卡西尔，2019，《人论》，李荣译，上海文化出版社。

范斌，2005，《非政府组织发展及其在和谐社会中的建构功能》，《马克思主义与现实》第 6 期。

范方、苏林雁、曹枫林、高雪屏、黄山、肖汉仕、王玉凤，2006，《中学生互联网过度使用倾向与学业成绩、心理困扰及家庭功能》，《中国心理卫生杂志》第 10 期。

费孝通，2005，《乡土中国》（第一版），北京出版社。

风笑天，2001，《社会学研究方法》，中国人民大学出版社。

冯亚平，2017，《2017 中国民政统计年鉴》，中国统计出版社。

高丙中，2006，《社团合作与中国公民社会的有机团结》，《中国社会科学》第 3 期。

高文斌、王毅、王文忠、刘正奎，2007，《农村留守学生的社会支持和校园人际关系》，《中国心理卫生杂志》第 11 期。

关信平，2007，《建立社会政策基本制度体系中的若干重要问题》，《中国社会导刊》第 24 期。

关颖，2006，《〈未成年人保护法〉中家庭保护的法律缺陷——兼论监护人的教育、监督和惩戒》，《中国青年研究》第 5 期。

国家统计局城市社会经济调查司编，2017，《2017 中国统计年鉴》，中国统计出版社。

郭书芹、孙业桓、范亚平、余向东、周宗国、钮丽、查日胜，2004，《家庭因素对儿童伤害相关行为的影响》，《中国流行病学杂志》第 3 期。

韩晶晶，2012，《儿童福利制度比较研究》，法律出版社。

韩央迪，2012，《从福利多元主义到福利治理：福利改革的路径演化》，《国外社会科学》第 2 期。

郝晓宁，2012，《我国城市老年人口的社会网络及社区养老分析》，《中国卫生政策研究》第 5 期。

郝振、崔丽娟，2007，《留守儿童界定标准探讨》，《中国青年研究》第 10 期。

何玲，2009，《瑞典儿童福利模式及发展趋势研议》，《中国青年研究》第 2 期。

何欣、张静骢、彭亚林，2013，《儿童保护视角下的儿童社会工作服务：以某特殊儿童康复中心为例》，《中国社会工作研究》辑刊。

何雪松，2007，《社会工作理论》，上海人民出版社。

何英，2000，《再论内因和外因的关系》，《甘肃社会科学》第1期。

贺连辉、陈涛，2018，《我国社区儿童保护和服务机制发展新走向》，《中国青年社会科学》第3期。

胡锦涛，2007，《高举中国特色社会主义伟大旗帜为夺取全面建设小康社会新胜利而奋斗》，人民出版社。

黄春梅，2012，《困境儿童源头预防工作探索》，《长沙民政职业技术学院学报》第4期。

黄君，2017，《农村留守儿童社会保护体系建构：福利治理视角》，《社会工作》第1期。

黄黎若莲，2000，《"福利国"、"福利多元主义"和"福利市场化"》，《中国改革》第10期。

黄肖静，2007，《青少年增权研究述评》，《中国青年政治学院学报》第3期。

黄晓燕、许文青，2013，《事实孤儿社会支持研究：基于三类主体的分析——四川省凉山州的实地调查》，《南开学报》（哲学社会科学版）第1期。

纪文晓，2009，《强化儿童保护功能的家庭福利政策》，《少年儿童研究》第22期。

江治强，2014，《中国儿童福利体系及其构建》，《社会福利（理论版）》第12期。

姜英杰、严燕，2018，《留守儿童积极情感教育之对策》，《教育研究》第8期。

姜英杰、严燕，2018，《留守儿童积极情感教育之对策》，《教育研究》第8期。

蒋月娥，2013，《健全面向家庭的社区儿童保护网络》，《妇女研究论丛》第 4 期。

金灿灿、刘艳、陈丽，2012，《社会负性环境对流动和留守儿童问题行为的影响：亲子和同伴关系的调节作用》，《心理科学》第 5 期。

莱恩·多亚尔、伊恩·高夫，2008，《人的需要理论》，汪淳波译，商务印书馆。

雷杰、邓云，2016，《"社区为本"的儿童保护服务本土化模式创新——以佛山市里水镇"事实孤儿"保护项目为例》，《青年探索》第 3 期。

李春雷、任韧、张晓旭，2013，《我国被拐卖儿童救助保护现状及完善对策研究——基于对近年 133 个公开报道案例的分析》，《中国人民公安大学学报》（社会科学版）第 6 期。

李立靖，2004，《"三女童出走"引发的社会忧患——贵州省安龙县"留守孩子"热点透视》，《中国民族教育》第 5 期。

李密，2018，《儿童认知水平与道德发展的相关性》，《黑龙江教育（理论与实践)》第 7－8 期。

李晓晨、张俊龙、刘育红，2021，《浅议当代中国家庭社会化的问题及解决途径》，《山西广播电视大学学报》第 1 期。

李晓凤、林佳鹏、张姣，2019，《嵌入、建构、自主：学校社会工作本土路径探究——基于深圳的十年发展历程》，《社会工作》第 2 期。

李强，1998，《社会支持与个体心理健康》，《天津社会科学》第 1 期。

李松，2009，《农村"留守儿童"家庭环境、心理健康及学业成绩的分析》，《湖北社会科学》第 9 期。

李晓文，1993，《儿童自我意识发展机制初探》，《心理科学》第 4 期。

李迎生，2006，《弱势儿童的社会保护：社会政策的视角》，《西北师大学报》（社会科学版）第 3 期。

李迎生、袁小平，2014，《新时期儿童社会保护体系建设：背景、挑战与展望》，《社会建设》第 1 期。

李莹、韩文瑞，2018，《我国儿童保护制度的发展与取向：基于国际比较的视角》，《社会建设》第 4 期。

李茹、张丽，2020，《小学低年级家庭课外阅读陪伴的必要性——从儿童心理学角度分析》，《北京印刷学院学报》第 11 期。

李莹、韩文瑞，2018，《我国儿童保护制度的发展与取向：基于国际比较的视角》，《社会建设》第 4 期。

李文祥、翟宁，2019，《中国儿童社会工作发展的范式冲突与路径选择》，《河北学刊》第 3 期。

栗华、张中朝、栗鹤天、闵建强、韩忠军，2012，《2006～2010年河北省儿童伤害病例监测分析》，《中国慢性病预防与控制》第 2 期。

梁友芳、朱丹，2009，《社区学龄前儿童意外伤害状况及母亲认知水平的调查》，《广州医学》第 3 期。

廖凤林、车文博，2005，《自我认知类型引导认知方式的实证研究》，《心理科学》第 3 期。

林存敬，2016，《儿童意外伤害的规避研究》，《现代职业教育》第 24 期。

林宏，2003，《福建省"留守孩"教育现状的调查》，《福建师范大学学报》（哲学社会科学版）第 3 期。

林闽钢、王章佩，2001，《福利多元化视野中的非营利组织研究》，《社会科学研究》第 6 期。

林晓珊，2018，《"购买希望"：城镇家庭中的儿童教育消费》，《社会学研究》第 4 期。

凌科峰，2013，《儿童意外伤害成因及规避的研究——以湖南省儿童医院 157 个意外伤害儿童为例》，硕士学位论文，中南大学。

刘程，2009，《儿童的家庭保护：美国的经验与启示》，《当代青年研究》第 12 期。

刘凤、于丹，2015，《非政府组织参与困境儿童救助的制约因素及出路》，《学术交流》第 4 期。

刘继同，2002，《儿童福利的四种典范与中国儿童福利政策模式的选择》，《青年研究》第 6 期。

刘继同，2005，《国家与儿童：社会转型期中国儿童福利的理论框架与政策框架》，《青少年犯罪问题》第 3 期。

刘继同，2008，《当代中国的儿童福利政策框架与儿童福利服务体系（上）》，《青少年犯罪问题》第 5 期。

刘继同，2012，《中国儿童福利时代的战略构想》，《学海》第 2 期。

刘剑文、侯卓，2014，《现代财政制度的法学审思》，《政法论丛》第 2 期。

刘丽娟、陈云凡，2017，《建立我国高风险家庭儿童监测保护体系研究》，《社会保障研究》第 1 期。

刘梦、李莹、李祎瑶、段显丹，2016，《儿童意外伤害与儿童忽视：问题与出路》，《社会建设》第 2 期。

刘涛，2012，《社会工作基础与实务》，中国社会出版社。

刘佩，2010，《社会工作行政视角下的弱势儿童社会保护政策》，《甘肃理论学刊》第 5 期。

刘齐，2010，《教育干预对父母预防学龄前儿童家中意外伤害的效果研究》，博士学位论文，中国协和医科大学。

刘琼莲，2013，《社会支持网视域中的残疾人均等享有公共服务研究》，《成都理工大学学报》（社会科学版）第 3 期。

刘维良，1999，《教师心理卫生》，知识产权出版社。

刘文、刘娟、张文心，2013，《我国儿童保护的现状及影响因素》,《辽宁师范大学学报》(社会科学版) 第 4 期。

刘美玲、蔡瑞卿、钟美霞,2010,《家长对幼儿意外伤害的认知
　　及防护能力的调查分析》,《中华现代护理杂志》第 20 期。

刘文陵,2016,《托幼机构儿童意外伤害调查与分析》,《山西医
　　药杂志》第 8 期。

刘熹、张晓燕、彭中、魏咏兰、夏劲节,2013,《成都市儿童家长
　　对儿童意外伤害认知现状调查》,《中国卫生事业理》第 7 期。

刘欣欣,2012,《青岛市儿童福利院:探索困境儿童社会工作新
　　路径》,《社会福利》第 8 期。

刘欣欣,2016,《困境儿童的危机介入》,《社会福利》第 4 期。

柳娜、陈琛、曹玉萍、张亚林,2015,《家庭暴力严重躯体施暴
　　行为的代际传递:目睹家庭暴力》,《中国临床心理学杂志》
　　第 1 期。

卢良坚、卢雪珍、吴奇、陶莉,2016,《广州市海珠区托幼机构
　　集体儿童意外伤害现状及分析》,《河南预防医学杂志》第
　　12 期。

陆士桢,1997,《简论中国儿童福利》,《华中师范大学学报》
　　(哲学社会科学版) 第 6 期。

陆士桢,2003,《儿童社会工作》,社会科学文献出版社。

陆士桢,2014,《从福利服务视角看我国未成年人保护》,《中国
　　青年政治学院学报》第 1 期。

陆士桢,2016,《论当前我国儿童的生存与发展——盘点 2015 年
　　一系列重大恶性儿童事件》,《中国青年社会科学》第 2 期。

陆士桢、常晶晶,2003,《简论儿童福利和儿童福利政策》,《中
　　国青年政治学院学报》第 1 期。

陆玉林、张羽,2007,《我国城市弱势青少年群体增权问题探
　　析》,《中国青年政治学院学报》第 3 期。

路晓霞,2013,《英国儿童服务制度研究与借鉴》,《预防青少年

犯罪研究》第 6 期。

罗伯特·D. 帕特南，2001，《使民主运转起来：现代意大利的公民传统》，王列、赖海榕译，江西人民出版社。

罗静、沙治慧，2019，《社会保障"基本需要"的理论解释及启示》，《社会保障研究》第 1 期。

吕吉、刘亮，2011，《农村留守儿童家庭结构与功能的变化及其影响》，《中国特殊教育》第 10 期。

马良、郭玉飞，2015，《儿童保护政策与留守儿童社会支持系统——对贵州毕节留守儿童自杀事件的反思》，《青少年研究与实践》第 4 期。

马斯洛等，1987，《人的潜能和价值》，林方主编，华夏出版社。

马自芳、唐颖、胡瑞杰、薛钟瑜、王莉，2018，《264 名留守儿童非故意伤害及其伤害认知现状分析》，《中国校医》第 8 期。

满小欧、李月娥，2014，《美国儿童福利政策变革与儿童保护制度——从"自由放任"到"回归家庭"》，《国家行政学院学报》第 2 期。

Neil Gilbert 、Paull Teeerl，2003，《社会福利政策导论》，黄晨熹、周烨译，华东理工大学出版社。

牛芳、张燕，2013，《社会工作介入儿童虐待问题时遇到的困境分析》，《社会工作》第 3 期。

潘修华，2017，《我国社会组织的演进历程、现状与发展路径》，《党政研究》第 2 期。

庞媛媛，2009，《英国儿童福利制度的历史嬗变及特征》，《信阳师范学院学报》（哲学社会科学版）第 4 期。

彭聃龄，2012，《普通心理学》，北京师范大学出版社。

彭凤祥，2015，《城乡儿童父母教养方式的比较》，《中国健康心理学杂志》第 4 期。

彭华民、黄叶青，2006，《福利多元主义：福利提供从国家到多元部门的转型》，《南开学报》第 6 期。

裴斯泰洛齐，2001，《裴斯泰洛齐教育论著选》，夏之莲译，人民教育出版社。

皮艺军，2005，《儿童权利的文化解释》，《山东社会科学》第 8 期。

钱宁，2004，《从人道主义到公民权利——现代社会福利政治道德观念的历史演变》，《社会学研究》第 1 期。

秦宝玉、杨宏，2014，《英国儿童福利制度及启示》，《人才资源开发》第 22 期。

秦晖，1999，《政府与企业以外的现代化：中西公益事业史比较研究》，浙江人民出版社。

青连斌，2012，《改善和保障民生必须扩大公共服务》，《中共珠海市委党校珠海市行政学院学报》第 4 期。

裘晓兰，2011，《日本儿童福利政策的发展变迁》，《当代青年研究》第 7 期。

裘指挥、张丽、刘焱，2015，《从救助走向福利：我国儿童权利保护法律与政策的价值变迁》，《学前教育研究》第 9 期。

阮曾媛琪，2002，《中国就业妇女社会支持网络研究："扎根理论"研究方法的应用》，熊跃根译，北京大学出版社。

尚晓援，2007，《公民社会组织与国家之间的关系考察——来自三家非政府儿童救助组织的启示》，《青年研究》第 8 期。

尚晓援，2008，《中国弱势儿童群体保护制度》，社会科学文献出版社。

尚晓援，2014，《儿童保护制度的基本要素》，《社会福利》（理论版）第 8 期。

尚晓援、张雅桦，2011，《建立有效的中国儿童保护制度》，社会科学文献出版社。

尚晓援、王小林，2011，《中国儿童福利前沿》，社会科学文献出版社。

尚晓媛、虞婕，2014，《构建"困境儿童"的概念体系》，《社会福利》（理论版）第 6 期。

邵冢林，2014，《我国应尽快制订〈儿童福利法〉》，《青年学报》第 1 期。

沈纪，2019，《健康对儿童认知能力的影响——基于一项全国性调查的家庭和城乡比较分析》，《青年研究》第 2 期。

施东华、方为民、刘筱娴，2003，《麻城市农村某社区 0~6 岁儿童意外伤害流行状况及影响因素研究》，《华中科技大学学报》（医学版）第 3 期。

施佳宁，2016，《社会工作介入困境儿童教育的思考》，《社工视角》第 12 期。

石淑华，2006，《儿童意外伤害的预防》，《中国儿童保健杂志》第 4 期。

时颖、焦淑芳、谢瑾、王瑜、尹香君，2004，《北京市城市和农村地区儿童意外伤害现况及影响因素比较》，《疾病控制杂志》第 6 期。

史伯年，2009，《社会工作实务（中级）》，中国社会出版社。

宋健、周宇香，2016，《中国儿童的意外伤害——兼论母亲特征及其照护的作用》，《人口研究》第 5 期。

孙莹，2012，《政府购买社会工作服务政策研究》，《社会与公益》第 8 期。

汤素素，2011，《生态系统理论视角下自闭症的社会工作介入——以学龄儿童高功能自闭症个案为例》，《经济视角》第 2 期。

陶传进、栾文敬，2011，《我国城市贫困儿童的现状、问题及对策》，《北京行政学院学报》第 3 期。

陶然、周敏慧，2012，《父母外出务工与农村留守儿童学习成绩——基于安徽、江西两省调查实证分析的新发现与政策含义》，

《管理世界》第 8 期。

田腾，2017，《儿童意外伤害的理论分析——基于"Haddon 模型"》，《基础教育》第 3 期。

田腾、顾荣芳，2019，《幼儿意外伤害发生规律探析——基于 1315 个案例的实证研究》，《中国教育学刊》第 12 期。

童小军，2018，《国家亲权视角下的儿童福利制度建设》，《中国青年社会科学》第 2 期。

万国威，2011，《教育福利视角下我国学前教育的地区发展差异——基于对我国 31 省市学前教育状况的定量分析》，《学期教育研究》第 11 期。

万国威、李珊，2013，《"留守女童"福利供应的定量研究——基于四川省兴文县的实证调查》，《人口学刊》第 1 期。

王本余，2008，《儿童权利的基本价值：一种教育哲学的视角》，《南京社会科学》第 12 期。

王本余，2010，《儿童权利的观念：洛克、卢梭与康德》，《南京社会科学》第 8 期。

王虹、刘一心、林艳、刘筱娴、刘映红、廖九中、张绍强，2006，《深圳市 0~6 岁儿童伤害影响因素及干预研究》，《中国儿童保健杂志》第 1 期。

王景迁，2015，《我国藏族地区的孤儿救助问题研究》，《中国藏学》第 2 期。

王练，2010，《美国儿童保护工作体系及其运行特点和启示》，《中华女子学院学报》第 2 期。

王敏，2012，《临安市学龄前儿童意外伤害现状及相关因素研究》，硕士学位论文，复旦大学。

王名，2006，《非营利组织的社会功能及分类》，《学术月刊》第 9 期。

王宁、姚伟，2015，《政府在儿童福利中的责任：以当代美国为借鉴》,《江西社会科学》第 12 期。

王绍光,1999,《多元与统一:第 3 部门国际比较研究》,浙江人民出版社。

王世炎、赵起城、王书延,2011,《农村留守儿童教育问题凸显——来自河南的调查报告》,《调研世界》第 4 期。

王思斌,2009,《社会工作综合能力(中级)》,中国社会出版社。

王锡章,2015,《拐卖儿童犯罪的现状与遏制对策——以 F 省为例的实证研究》,《中国人民公安大学学报》(社会科学版)第 5 期。

王晓燕,2009,《日本儿童福利政策的特色与发展变革》,《中国青年研究》第 2 期。

王雪梅,2007,《从〈儿童权利公约〉的视角看中国儿童保护立法》,《当代青年研究》第 10 期。

王毅杰、童星,2004,《流动农民社会支持网探析》,《社会学研究》第 2 期。

王勇民,2010,《儿童权利保护的国际法研究》,法律出版社。

王跃生,2016,《中国当代家庭、家户和家的"分"与"合"》,《中国社会科学》第 4 期。

王争艳、程南华,2014,《共同养育研究及对儿童适应的影响》,《心理科学进展》第 6 期。

王宗鱼,2013,《从基尼系数解析中国贫富差异》,《特区经济》第 3 期。

韦禾,1996,《儿童的权利———一个世界性的新课题——中国履行〈儿童权利公约〉研讨会综述》,《教育研究》第 8 期。

韦克难、陈晶环、张琼文,2017,《留守儿童成长问题及其形成原因、治理对策》,《贵州省党校学报》第 5 期。

韦克难,2015,《壹基金城市儿童和家庭减灾需求调研报告》,壹基金公益基金会。

韦克难，2008，《社会工作理论、实务与方法》，四川人民出版社。

韦晴、胡晓毅，2108，《孤独症儿童的认知行为干预研究》，《应用心理学》第 3 期。

吴海航，2014，《儿童权利保障与儿童福利立法研究》，《中国青年研究》第 1 期。

吴旻、刘争光、梁丽婵，2016，《亲子关系对儿童青少年心理发展的影响》，《北京师范大学学报》（社会科学版）第 5 期。

吴志限，2013，《我国社区儿童伤害的预防护理现状与展望》，《全科护理》第 6 期。

吴鹏飞，2018，《中国儿童福利立法：时机、模式与难点》，《政治与法律》第 12 期。

吴鹏飞，2018，《中国儿童福利立法模式研究》，《江西财经大学学报》第 1 期。

吴鹏飞、余鹏蜂，2015，《中国儿童福利权实现的路径》，《青年探索》第 4 期。

向兵、曾婧、张玲、郑念祥、王树明、丁彦培、朱长才，2015，《汉川农村学龄儿童伤害现况及危险因素分析》，《中国公共卫生》第 10 期。

向兵等，2015，《汉川农村学龄儿童伤害现况及危险因素分析》，《中国公共卫生》第 10 期。

向辉，2012，《困境儿童的监护权转移》，《社会福利》第 2 期。

熊梅，2016，《推进中国儿童福利由补缺型向适度普惠型转变——基于五国经验借鉴》，《社会福利》（理论版）第 6 期。

熊跃根，2014，《福利国家儿童保护与社会政策的经验比较分析及启示》，《江海学刊》第 3 期。

许传新，2007，《"留守儿童"教育的社会支持因素分析》，《中国青年研究》第 9 期。

许琪，2018，《父母外出对农村留守儿童学习成绩的影响》，《青年研究》第 6 期。

许倩倩, 2019,《为儿童增权赋能: 南澳大利亚州儿童保护课程设置探析》,《比较教育研究》第 12 期。

许倩倩, 2019,《为儿童增权赋能: 南澳大利亚州儿童保护课程设置探析》,《比较教育研究》第 12 期。

习近平, 2016,《在会见第一届全国文明家庭代表时的讲话》,《人民日报》12 月 16 日第 2 版。

习近平, 2015,《在 2015 年春节团拜会上的讲话》,《人民日报》2 月 18 日第 2 版。

于澄姣, 2012,《中加儿童权利保护的比较研究》,《社会福利》(理论版) 第 12 期。

杨锦英、郑欢、方行明, 2012,《中国东西部发展差异的理论分析与经验验证》,《经济学动态》第 8 期。

杨晶, 2019,《美国儿童保护强制报告制度响应模式的新转向及其对中国的启示》,《社会发展研究》第 2 期。

杨丽、赵小平、游斐, 2015,《社会组织参与社会治理: 理论、问题与政策选择》,《北京师范大学学报》(社会科学版) 第 6 期。

杨雄, 2011,《家庭"三角关系"对儿童发展的影响及政策实施》,《当代青年研究》第 7 期。

杨雄、贺荟中、陈建军, 2007,《上海地区儿童权利家庭保护影响因素分析》,《当代青年研究》第 1 期。

杨雄、陈建军, 2005,《关于中国儿童安全现状的若干思考》,《当代青年研究》第 11 期。

杨雄、郝振, 2008,《上海市儿童权利家庭保护的现状与挑战》,《社会科学》第 6 期。

杨雄、程福财, 2012,《儿童福利政策》, 上海人民出版社。

杨智平、汪丽红, 2016,《构建和落实困境儿童保障机制的思考》，《改革与开放》第 21 期。

姚建平，2016，《从孤残儿童到困境儿童：适度普惠型儿童福利制度概念与实践》，《中国民政》第 16 期。

姚建平，2016，《构建一个完整的儿童社会保护体系》，《中国社会报》第 4 期。

颜湘颖，2013，《论儿童保护观在社会主义核心价值观中的体现与强化》，《预防青少年犯罪研究》第 6 期。

叶敬忠、潘璐，2008，《别样童年——中国农村留守儿童》，社会科学文献出版社。

叶敬忠、詹姆斯·莫瑞，2005，《关注留守儿童：中国中西部农村地区劳动力外出务工对留守儿童的影响》，社会科学文献出版社。

叶南客，2017，《"三社联动"的内涵拓展、运行逻辑与推进策略》，《理论探索》第 5 期。

易谨，2012，《儿童福利立法的理论基础》，《中国青年政治学院学报》第 6 期。

袁书华、刑占军，2017，《农村留守儿童社会福利与主观幸福感的关系研究》，《中国特殊教育》第 9 期。

詹姆斯·赫克曼、罗斯高，2019，《世界经验对中国儿童早期发展的启示——罗斯高（Scott Rozelle）与詹姆斯·赫克曼（James Heckman）的问答录》，《华东师范大学学报》（教育科学版）第 3 期。

张利萍、王美芳，2005，《攻击性儿童的社会认知特点及其教育干预策略》，《当代教育科学》第 11 期。

张佩斌、朱玉华，2006，《学龄前儿童对意外伤害的认知研究》，《中国儿童保健杂志》第 5 期。

张佩斌、陈荣华、邓静云，2004，《江苏省城市和农村儿童伤害状况比较》，《疾病控制杂志》第 6 期。

张清、武艳,2018,《包容性法治框架下的社会治理》,《中国社会科学》第 6 期。

张秀娟等,2014,《宁波市城区 6 所小学学生伤害现状调查》,《中国健康教育》第 4 期。

张腾,2009,《社会生态理论在弱势儿童社会服务中的应用——以香港学生辅助会石壁宿舍为例》,《中国矿业大学学报》第 1 期。

张文宏、阮丹青,1999,《城乡居民的社会支持网》,《社会学研究》第 3 期。

张文娟,2013,《中国儿童福利制度的构建》,《青少年犯罪问题》第 4 期。

张宪冰、刘仲丽、张萌,2014,《儿童权利观的合理意蕴及启示》,《东北师大学报》(哲学社会科学版)第 2 期。

张慧等,2015,《大庆市儿童伤害发生与家长伤害认知的相关性》,《中国学校卫生》第 3 期。

张学浪,2015,《基于学校教育的农村留守儿童发展路径探索》,《农村经济》第 11 期。

张友琴,2002,《社会支持与社会支持网——弱势群体社会支持的工作模式初探》,《厦门大学学报》(哲学社会科学版)第 3 期。

张雅桦,2012,《中国教师群体在儿童保护中的角色与作用》,《教育学术月刊》第 9 期。

张秀兰、徐月宾,2003,《建构中国的发展型家庭政策》,《中国社会科学》第 6 期。

赵川芳,2014,《儿童保护:现实困境与路径选择》,《社会福利》(理论版)第 5 期。

赵川芳,2014,《我国儿童保护立法政策综述》,《当代青年研究》第 5 期。

赵川芳，2017，《我国儿童保护体系建设刍议》，《社会福利》
　　（理论版）第 7 期。

赵芳、朱宁，2019，《近三十年儿童保护研究进展与趋势——基于
　　CiteSpace 和 HistCite 的图谱量化分析》，《社会工作》第 4 期。

赵芳、徐艳枫、陈虹霖，2018，《儿童保护政策分析及以家庭为
　　中心的儿童保护体系建构》，《社会工作与管理》第 5 期。

赵秀芳、刘莉莉、涂国芳、陈先云、宋晓燕、邵惠明，2016，
　　《成都市儿童意外伤害现状调查》，《护理研究》第 8 期。

赵云旗，2010，《财政政策与中国经济转型》，《经济研究参考》
　　第 37 期。

郑杭生，2009，《社会学概论新修（精编版）》，中国人民大学出
　　版社。

曾东贵、邰印、曾细秋，2019，《认知行为干预对性早熟女童心
　　理行为的影响》，《护理实践与研究》第 7 期。

曾燕波，2011，《儿童福利政策的国际比较与借鉴》，《当代青年
　　研究》第 7 期。

庄凤秀、李秀玲、吴小平，2020，《祖辈家长陪伴幼儿阅读的现
　　状与建议——基于对幼儿祖辈及父母的访谈》，《教育导刊
　　（下半月）》第 4 期。

中共中央文献编辑委员会，2006，《中国共产党第十六届中央委
　　员会第六次全体会议文件汇编》，人民出版社。

周林刚，2005，《激发权能理论：一个文献的综述》，《深圳大学
　　学报》（人文社会科学版）第 6 期。

周烨、张春娜，2006，《发展以社区为基础的综合儿童保护机制》，
　　《社会福利》第 5 期。

周俞、曹克亮，2014，《论我国儿童保护制度的完善》，《法制博
　　览》第 10 期。

朱斌，2018，《文化再生产还是文化流动？——中国大学生的教

育成就获得不平等研究》，《社会学研究》第 1 期。

朱眉华、蔡屹，2007，《孤残儿童的机构照顾与社会融合》，《华东理工大学学报》（社会科学版）第 1 期。

朱晓霞、刘庆敏、方顺源、施文英、项海青、陈坤，2011，《杭州市民工子弟学校学龄儿童伤害流行特征分析》，《中国学校卫生》第 2 期。

朱帅，2015，《儿童权利视角下未成年人社会保护服务体系研究》，《湖北科技学院学报》第 11 期。

邹泓、屈智勇、张秋凌，2004，《我国九城市流动儿童生存和受保护状况调查》，《青年研究》第 1 期。

邹明明，2010，《日本的儿童福利制度》，《社会福利》第 1 期。

仇雨临，2009，《中国儿童福利的现状分析与对策思考》，《中国青年研究》第 2 期。

钟节鸣、俞敏、丛黎明等，2003，《浙江省城乡中小学生伤害现况调查》，《中国学校卫生》第 2 期。

Ainsworth, J. W. 2002. "Why does it take a village? The mediation of neighborhood effects on educational achievement," *Social Forces* 81 (1), 117 – 152.

Allen, M. L. and Bissell, M. 2004. "Safety and stability for foster children: the policy context," *Future Child* 14 (1), 49 – 73.

Anderson, N. L. 1905. "Child labor legislation in the south," *The Annals of the American Academy of Political and Social Science* 25, 77 – 93.

Baumrind, D. 1967. "Child care practices anteceding three patterns of preschool behavior," *Genetic Psychology Monographs* 75 (1), 43 – 88.

Baumrind, D. 1991. "The influence of parenting style on adolescent competence and substance use," *Journal of Early Adolescence* 11

(1), 56 –95.

Blum, R. W and Astone, N. M. and Decker, M. R. and Mouli, V. C. 2014. "A conceptual framework for early adolescence: a platform for research," *International Journal of Adolescent Medicine and Health* 26 (3), 321 –331.

Broadhurst, K. and Hall, C. and Wastell, D. and White, S. and Pithouse, A. 2010. "Risk, instrumentalism and the humane project in social work: identifying the informal logics of risk management in children's statutory services," *British Journal of Social Work* 40 (4), 1046 –1064.

Bronfenbrenner, U. 1979. *The ecology of human development: experiment by nature and design.* Harvard University Press.

Carol, A. B. and Warren, W. G. 1990. "Fieldwork in forbidden terrain: the state, privatization and human subjects regulations," *The American Sociologist* 20 (3), 263 –277.

Carsens, C. C. 1921. "The development of social work for child protection," *Annals of the American Academy of Political and Social Science* 98 (1), 135 –142.

Chung, H. L. and Steinberg, L. 2006. "Relations between neighborhood factors, parenting behaviors, peer deviance, and delinquency among serious juvenile offenders," *Developmental Psychology* 42 (2), 319 –331.

Cohen, S. and Mckay. G. 1984. "Social support, stress and the buffering hypothesis: a theoretical analysis," *Handbook of Psychology and Health* 14, 253 –267.

Costa, F. M. and Jessor, R. and Turbin , M. S and Qi, D. and Zhang, H. C. and Wang, C. H. 2005. "The role of social contexts in adolescence: context protection and context risk in the United States and China," *Applied Developmental Science* 9 (2), 67 – 85.

Costantino, G. and Primavera, L. H. and Malgady, R. G. and Costantino, E. 2014. "Culturally oriented trauma treatments for Latino children post 9/11," *Journal of Child & Adolescent Trauma* 7 (4), 247 – 255.

Currie, J. M. 1997. "Choosing among alternative programs for poor children," *Future of Children* 7 (2), 113 – 131.

Eimew, J. and Swart-Kruger, J. 2003. "Introduction: homes, places and spaces in the construction of street children and street youth," *Children, Youth and Environments* 13 (1), 81 – 104.

Evans, G. W. and Li, D. and Whipple, S. S. 2013. "Cumulative risk and child development," *Psychological Bulletin* 139 (6), 1342 – 1396.

Featherstone, B. and White, S. and Morris, K. 2014. *Re-imagining child protection: towards humane social work with families.* Policy Press.

Forrester, D. and Mccambridge, J. and Waissbein, C. and Rollnick, S. 2008. "How do child and family social workers talk to parents about child welfare concerns," *Child Abuse Review* 17 (1), 23 – 35.

Galtry, J. and Callister, P. 2005. "Assessing the optimal length of parental leave for child and parental well-Being: How can research inform policy," *Journal of Family Issues* 26 (2), 219 – 246.

Gao, Y. J. and Atkinson-sheppard, S. and Yu, Y. P. and Xiong, G. B. 2018. "A review of the national policies on street children in China," *Children and Youth Services Review* 93 (1), 79 – 87.

Gillingham, P. and Humphreys, C. 2010. "Child protection practitioners and decision-making tools: observations and reflections from the front line," *British Journal of Social Work* 40 (8),

2598 – 2616.

Harry Ferguson. 2005. "Protecting children in time: child abuse, child protection and the consequences of modernity," *Journal of Social Policy*, 34, 504 – 506.

Healy, K. and Oltedal, S. 2010. "An institutional comparison of child protection systems in Australia and Norway focused on workforce retention," *Journal of Social Policy* 39 (2), 255 – 274.

Jessor, R. 1992, "Risk behavior in adolescence: a psychosocial framework for understanding and action," *Developmental Review* 12 (4), 374 – 390.

Jones, D. J. and Forehand, R. and Brody, G. H. and Armistead, Lisa. 2002. "Psychosocial adjustment of African American children in single-mother families: a test of three risk models," *Journal of Marriage and Family* 64 (1), 105 – 115.

Lareau, A. 2015. "Cultural knowledge and social inequality," *American Sociological Review* 80 (1), 1 – 27.

LEE, J. A. B. 1994. *The empowerment approach to social work practice*. Columbia University Press.

Lett, R. and Kobusingye, O. and Sethi, D. 2002. "A unified framework for injury control: the public health approach and Haddon's matrix combined," *International Journal of Injury Control and Safety Promotion* 99 (3), 199 – 205.

Lin, N. and Dean, A. and Ense, W. M. 1981. "Social support scales: a methodological note," *Schizophrenia Bulletin* 7 (1) 73 – 89.

Atchley, R. C. 1985. "Social force and aging," *Journal of Gerontology* 40 (5), 646 – 647.

Margolin, C. R. 1978. "Salvation versus liberation: the movement for children's rights in a historical context," *Social Problems* 25

(4), 441 – 452.

Marsh, H. W. and Perry, C. 2005. "Self-concept contributes to winning gold medals: causal ordering of self-concept and elite swimming performance," *Journal of Sport & Exercise Psychology* 27 (1), 71 – 91.

Marsiglio, M. C. and Chronister, K. M. and Gibson, B. and Leve, L. D. 2014. "Examining the link between traumatic events and delinquency among juvenile delinquent girls: a longitudinal study," *Journal of Child & Adolescent Trauma* 12 (7), 217 – 225.

Munro, E. 2010. "Learning to reduce risk in child protection," *British Journal of Social Work* 40 (4), 1135 – 1151.

Nixon, R. 1997, "positive youth development," *Child Welfare: Journal of Policy, Practice, and Program*, 76 (5), 230 – 245.

Olafson, E. 2011. "Child sexual abuse: demography, impact, and interventions," *Journal of Child & Adolescent Trauma* 4 (1), 8 – 21.

Parton, N. 2011. "Child protection and safeguarding in England: changing and competing conceptions of risk and their implications for social work," *The British Journal of Social Work* 41 (5), 854 – 875.

Paula, B. 2004. "The choice revolution: privatization of Swedish welfare services in the 1990s," *Social Policy & Administration* 38 (2), 139 – 155.

Pomerantz, W. J. and Dowd, M. D. and Buncher, C. R. 2001. "Relationship between socioeconomic factors and severe childhood injuries," *Journal of Urban Health* 78 (1), 141 – 151.

Rafael, A. G. and Kallis, C. and Simone, U. and Kirsten, B. and Robert, K. and Jeremy, W. C. 2016. "Childhood maltreatment and violence: mediation through psychiatric morbidity," *Child*

Abuse & Neglect 52 （1）, 70 – 84.

Rivara, F. P. 1990. "Fatal and non-fatal farm injuries to children and adolescents in the United States," *Injury Prevention* 3 （3）: 190 – 194.

Roberts, A. L. and Gilman, S. E. and Fitzmaurice, G. and Decker, M. R. and Koenen, K. C. 2010. "Witness of intimate partner violence in childhood and perpetration of intimate partner violence in adulthood," *Epidemiology* 21 （6）, 809 – 818.

Sass, J. S. and Mattson, M. 1999. "When social support is uncomfortable," *Management Communication Quarterly* 12 （4）, 511.

Schwinger, M. 2007. "Empowering families as an alternative to foster care for street children in Brazil," *Development in Practice* 17 （6）, 800 – 806.

Shoulders, C. D. and Freeman, R. J. 1995. "Which GAAP should NPOs apply," *Journal of Accountancy* 180 （5）, 77 – 81.

Skocpol, T. and Ladd-Taylor, M. 1994. "Mother-work: women, child welfare, and the state, 1890 – 1930," *History of Education Quarterly* 100 （5）.

Spratt, T. and Callan, J. 2004. "Parents' views on social work interventions in child welfare cases," *British Journal of Social Work* 34 （2）, 199 – 224.

Szymanski, K and Trauma, C. S. 2014. "Aggression and object relations in a child and adolescent inpatient sample," *Journal of Child & Adolescent Trauma September* 7 （3）, 193 – 200.

Uehara, E. 1990. "Dualexchange theory, social networks and informal social support," *American Journal of Sociology* 96 （3）, 521.

后　记

　　此书的撰写用了 3 年多的时间，如果加上 2015 年 6 月以后开始调查和收集资料的时间，则是 6 年时间，其中的艰辛很难细说，仅仅书中涉及的图就有 100 幅以上、数据表多个，每次修改内容都需要重新核对标号，可想此书涉及的内容如何丰富、写作如何艰辛了。人们说做学问者都是孤独者，笔者早已有所体会。不过这道路，完全是自己选择的结果，真应了那句话"痛并快乐着"。反思自己的职业生涯和人生经历，我也是"根红苗正"，也算是"红二代"（父亲早在 1942 年抗日战争时期即已参加革命），甚至可以说是"红三代"（外公乔绍业，烈士，早在 1937 年即加入中国共产党参加抗日，1939 年被日本侵略者杀害），从小学到高中一直是"学校红人"，按理说笔者从政应该是顺理成章之事，但不可思议的是，我却没有这方面的追求。

　　这一切为了什么？本书的写作也让我思考人生，思考什么样的人生才有价值，思考人如何生活才是有意义的。细细想来，可能就是为了那点"精气神"，我一直以为，人活着就是要有点精气神，这精气神是什么，我也不是很清楚，但我知道应该有对自由的追求、对独立人格的追求、对尊严的追求、对思想的追求、对公正的追求，这是否就是陈寅恪所说的"独立之精神，自由之思想"呢?！而要获得这一切就很难与世俗为伍，就不得不选择孤独的生活。至少我自己的选择让我成为一位独立的思想者，从没有停止思考，谁也不能阻止或者制止我去思考，正如笛卡尔所说的"我思故我在"，当我的生命不再存活时，我的思想才会终结。

这部著作也是自己多年思考的结果。我开始并不做儿童研究，完全是应社会之需，看到我国儿童受伤害事件层出不穷，亟待社会各方面关注。而本书的写作，让我更加清晰地认识到生命的意义和可贵，也更加珍惜生命。能够有幸写作此书，能够为儿童美好的明天鼓与呼，并有幸参与有关儿童问题的重大国家决策会议，对儿童保护尽微薄之力，这是极有意义之事。当我完成此书写作时，心中有太多的喜悦和感伤。虽然在 60 年中感受了太多的酸辣苦甜，我似乎已经无话可说，似乎又有太多的话想说，但显然可以预见有些话说了会产生什么后果，那就不说吧！

能够走到今天我已很知足，因为深知走到今天的幸运与艰辛。在这部以保护儿童为主体的论著的写作过程中，我感受到生命中博爱的力量，也更懂得了应该怀着一颗感恩的心去过好生命中的每一天。

本书的出版，要感谢很多人，首先要感谢那些参与调查的学生。因为参与调查的学生太多，我不能一一记住他们的姓名，真对不起。能够记住的只有我的研究生，包括汪蔚、韦丽明、杨金蔚、叶芳、李明芮、苟月婷、王欢、贾登、孙琳、王斌、陈蕾、杨明铭、李红梅、彭莉、谢建豪、牛锐、何思雨、罗颖、刘稀粤、余智琪、王练等，这些研究生在不同阶段、不同时间参与了课题的调查或资料的收集；牛锐、何思雨、刘稀粤还参与了数据的分析处理和一些文字处理工作，在此我对所有参与本课题工作的学生表示衷心感谢！

尤其还要感谢我的课题组同事，胡康副教授对于问卷设计提出了很多宝贵意见，并负责全部问卷的录入与分析工作，陈晶环博士参与了课题的多项调查，张云亮博士对本书的定量研究内容提出了很好的建议。

　　还要感谢南京大学社会学院的彭华民教授和南开大学周恩来政府管理学院的关信平教授，他们一如既往地支持笔者，给予本人很多很好的建议。感谢西南财经大学同事江海蓉、徐源等，没有他们的努力工作，也不能有本书的出版。

　　最后，我要感谢我的妻子汪璿女士，她对我的真诚关怀和细心照顾，让我有时间和精力完成本书。我也要感谢在远方的女儿，是她给了我前行的动力。还要感谢给了我生命、去年以91岁高龄去世的母亲。母亲童年时期就丧失双亲，在苦难中坚强成长，一生勤勤恳恳、诚实善良，六年中因病瘫痪在床，不孝之子却未能尽孝道看护母亲，经常感到有愧于母亲，出版此书也是对母亲的纪念！

韦克难

2022年1月17日于蓉城静思斋

图书在版编目（CIP）数据

儿童保护制度与服务：基于六省市的调查／韦克难
著 . -- 北京：社会科学文献出版社，2023.6
（光华社会学文库）
ISBN 978 - 7 - 5228 - 1699 - 9

Ⅰ . ①儿… Ⅱ . ①韦… Ⅲ . ①青少年保护 - 研究 - 中
国 Ⅳ . ①D922.74

中国国家版本馆 CIP 数据核字（2023）第 066887 号

光华社会学文库
儿童保护制度与服务
——基于六省市的调查

著 者／韦克难

出 版 人／王利民
责任编辑／李明锋
责任印制／王京美

出 版／社会科学文献出版社
　　　　地址：北京市北三环中路甲 29 号院华龙大厦　邮编：100029
　　　　网址：www.ssap.com.cn
发 行／社会科学文献出版社（010）59367028
印 装／唐山玺诚印务有限公司

规 格／开 本：787mm × 1092mm　1/16
　　　　印 张：24.75　字 数：318 千字
版 次／2023 年 6 月第 1 版　2023 年 6 月第 1 次印刷
书 号／ISBN 978 - 7 - 5228 - 1699 - 9
定 价／158.00 元

读者服务电话：4008918866